HEYNE BÜCHER

Margret Arminger

Das innere Kind

Schlüsselerlebnisse, die uns befreien

WILHELM HEYNE VERLAG
MÜNCHEN

HEYNE ESOTERISCHES WISSEN
Herausgegeben von Michael Görden
Nr. 13/9705

Umwelthinweis:
Dieses Buch wurde auf
chlor- und säurefreiem Papier gedruckt.

5. Auflage
3. Auflage dieser Ausgabe

Genehmigte Taschenbuchlizenzausgabe 1997 by
Wilhelm Heyne Verlag GmbH & Co. KG, München
Printed in Germany 2000
Umschlaggestaltung: Atelier Adolf Bachmann, Reischach
Umschlagabbildung: Walter Holl, Aachen
Druck und Bindung: Ebner Ulm

ISBN 3-453-15287-5

Inhalt

Vorwort 7

Erstes Kapitel
Das Prinzip Kindheit 11

Zweites Kapitel
Kindheit – das, was immer war und dennoch nicht ist 28

Drittes Kapitel
Zur Entwicklung von Denken und Lernen 49

Viertes Kapitel
Das Denken des Körpers 66
Der schutzlose Embryo 67
Das Geburtstrauma – und was die übertechnisierte Klinikgeburt bewirken kann 74
Ein Kind soll Kind sein dürfen – Lernen durch Erfahrung 83
Vom Körper zum Geist – die Logik des Körpers beeinflußt das Handeln 97

Fünftes Kapitel
Das Gefühlsdenken 113
Die Geburt der Individualität und das Wachsen der Intelligenz 114
Die Ängste des Kindes – Furcht hat viele Gesichter 120

Das Kind als Spiegelbild seiner Eltern 128
Wie wir zu »Siegern« oder »Verlierern« werden ... 138

Sechstes Kapitel
Das Denken 157
Kinder als Grenzgänger zwischen den Welten 158
Superlearning und noch mehr – neue Lernmethoden lösen Blockaden aus der Kindheit auf 166
Das Rätsel Erkenntnis – das Kind zeigt uns den Weg 178
Das Gehirn als Schutzwall 176
Das Gehirn in unserem Körper 178
Unser Gehirn als Denkapparat 180

Siebtes Kapitel
Der soziosexuelle Bereich 194
Zu Liebenden werden wir geformt 195
Die unerzählten Geschichten aus unserer Kindheit . 210
Sexualität und gesellschaftliche Normen 223

Achtes Kapitel
Mit Hilfe der Vergangenheit in die Zukunft 231
Hoffnung Kindheit 231

Anhang 241
Meditationstechniken 241
Literaturhinweise 248

Am Schluß jedes Kapitels oder Unterkapitels finden Sie themenbezogene Übungen und – jeweils im Kasten – praktische Anregungen.

Vorwort

Solange ein erwachsener Mensch das Kind in sich bewahre, könne ihm nicht viel geschehen, sagt man. Die verbliebene »Kindheit« gilt als Markenzeichen eines guten und netten erwachsenen Menschen. Hinter dieser »Volksweisheit« steht eine Bedeutung, die es in ihrer ganzen Tragweite erst zu analysieren und auszuloten gilt.

Die Psychologie lehrt, daß die Kindheit alle Möglichkeiten des Erwachsenen in sich birgt und der Erwachsene ein Leben lang das Kind widerspiegelt, das er einmal war. Das »in sich bewahrte Kind« kann in der sogenannten »Welt der Erwachsenen« manchmal vergnüglich sein, nicht immer zählt es aber zu den Segnungen menschlicher Entwicklungen. Denn oft leiden Erwachsene noch sehr unter bewußten und vor allem unbewußten unbewältigten Kindheitserlebnissen.

Trotzdem bleibt die Kindheit als bestimmende Kraft unseres Lebens ein offenes Geheimnis. Das Versprechen des wachsenden Körpers an einen zukünftigen Geist, das die Kindheit zu jenem Prinzip erhebt, das später unsere Welt und unsere Vorstellungen bestimmt, wird zwar verstanden – doch niemand weiß so recht, wie dieses Versprechen einzulösen ist. Die Entwicklung des menschlichen Körpers ist uns bekannt, doch wenn es um die Entwicklung der Gefühle und um die beste Art zu denken geht, werden wir unsicher. Vielleicht liegt es daran, daß wir nicht nur von unserer Kindheit geprägte Erwachsene sind, sondern in einem gewissen Grad an einem bestimmten Punkt unserer Entwicklung steckengebliebene Kinder.

Gewiß, wir denken heute in größeren Dimensionen als je zuvor. Aber gerade an der Schwelle zu einem neuen Jahrtausend, mit einigen hunderttausend Jahren menschlichen Denkens hinter uns und den phantastischen Aussichten auf ein neues Bewußtsein vor uns, ist es an der Zeit, sich zu fragen, wie weit die Menschheit über das Stadium der Kindheit hinausgelangt ist. Der Schritt zum Erwachsenwerden scheint uns auch evolutionär noch bevorzustehen. Dazu bedarf es jedoch des Erkennens und Verstehens, daß die Natur für den Menschen ein anderes, besseres Fühlen, ein weitaus effizienteres Denken geplant hat. Dies könnte gelingen, indem wir zunächst die Kindheit und vor allem die in der Kindheit noch weitgehend unerkannt schlummernden ungeahnten Möglichkeiten in vollem Ausmaß begreifen. »Erwachsenes Denken« kann sich erst einfinden, und unsere Vorstellungen von der Welt und die Welt selbst können sich erst verändern, wenn wir unsere evolutionäre Kindheit erkennen und verstehen. Wir müssen das »Kind in uns« noch einmal vom ersten Tag an durchleben und bis zu jenem Punkt begleiten, an dem wir schließlich beginnen können, den nächsten, im Sinne des Wortes selbstverantwortlich evolutionären Schritt in unserer Entwicklung zu wagen.

Das Kind in uns und die Kindheit sind die Bindeglieder zu einem neuen Bewußtsein, zu einem allseits erhofften und erwarteten, selbstverantwortlichen, »erwachsenen« Menschen. In dieser Hinsicht faßt *»Das innere Kind* neueste wissenschaftliche Erkenntnisse zu einer optimistischen Botschaft hinsichtlich der Zukunft des Menschen zusammen: Der Mensch hat alle Chancen noch vor sich. Er ist nicht am Ende angelangt. Er steht erst am Anfang. Heute noch ein kaum ausgereiftes Kind, das zuweilen gefährliche Spiele mit gefährlichem und seiner Entwicklung davongelaufenem Spielzeug spielt, deren Konsequenzen er nicht zu überschauen vermag, zeichnen sich in seinen Zügen die Konturen des Erwachsenen ab. Das *Prinzip Kindheit* meint: Inmitten all der Überlegungen um eine mögliche Evolution des Menschen, um bessere, fortschrittlichere Methoden der Erziehung, des Lernens und Denkens haben wir offenbar den berühmten »springenden Punkt« übersehen: Wir sogenannten »Erwachsenen« sind zwar an Jahren und Erfahrungen älter geworden, haben besser oder schlechter denken gelernt – aber wir denken und handeln nach den Gefühlen von Kindern, meist von verletzten Kindern. Unser Verhalten und unser Denken richten sich immer noch nach genetisch programmierten Verhaltensschablonen aus der evolutionären Frühzeit des Lebens. Indem wir das *Prinzip Kindheit* erfassen, vermögen wir – ohne die Wunden unserer Kindheit – zu »Erwachsenen« heranzureifen.

Wissenschaftler haben entdeckt, daß die Natur sich für das Denken, ähnlich wie für die Entwicklung unseres Körpers, einen präzisen genetischen Entwicklungsplan ausgedacht hat. Danach geben genau abgestimmte Eiweißschübe dem Denken jeweils das Signal für neues Lernen und Wachstum. Das »Denken« der Natur entspricht allerdings nicht unbedingt unseren Vorstellungen vom Denken. Das »natürliche Denken« in jedem Kind entwickelt sich über das »Denken des Körpers«, über das »Denken in Gefühlen«. Und unsere Art zu denken, nämlich logisch und abstrakt, bildet sich nur in dem Maße aus, in dem man als Kind die anderen Arten des Denkens erlernt hat. Eine Art des Denkens schafft sich in jedem Kind spielerisch die nächsthöhere Stufe. Ob dies mehr oder weniger folgerichtig geschieht, bestimmt darüber, wie unser Gehirn schließlich »programmiert« ist.

Ein Mensch, der als Kind sein »Körperdenken« nie ganz ausleben durfte, wird seine Möglichkeiten nie voll ausschöpfen können. Ein als Kind in seinen Gefühlen verletzter »Erwachsener« hat es schwer, angstfrei zu denken.

Bleibt uns das natürliche Lernprogramm des kindlichen Gehirns verborgen, wissen wir auch nicht, wie wir es bei unseren Kindern unterstützen können. Wenn wir begreifen, wie Gehirnschaltkreise, die später das Verhalten bestimmen, von Anfang an »falsch programmiert« werden, können wir versuchen, diesen »Kindheitsschock« rückgängig zu machen. Das verschüttete Kind in uns kann uns dabei helfen. Es zeigt uns, warum wir so sind, wie wir sind. Auf der Suche nach der Kindheit enträtseln wir aber nicht nur die Vergangenheit, sondern stoßen ebenfalls in unsere Zukunft vor.

Die Gehirnforschung sagt uns, daß wir nur einen verschwindend kleinen Teil unseres Gehirns, nämlich nur bis zu zehn Prozent, zu nützen imstande sind.

Mit Hilfe des Körpers und der Gefühle versucht nun die moderne Bewußtseinsforschung, in dieses unentdeckte Land unseres Denkens vorzudringen und zu korrigieren, was in der Kindheit mißlang. Verschiedene Körperübungen und Bewußtseinsübungen sollen die Verbindung zwischen Körper und Geist schaffen, die Regenbogenbrücke zwischen unseren Empfindungen, unseren Gefühlen und unserem Intellekt, damit das Kind in uns und so der künftige Mensch neu geboren werde.

Anliegen dieses Buches sind nicht nur Gehirnforschung, Pädagogik, Wachstum, Verhalten und Bewußtseinsentwicklung, die Geschichte der Kindheit und das offene und dennoch nicht immer verstandene Geheimnis der Kraft der Kindheit. Ziel ist vor allem, den Leser dieses Wissen kosten, durchleben und an sich selbst erfahren zu lassen – mit Hilfe von Spiel, Phantasie, Imagination und stetigem Infragestellen erstarrter Vorstellungen. Denn jeder Mensch hat die Fähigkeit, »erwachsen« zu werden.

Erstes Kapitel

Das Prinzip Kindheit

Vergleichen wir unser Leben mit einer Art Rad, so bildet das Kind, als das wir begannen, das Zentrum des Rades. Es bewegt sich stets mit uns mit. Mit jedem Jahr gewinnen wir neue Erfahrungen, neues Wissen hinzu, die sich wie Jahresringe außen um unser Lebensrad legen, wir wachsen und werden älter. Der Einfluß des Radzentrums, unserer Kindheit, aber bleibt.

Das Kind in uns begleitet uns überall und jederzeit, auch dann, wenn wir uns seiner nicht bewußt sind. Es kann uns Steine in den Weg legen und mit verschütteten Gefühlen ein Hindernis für unser Wachstum sein, es kann aber auch zum Freund, Vertrauten und Lehrer werden.

Um es wiederzuentdecken, bedarf es des Erkennens, daß keine scharfe Linie unser Kindsein von unserem Leben als Erwachsener trennt. Je näher wir zur Nabe unseres Lebensrades gelangen, desto mehr erweitern wir unser gegenwärtiges Bewußtsein. Die eigene Kindheit neu zu sehen, kann zu einer belebenden, erneuernden und verjüngenden Quelle werden.

Vor mehr als dreißig Jahren schrieb Ernst Bloch sein berühmtes Werk *»Das Prinzip Hoffnung«*. Es zählt zu jenen Büchern, die mehr Licht in die letzten Jahrzehnte unseres Jahrtausends und in eine moderne Welt brachten.

Hoffnung kam und kommt auch von vielen anderen Seiten. Die Philosophie spricht von den Möglichkeiten eines sinnvolleren und erfüllteren Lebens, auch die modernen Wissenschaften sehen die Chancen des Menschen. Die Betrachtung der Möglichkeiten zukünftiger menschlicher Entwicklung schließt jedoch auch die Frage nach Geist und Materie ein. Die unauflösliche Wechselbeziehung zwischen Körper und Geist, die Erkenntnis, daß der Geist den Körper beeinflußt und der Körper den Geist mitbildet, wurde für viele Bereiche der modernen Wissenschaften zu einem neuen Paradigma. Dennoch blieb ein den Menschen direkt und unmittelbar betreffendes Gebiet von diesen Theorien weitgehend unberührt: die Kindheit.

Dies mag daran liegen, daß man, wie schon ein altes Sprichwort sagt, dort nicht über Geld spricht, wo Reichtum herrscht. Wir kennen zwar den Reichtum der Kindheit, ahnen einiges von ihren Möglichkeiten, sind uns aber der sich daraus ergebenden Konsequenzen für Individuum und Gesellschaft noch immer zuwenig bewußt.

Kaum irgendwo bestehen so viele Verbindungen zwischen Geist und Stoff wie bei der Entwicklung eines Kindes. Das Gehirn und das Nervensystem beginnen sich im Mutterleib einen Körper zu bauen, nach der Geburt wirkt die aus einem geistigen Prinzip geschaffene Materie ihrerseits wieder auf die geistige Entwicklung ein. So betrachtet, ist die Kindheit ein Bindeglied zwischen Geist und Materie. Die Kindheit kann verbinden, aber auch trennen.

Philosophen, Psychologen und manche Pädagogen wußten immer um die Rolle, die die kindliche Entwicklung als dritte Kraft zwischen den zwei Polaritäten Körper und Geist innehat. Dennoch ist das Prinzip Kindheit als Potential menschlicher Entwicklung, als das Prinzip Hoffnung, ein Geheimnis.

Kindheit bedeutet dann für uns Hoffnung, wenn wir beginnen, das menschliche Denken in einem neuen Licht zu betrachten. Indem wir den Weg in unsere Kindheit zurückgehen, lüften wir das Geheimnis und lernen, Gefühle, Denken und Körper wieder zu vereinen.

Wie schon erwähnt, verwirklichen wir nach Meinung der Gehirnforscher und Biologen nur bis zu zehn Prozent der in uns schlummernden zerebralen Fähigkeiten. Diese suchen noch immer nach einem Grund, warum ein großer Teil unserer Gene gewissermaßen brachliegt. Eine mögliche Antwort darauf wäre ein biologischer Wachstumsplan für das Gehirn und die Entwicklung des Denkens, der jedoch immer wieder unterbrochen und ignoriert wird. Der amerikanische Pädagoge JOSEPH CHILTON PEARCE und manche seiner Kollegen vermuten ungeahnte Möglichkeiten in dem anscheinend von der Natur für uns genetisch vorbestimmten Programm, das sich sein Wissen von der Welt langsam, aber kontinuierlich mit Hilfe des Körpers, der Gefühle und erst sehr spät mit Hilfe des Denkens aufbaut. Gleichzeitig weist er darauf hin, daß wir uns den Weg zur besten Art des Denkens, zum Denken über das Denken, dadurch versperren, daß die kindlichen Körperprogramme und Gefühlsprogramme von zu frühem Denken unterbrochen werden. Darin stimmt er mit dem österreichischen Biologen und Erkenntnistheoretiker RUPERT RIEDL überein. Dieser deutet in seinen Werken *»Biologie der Erkenntnis«* und *»Evolution und Erkenntnis«* immer wieder an, daß die Evolution einen viel zuwenig beachteten Knick zeige. Und er siedelt den Bruch in der Evolution dort an, wo das naturgegebene, genetische Lernen in jeder Kindheit in das kulturell bedingte Lernen übergeht.

Produzieren wir also unwissentlich ein falsches Denken, indem wir den genetischen Plan der Natur zu bald stören? Viele Anhänger eines ganzheitlichen Bewußtseins glauben, daß unser Gehirn für eine beträchtliche Intelligenzsteigerung vorgesehen sei. Und die neuen Arten von

Superlearning geben ihnen recht. Der Mensch kann besser, schneller und um einiges vergnüglicher lernen, wenn er seine gesamte Gehirnkapazität ausnützt und lernt, Ängste und Blockaden abzubauen.

Die rechte Gehirnhälfte, das Reich des Unbewußten, der Intuition, gilt dabei als Zauberformel. Die vielen Versuche mit diesem bis jetzt noch ziemlich unbekannten Land des Gehirns zeigen aber auch, daß nicht nur besseres Denken und eine Intelligenzsteigerung das Ziel sein können, sondern ebenso eine neue, befreitere und ganzheitlichere Allgemeinsicht.

Seit Jahren strebt ein Netzwerk verschiedenster New-Age-Bewegungen danach, diese Sicht zu erlangen. Ob es die vielen Blicke auf Asien und seine Weisheit sind, die Wiedergeburt der Mythen, Richtungen, die das Körperbewußtsein zum Thema haben, Drogen oder die modernen Gehirntechnologien: Allen ist gemeinsam, daß sie die Welt nicht mehr aus der begrenzten Sicht der linken Gehirnhälfte sehen wollen.

Häufig gerät dabei in Vergessenheit, daß bereits eine Welt vorhanden ist, in der nicht eingeteilt, differenziert und abgeurteilt wird: die geheimnisvolle Welt des Kindes, in der wir alle einmal waren und die uns und jedem Kind immer noch und immer wieder offensteht.

Die Teilung des Gehirns in linke und rechte Gehirnhälfte erfolgt erst ziemlich spät. Das *Corpus callosum,* der Balken, die quer verlaufende Faserverbindung, die das logische Wissen der linken Hemisphäre von der Intuition der rechten »trennt«, wird erst ab dem siebten Lebensjahr zu einer Grenze im Gehirn. Es müßte keine solche sein, wenn das Kind bis dahin möglichst ungehindert Wissen in seinem Gehirn aufbauen könnte. Das Körperwissen hätte dann seinen Platz in den alten Teilen des Gehirns gefunden, das intuitive Wissen von den Zusammenhängen und die Gefühle wären, vereinfacht ausgedrückt, in der rechten Hälfte zu Hause, und es sollte gelingen, das abstrakte Denken auf diesen beiden Fundamenten aufzubauen und links anzusiedeln.

Dort, eingebettet in einer zuvor körperlich und gefühlsmäßig erlebten Weltsicht, hätte es jenen Platz, den die Natur anscheinend für die Logik vorgesehen hat. – Häufige Klagen über die Dominanz der linken Gehirnhälfte dürfen allerdings nicht dazu verleiten, die Logik für alles zur Verantwortung zu ziehen. Im Gegenteil: Wir brauchen eine bessere und eine selbstsicherere Logik, um vieles in Frage zu stellen, das uns unser bisheriges Denken eingebracht hat. Angesichts dessen, daß sich am und im Menschen während der vergangenen Millionen von Jahren nicht viel geändert hat und wir immer noch eine fatale Mischung aus Feindseligkeit und verwirrenden Versuchen von Liebe sind, kann uns nur ein großer Sprung nach vorn helfen.

Denn unser Alltagsdenken ist nicht mehr als ein in einem Computer namens Gehirn gespeichertes Programm, das nur so gut sein kann wie die Grundprogramme, die der Körper und die Gefühle schon lange vor den eigentlichen Denkoperationen einspeichern.

Die Neurologie beschreibt genau, wie Nervenzellen sich das Zentralnervensystem zu bauen beginnen, wie sich aus diesem das Gehirn und um es der Körper des Fötus bilden. Dies bedeutet, daß die ersten Informationen für unseren Denkcomputer chemisch-elektrische sind und das Prinzip Kindheit und das Lernen viel früher beginnen, als wir annehmen. Wissenschaftler, die sich mit dem Leben vor der Geburt beschäftigen, beschreiben anschaulich, wie beeinflußbar Embryos sind. Die Geburt selbst wird unter den wehenden Segeln von Hygiene und Sicherheit für Mutter und Kind in den üblichen Krankenanstalten zur ersten großen Lernprobe für den werdenden Menschen. In den meisten Fällen signalisiert diese Probe, daß Neues und Lernen Qual, Isolation und Hilflosigkeit bedeuten. Erhält das Kind im ersten Lebensjahr nicht den Rückhalt, der ihm dabei hilft, körperliches Selbstvertrauen und Selbstsicherheit für sich zu errichten, setzt das negative Lernen sich fort – das erste große Grundprogramm ist im Computer namens »Gehirn« gespeichert. Es wird alle anderen Programme nach seiner spezifischen Farbe einfärben.

Wir wissen heute, daß in jedem Erwachsenen ein verletztes, weinerliches, widerspenstiges oder angriffslustiges Kind steckt, dennoch geht die Forderung, daß wir vor allem »neue Kinder« brauchen, immer wieder unter. Es ist verständlich. Denn Erwachsene sind selbst in einem gewissen Maß verwundete Kinder und haben es daher schwer, die eigenen Kinder zu verstehen, solange sie das einstmals mißverstandene Kind in sich selbst nicht entdekken. Andererseits ist die Kindheit ein schillernder und weitreichender Begriff, der sich in der Praxis anders darstellt als in der Theorie und in der Theorie oft nur das widerspiegelt, was eine widersprüchliche Gesellschaft sich unter zukünftigen Erwachsenen vorstellt.

Denn was immer auch Kindheit ist, so bedeutet jedes Kind ein Stück Zukunft, das von der Gegenwart und der Vergangenheit beeinflußt wird. Besser ist es daher, ein Kind weniger »er-ziehen« zu wollen, sondern seine »Entwicklung« zu fördern. Allzu leicht übersehen wir sonst, daß wir Gefahr laufen, mehr zu verschütten als »herauszuziehen«.

Von der berühmten Anthropologin Margaret Mead

wird berichtet, ihr bemerkenswertes Gedächtnis habe sie dem Umstand zu verdanken gehabt, daß ihre Mutter sie immer wieder dazu ermunterte, ihre Sinne zu gebrauchen. Riechen – Hören – Tasten – Sehen – Schmecken ... Lassen Sie die Worte auf der Zunge zergehen – sie dienen uns als »Einstiegshilfen« in die Welt der Gefühle. Diese haben vorerst nicht unbedingt etwas mit den Gefühlen von Erwachsenen zu tun. Das Kleinkind bricht in seine Umwelt auf und lernt diese so gut kennen, so gut es sie ertasten, erschmecken, riechen, hören und sehen kann. Je besser und umfassender dies geschieht, desto sicherer wird das Kind; je mehr es davon abgehalten wird, desto mehr gedeihen Angst, Unsicherheit und Lernunwilligkeit. Vor allem die Natur will es erkunden – schließlich sind wir ein Teil von ihr. Aber Eltern, die dies vergessen oder selbst nie Gelegenheit hatten, es zu erlernen, sehen etwa im Wald Gefahren und finden Erde und Lehm bei weitem nicht so aufregend wie ihre Kinder.

Es beginnen die ersten Liebesspiele ...

»Wenn du mich liebst, machst du dich nicht schmutzig!«

»Nur böse Kinder verstecken sich im Wald.«

»Wenn du zu spät kommst, sind Mami und Papa traurig!«

Liebe unter Bedingungen. Diese Art von Liebe beginnt sehr bald und wird ein Leben lang andauern. Das ewige Kind im Erwachsenen vergißt seine erste Lektion mit dieser Zauberformel der Welt nicht so schnell.

Viel zuwenig erinnern wir uns daran, daß wir selbst einmal in der geheimnisvollen Welt des Kindes lebten, in der die Phantasie aus einer Zündholzschachtel verschiedenste Gegenstände hervorzauberte – während eine Spielzeugkiste mit modernsten Autos immer nur eine Kiste voll mit Autos bleibt. Indem Erwachsene das eigene Kindsein vergessen, lassen sie eine Kluft zwischen der Welt der »Großen« und jener der »Kleinen« entstehen, die beste erzieherische Richtlinien nicht überspringen – auch dann nicht, wenn das oberste Gebot lautet, ein Kind nicht in eine gewisse Richtung zu erziehen.

Verständnis gelingt, wenn wir bereit sind, das Kind als eigenständige Persönlichkeit anzunehmen, sei es nun ein Säugling, ein Kleinkind oder ein Jugendlicher, der sich nach dem Körperwissen und dem Gefühlsdenken spielend das Denken erobert. Vielleicht ist es gerade das spielerische Moment, das Erwachsene immer wieder an Kindern fasziniert – dieser geniale Plan, den die Natur sich für die Erschaffung des Denkens ausdachte. Spielend zu lernen, bedeutet mehr Spaß, mehr Vitalität, größere Offenheit. Und wenn Lernen Vergnügen bereitet, kann das ganze Leben zu einer Kunstform werden, in der alles und jedes zum Lehrmeister wird.

Der Schweizer Psychologe Jean Piaget war einer der ersten, die die kindliche Entwicklung mit einem genetischen Prinzip verglichen. Heute folgen Wissenschaftler aus allen Bereichen. Und wenn uns die Gehirnforschung oder die Biophysik beschreibt, wie im Gehirn ein Muster auf dem anderen aufbaut, wie die rhythmische Strukturierung in den Denkzellen des Neuhirns um so besser geschieht, je besser die Muster im Althirn funktionieren, so klingt dies ganz folgerichtig. Die Natur hat offenbar stets Muster auf Muster gezeichnet, wenn wir etwa an die Entwicklung vom Einzeller und dem Leben im Meer über die Amphibien zu den Säugetieren beziehungsweise zum Leben auf dem Land denken. Evolution findet immer wieder statt, in jedem neuen Menschenkind, in jedem neuen Gehirn. – Ein Plan für die geistige Entwicklung wäre so nicht nur ein Schritt zu einer besseren Erschließung des Gehirns, er würde auch manche Fragen der Vergangenheit lösen. – Das Prinzip Kindheit beinhaltet also ein schöpferisches Potential, das dem Menschen ungeahnte Möglichkeiten eröffnet.

Freilich ist ein genetischer Plan für unser geistiges Fortschreiten nicht so leicht erkennbar wie ein Plan für das Körperwachstum. Milchzähne sind besser sichtbar als ein Abschnitt unseres alten Gehirnsystems, in dem eine Körpererfahrung nach der anderen ihre ganz besonderen Zeichen einträgt. Und in diesem Zusammenhang würde man sich manchmal ein noch intensiveres Bemühen der Wissenschaft um die Möglichkeiten des Gehirns wünschen, die uns vielleicht sogar eine bessere Zukunft brächten. Körperliche und geistige Krankheiten, Beziehungslosigkeit und Aggressivität könnten abnehmen, würde der Mensch erkennen, daß viele seiner Ängste und Sorgen auf einem in seiner Kindheit falsch abgelaufenen Programm basieren. Genauer betrachtet, scheinen sich kaum Alternativen zu bieten, eine unsere Zukunft bedrohende Gefahr abzuwenden.

Es steht uns offen zu glauben, daß das menschliche Gehirn für den totalen Erfolg im Universum geschaffen sei. Vertreter der genetischen und der biologischen Revolution verfechten heute die These, daß unser Leben sich im Zeichen dieser Revolutionen schneller verändern wird, als es während der langen Zeitspanne zwischen dem Erlernen der Sprache und heute geschah. Dies mag zutreffen. Zum Wohl des Menschen werden Genetik und Biologie aber nur dann beitragen, wenn sie unter »Revolution« nicht so sehr »Tun« als vielmehr »Zulassen« verstehen.

Gleiches gilt für die Kindheit als das Prinzip, das dieses System und sein Denken aufbaut. Ein Kind, das Körper, Natur und Umwelt ausgiebig »er-leben« konnte, nähert sich dem Denken anders als ein Kind, dessen Antrieb immer wieder gestört wurde. Der Antrieb ist das, was die Natur dem Menschen in Hülle und Fülle mitgibt. Als eine Art Lebensenergie oder Psychokraft steckt er hinter der natürlichen Neugierde und Offenheit jedes kleinen Kindes. Ein verletzter oder stets gehemmter Antrieb läßt uns ängstlich, unsicher und schließlich verschlossen werden.

Verletzt wird dieser Antrieb schnell und nicht allein durch Gebote oder Verbote. Ein Kleinkind, das eine Zündholzschachtel vor sich herschiebt, will nichts anderes, als diese Schachtel schieben. Nimmt man sie ihm weg, um ihm ein schönes Spielzeug in die Hand zu drücken, verletzt man das Lernen der Natur. Auch die beste Erklärung über Funktion und Gefahr von Zündhölzern bedeutet hier eine Behinderung des kindlichen Antriebs, der Feuer erst viel später kennenlernen will. Im Augenblick gelten nur die Schachtel, der Weg, den sie nimmt, und die schiebende Hand.

Das Kind lernt, eine Handlung konzentriert und in diesem Moment auszuführen. Indem man es dabei unterbricht und erzählerisch in die Zukunft führt, stört man sein sicheres Selbstverständnis und bringt ihm unbewußt jenes Zukunftsdenken bei, das uns ebenso wie das überbetonte »Links-Hirn-Denken« häufig Schwierigkeiten bereitet.

Das Denken an die Zukunft ist immer so gut, wie es das Gegenwartsdenken ist, aber dieses lernen wir oft nicht kennen. Es wird uns als Kind mit den besten Vorsätzen abgewöhnt, obwohl jedes in einem Spiel versunkene Kind veranschaulicht, daß der genetische Plan der Natur dieses völlige Versunkensein des Denkens in ein besonderes Problem vorsieht. Jede Art von Ganzheitsdenken betont die

Notwendigkeit, im Hier und Jetzt zu leben. Kinder verstehen sich in dieser Kunst besonders gut – wenn man sie läßt.

Etwas »zuzulassen«, scheint überall dort eine Art Zauberformel zu sein, wo Materie und Geist einander berühren. In seinem uralten Kampf gegen die Materie vergaß der Mensch es. Darum fällt es uns heute schwer, daran zu glauben, daß der Körper seine eigene Weisheit besitzt, wie es sich im Heranwachsen eines Kindes zeigt. Die Zauberformel »zulassen und nur der Entwicklung entsprechend eingreifen« sorgt für einen gesunden Geist in einem gesunden Körper, für gesundes Fühlen und eine gesunde Beziehung zur Umwelt.

Jede Diskussion über Erziehung kreist um dieses Problem. Erziehung ist notwendig. Sie kann aber nur so gut sein, wie sie sich auf den natürlich ablaufenden Entwicklungsplan einstellt. Das Denken der Kultur darf das Denken der Natur nur langsam und kontinuierlich ablösen, vor allem jedoch es so wenig wie möglich beeinflussen – ein Grundsatz, der weit über das biologische Prinzip Kindheit hinausgeht.

Wir scheinen heute an einer Nahtstelle der Evolution zu stehen. Kaum eine Zeit zuvor barg so viele Möglichkeiten und so viele Gefahren zugleich. Wir haben mehr Wissenschaftler, mehr Kenntnisse und mehr Erfindungen als die uns bekannten Zeiten zuvor, trotzdem leben wir unsicherer und gefährlicher als unsere Vorfahren. Aber gerade diese Krise, die drohende Wolke atomarer, genetischer, biologischer und umweltverschmutzender Verseuchung, ist unsere Chance. Wir müssen innehalten und uns fragen, was in der Entwicklung des Menschen fehllief. Vielleicht haben wir die Freiheit, uns zu überlegen, ob unsere Art zu denken uns irreführte. Wie gesagt, geht das Denken der

Natur im idealen Fall nahtlos in das Denken der Kultur über. Dann ist der Mensch fähig, alles zu betrachten: sein Körperwissen und seine Sexualität, seine Gefühle und sein Denken, die sich alle miteinander verknüpfen.

Unsere schicksalsträchtige Zeit wäre reif für einen Menschen, der diese Ganzheit besitzt. Trotz oder vielleicht wegen der Krise könnte die Menschheit nun die Reife haben, sich einzugestehen, daß das Denken eigentlich noch in seinen Anfängen steckt. Wir lernen erst langsam, uns neben uns selbst zu stellen und unsere Denkvorgänge als »unbeteiligter Zeuge« zu beobachten. Das »Denken über das Denken« beginnt allerdings auch in der Erziehung.

Wir sind an dem Punkt angekommen, an dem kulturelles Denken das Denken der Natur zu begreifen beginnt und damit selbst zur berühmten Pfeilspitze der Evolution werden kann. – Der wenig beachtete evolutionäre Knick ist heute tiefer denn je. Ihn zu begradigen, scheint uns eine Chance gegeben. Sie führt, wie schon erwähnt, über das Verständnis kindlichen Seins und natürlicher Entwicklungen.

An die einzelnen Kapitel und Unterkapitel dieses Buches schließen sich jeweils themenbezogene Übungen an. Diese Übungen dienen Ihrer eigenen Arbeit mit dem Buch und der Vertiefung des zuvor Gesagten. Übungen und Anregungen sind in pragmatischer Kürze gehalten, denn es soll Ihnen überlassen bleiben, mit welchem Zeitaufwand und welcher Intensität Sie hier »einsteigen«. Gehen Sie behutsam und mit Einfühlung an die Übungen, lassen Sie sich etwas Zeit, und wenn Sie zu starke innere Widerstände verspüren, hören Sie erst einmal auf.

Die Suche nach Ihrem inneren Kind und die Begegnung mit ihm sind – richtig betrieben – eine Art Selbstanalyse, und in dieser übernehmen Sie eine hohe Selbstverantwortung. Wo Sie an

Grenzen stoßen oder Gefahren für sich spüren, da müssen Sie einhalten und überlegen, ob Sie sich nicht lieber einem psychologisch geschulten Gesprächspartner anvertrauen sollten.

Wenn Sie sich dem Kind in Ihnen auf dem Weg der Meditation nähern wollen, finden Sie hierzu Anregungen unter der Überschrift »Meditationstechniken« im Anhang dieses Buches.

Übungen

Unsere Entwicklung gleiche der eines Schmetterlings, meinte einmal Georg I. Gurdjieff, *Verfechter eines neuen Bewußtseins. Wir müßten sterben und wiedergeboren werden, gleich dem Ei, das sterbe und zur Raupe werde, der Raupe, die sterbe und zur Puppe werde, der Puppe, die sterbe, damit wiederum der Schmetterling geboren werde ...*

Dieses symbolisch zu verstehende Sterben und die weitere Entwicklung lassen sich auf die des Embryos im Mutterleib, des heranwachsenden Fötus, des Kleinkindes, des Jugendlichen und des erwachsenen Menschen übertragen. Und vielleicht ist es einmal möglich, daß ein Stadium das andere harmonisch ablöst.

Aber wie erlangt man dies am besten? Gurdjieff schien die Antwort zu wissen. Wir müßten unsere Puffer vernichten. Kinder hätten keine Puffer, wir müßten also werden wie die Kinder. – Und wie wird man wieder zum Kind? Wie durchstößt man alte Barrieren, alte »Puffer«, die jedes Kind sich zulegt, damit die Außenwelt es manchmal nicht so sehr verletzen kann? Vielleicht indem man mit Hilfe verschiedener Stile, Methoden oder Bilder die übrigen Stadien umgeht und sich dem Kindsein erneut anvertraut. Denn gerade das Prinzip Kindheit führt uns vor Augen, daß wir mit abstraktem

Denken allein nicht weiterkommen. Wir müssen unser Wissen ein wenig »ver-rücken«, und zwar in Richtung echter Gefühle und ganzheitlichen Bewußtseins.

Der erste Schritt dabei könnten mehr Fragen sein. Ihr Wert wird oft verkannt. Sie stellen eine Verbindung zwischen Frager und Beantworter her, die sogar dann wirksam wird, wenn beide sich in einer Person vereinen. Das Gehirn beginnt in seinem Wissen herumzustöbern, mehrere Antworten tauchen auf, die besten fügen wir zusammen. Eine richtig gestellte Frage berge eine richtige Antwort in sich, sagt eine alte Volksweisheit. Fragen sind ein Bindeglied zwischen logischem Denken und Gefühlsdenken. Sie »ver-rücken« uns tatsächlich ein wenig, lassen das, was wir theoretisch erfahren haben, auch in unser Inneres vordringen. Daher tragen die anschließenden Fragen und Übungen dazu bei, das Prinzip der Kindheit ebenso auf einer anderen Ebene als der intellektuellen zu begreifen und eigenen Gedanken dazu Raum zu geben.

- *Haben Sie sich schon einmal gefragt, wann und wo das Kind in Ihnen auftaucht – wenn vielleicht auch unbemerkt?*
- *Erstellen Sie eine Liste, schreiben Sie alles auf, was Sie als Kind mochten und was Ihnen zuwider war. Vergleichen Sie dies mit Vorlieben und Abneigungen von heute.*
- *Vergleichen Sie das Prinzip Kindheit mit einem vorzüglichen Menü! Welche Bedeutung messen Sie dem Menüplan, dem Koch, der Küche, den Zutaten bei?*
- *Versuchen Sie sich das Menü genau vorzustellen: die Farben der Speisen, die Kombination auf dem Teller, den Geruch, den Geschmack. Wonach schmeckt es? Nach dem Kochrezept, nach dem Koch, der Küche oder den Ingredienzen?*
- *Malen Sie sich verschiedenste Menüs aus. Wie würde Ihnen das Essen eines Neandertalers zusagen? Wie*

schmecken Ihnen raffinierte, aber verwürzte Kochkompositionen?

- *Stellen Sie sich vor, Sie verspeisen ein sehr einfaches, schnell zubereitetes Fertiggericht. Welcher Unterschied besteht zu einem köstlichen Mahl der hohen Kochkunst? Lassen Sie dieses mit seinen gekonnt ineinander übergehenden Gängen auf der Zunge zergehen und stellen Sie sich dabei den Kochvorgang in der Küche vor. Finden Sie selbst noch einige (vielleicht treffendere) Vergleiche zwischen dem Prinzip Kindheit und der Zubereitung eines kulinarischen Mahles.*
- *Welche war Ihre Lieblingsspeise als Kind, und was essen Sie heute mit Vorliebe?*
- *Schließen Sie die Augen und stellen Sie sich dieses Lieblingsgericht in allen Einzelheiten vor.*
- *Sehen Sie den dampfenden Teller vor sich stehen und nehmen Sie genießerisch den längst vergessenen Duft Ihrer Lieblingsspeise in sich auf.*
- *Erinnern Sie sich an den Tisch und den Stuhl, auf dem Sie saßen? Hören Sie die Geräusche in der Küche?*
- *Blinzeln Sie bei geschlossenen Augen ein wenig und lassen Sie die Farben aller einzelnen Zutaten vor sich auftauchen.*
- *Wie schmeckt der erste Bissen?*
- *Was fühlt Ihre Zunge?*
- *Sind Sie schnell satt, oder haben Sie Lust auf eine zweite Portion?*
- *Öffnen Sie nun die Augen und horchen Sie in sich hinein: Welche Gefühle begleiteten einst Ihre Lieblingsspeise, als Sie Kind waren – und was fühlen Sie jetzt?*
- *Fragen Sie sich abschließend, was Sie heute am liebsten essen und mit welchen Gefühlen Sie als Erwachsener vor dieser Speise sitzen.*

Ein Reiseführer für Ihre ganz persönliche »Magical Children's Tour«

Der Weg zurück in die Kindheit gleicht zunächst zwar vielen unserer üblichen Erinnerungsreisen in unsere Vergangenheit, kann aber zu einer Reise in die Zukunft werden.

- Es bedarf der Klarheit darüber, daß Sie mit Hilfe dieses Buches eine ganz besondere und ganz persönliche Art der Psychoanalyse anwenden.
- Die »Magical Children's Tour«, die magische Reise zurück in längst vergangene Zeiten, führt Sie auf dem kürzesten und sichersten Weg zu Ihrem wahren »Ich«.
- Wenn Sie die faszinierende Verbindung zwischen Körper und Denken kennenlernen, wenden Sie die elementarste Alternative zu allen möglichen Therapieformen an.
- Sie dringen schnell und mühelos zu den Wurzeln Ihres Verhaltens vor und können ohne fremde Hilfe erkennen, warum Sie manches widerstandslos akzeptieren, gegen anderes aber rebellieren.
- Je näher Sie mit Hilfe der Methoden und Übungen dieses Buches dem Kern Ihrer Identität kommen, desto leichter gelingt es Ihnen, Grundmuster Ihres Lebens zu durchschauen und zu wandeln.
- Die Reise in die Kindheit wird um so geheimnisvoller, je offener Sie sich darauf einlassen. Sie

zeigt Ihnen, daß Sie eine ganz besondere Art von Individualität haben.

- Lernen Sie, diese Individualität ganz zu verstehen, zu festigen – und, wo nötig, zu ändern.
- Dies erreichen Sie, indem Sie mit Hilfe der Übungen nicht nur auf den Verstand einwirken, sondern zu den tieferen Schichten Ihres Seins, zu Ihren Gefühlen und Ihrem Körper vordringen.
- Versuchen Sie zu erkennen, daß Sie nicht nur Reisender bleiben müssen. Im Laufe der Zeit können Sie zum Reiseleiter werden und inmitten eines alten und bekannten Landes neue Ziele wählen.
- Lernen Sie daher vor allem, alte Reiseerfahrungen zuerst zu verstehen, die Auswirkungen von längst verloren geglaubten Kindheitslektionen zu durchschauen. Dann wandeln Sie diese Lektionen in »Übungen für morgen« um.
- Lassen Sie Ihre »Magical Children's Tour« zu einer der vergnüglichsten neuen Bewußtseinstechniken werden: Durchreisen Sie das Land der Kindheit und lernen Sie dabei, dort alles Überflüssige zurückzulassen, das Sie am Erwachsensein hindert.

  Bringen Sie aber von der geheimnisvollen Reise durch die Zeit all jenes mit, das Ihrer zukünftigen Entfaltung dient.

ZWEITES KAPITEL

Kindheit – das, was immer war und dennoch nicht ist

Die Reise zurück in die Vergangenheit ist eine Reise in unser Unbewußtes. Dieses kannte und kennt keine Grenzen, keine Gesetze, keinen Raum und keine Zeit. Das Kind in uns speicherte einstmals jede Information, gleichgültig, ob sie vernünftig und logisch, traurig oder fröhlich war. Wenn uns die Kommunikation mit ihm gelingt, beginnen wir langsam beide Ebenen unseres Bewußtseins zu erkennen und zu vereinen. Wir durchschauen die schwachen Punkte in jeder Kindheit und ahnen die Möglichkeiten. Dies gilt nicht nur für die Kinder von morgen, sondern auch für jene von gestern, für das ewige Kind in uns allen. Die Zeitlosigkeit unseres Bewußtseins nimmt uns nicht nur Kraft, wenn wir alte Probleme in unser heutiges Leben mit einbringen, sie hilft uns ebenso, diese Probleme mit Hilfe einer neuen Sicht der Vergangenheit zu lösen. Wir können also gleichsam unsere Kindheit ändern. – In diesem Zusammenhang bleibt allerdings zu berücksichtigen, daß »Kindheit« ein verhältnismäßig junger Kunstbegriff ist.

Als man den amerikanischen Ingenieur und Erfinder RICHARD BUCKMINSTER FULLER einmal nach seinem Erfolgsrezept fragte, gab er eine verblüffende Antwort. Er forderte seinen Interviewer auf, nach folgendem Grundsatz zu leben: »Ich bin kein auserwähltes Kind Gottes.

Das sind wir alle.« Ein anderer eiserner Grundsatz des als Allroundgenie geltenden Fuller war jener, das Leben als Versuch zu leben.

Die beiden Grundsätze lohnt es sich zu hinterfragen. Wem die Ansicht, daß wir alle Kinder Gottes seien, zu »gläubig« klingt, der legt das Schwergewicht vielleicht lieber auf »auserwählt« und beginnt in jedem Menschen das ihm eigene Potential zu sehen – das Kind, das in allen von uns weiterlebt und das wir nicht nur in uns, sondern auch in den anderen entdecken können. Wird dieses Kind befreit, gelingt es, das Leben nicht mehr so starr und ernst zu nehmen, sondern es als Versuch zu betrachten, in dem eigentlich nichts fehlgehen kann.

Kindheit als etwas zu begreifen, das immer war und noch nicht ist, erleichtert den Weg dorthin. Wir alle erleben die Welt der Kindheit und leben sie sogar ein Leben lang weiter, indem wir die in der Kindheit geprägten Gehirnmuster wiederholen. Aber selten erlebt jemand Kindheit als das, was sie sein sollte: eine möglichst störungsfreie Zeit, in der sich der Körper den bestmöglichen Geist baut.

Wie schon erwähnt, bleiben viele Möglichkeiten ungenutzt, und man könnte fast behaupten, das Gehirn, das die Forschung uns heute als die phantastischste biologische Maschine beschreibt, arbeite nur als eine Art Notgenerator. (Dies mag ein Trost für all jene sein, die sich manchmal über menschliches Denken wundern, und Hoffnung für die wachsende Schar derer, die daran glauben, daß die Zeiten vorüber sind, in denen wir uns als ausgesetzte Gotteskinder zu betrachten hätten.)

Buckminster Fuller hatte übrigens seine ganz besonderen metaphysischen Ansichten. Er glaubte, daß der Mensch der Natur gegenüber die Aufgabe des Problemlösers hätte. Indem er Information erschaffe und verbindend wirke, arbeite er der Entropie, den auflösenden Eigenschaften der Natur, entgegen. Es gelinge ihm aber um so besser, je mehr er das metaphysische, das allgegenwärtige Prinzip von Universum verstehe. Das »von« vor »Universum« ist kein Fehler, sondern Ausdruck von Fullers Ansicht, daß das Universum keine abgeschlossene Sache, sondern ein fortwährender Prozeß sei.

Das Prinzip Kindheit ist ein Prozeß, der nie aufhört, beziehungsweise noch nie richtig begonnen hat, weil der Mensch seine Aufgabe als Problemlöser erst zu begreifen anfängt.

Ein kleiner Versuch verdeutlicht die Zusammenhänge: Stehen Sie auf, gehen Sie zum Telefon und heben Sie den Hörer ab. Stellen Sie sich vor, Sie würden am Telefon mit jemandem heftig streiten. Beobachten Sie Ihren Körper dabei sehr genau. Verkrampfen sich Ihre Arme, ziehen Sie die Schultern hoch, wie atmen Sie? Kehren Sie dann zu dem bequemen Sessel zurück, in dem Sie dieses Buch lesen. Was geschieht nun? Wird Ihr Körper ruhiger, Ihr Atem leiser? Beginnen Sie wieder entspannter zu denken?

Es ist bekannt, daß mit jeder Körperhaltung ein bestimmtes Denken einhergeht. Die einst als Kind ängstlich oder wütend hochgezogenen Schultern ziehen sich »automatisch« hoch, wenn der Erwachsene in eine gefährliche Situation kommt – »automatisch« allerdings nur von uns aus gesehen. Das Universum in uns hat seine erste biochemische Lektion in bezug auf alle Angst gelernt und läßt sie immer wieder ablaufen: in den Gefäßen, in den Nervenzellen, in den Muskeln und Gelenken – und vor allem im Gehirn. Das »ausgesetzte« Kind in uns meldet sich dann, wenn das Gehirn nicht so gut arbeitet, wie es könnte, weil Denken, ganzheitliches Denken, schon von den ängstlichen, wütenden oder unsicheren Reaktionen des Körper- und Gefühlsdenkens gebremst wird. Und das »auserwählte« Kind kommt selten oder gar nicht zu Wort, wenn man Erziehung zuwenig als »Entwicklung« betrachtet. Die Entwicklung gedeiht nur so gut, wie die Information sich dem kindlichen Universum anpaßt.

Erkenntnistheoretiker und Verhaltensforscher weisen darauf hin, daß das Leben selbst der erkenntnisgewinnende Prozeß sei. Wie uns scheint, übernimmt die Kindheit dabei eine Schlüsselposition – man denke auch an den Ausdruck KONRAD LORENZ' vom »angeborenen Lehrmeister«. Wir haben die Möglichkeit, diesen in uns wiederzuentdecken.

Am besten bedienen wir uns dazu einer anderen gedanklichen Erfindung des verstorbenen österreichischen Verhaltensforschers und Nobelpreisträgers: des »Weltbildapparates«. Als solchen bezeichnet Lorenz eine Art angeborenes Datenverrechnungssystem, das uns genetisch bereits die Lernerfahrung der gesamten Art mitgibt. Stellen wir uns zu diesen unsichtbaren Apparaten, in denen alles Lernen der Menschheit gespeichert ist, den Körper als nächstes Speicherungsprogramm für Bilder von der Welt vor, so begegnen wir einem sehr einfachen Gesetz der evolutionistischen Erkenntnistheorie, nämlich dem von Ursache und Wirkung. Für das Prinzip Kindheit bedeutet dies, daß die im angeborenen Weltbildapparat gespeicherten Informationen so problemlos wie möglich in den Weltbildapparat des Körpers übergehen und dieser wieder seine Bilder in die Bilder des Fühlens einspeichert. Nun wissen wir, daß »Bildstörungen« und Risse im Band namens Kindheit keine Seltenheit sind, und Psychologen versuchen seit einem Jahrhundert kaum etwas anderes, als diese Risse auf ihren Couchen zu flicken.

Erst in jüngerer Zeit fand man heraus, daß man Gefühle mit Hilfe der Analyse nur schwer erreicht. Über ein Problem zu sprechen, bringt zwar augenblicklich Erleichterung und viele Einsichten, zu den Gefühlen und zum Körper dringt man aber nicht vor. Die Bilder, die unsere Weltbildapparate des Körpers und des Fühlens vor langer Zeit aufnahmen, ändern sich nur wenig, und das traurige Kind in uns wird durch die brillanteste Formulierung von Psychosen, Neurosen und ähnlichem nicht fröhlich.

Aber wir kennen auch fröhliche, neugierige, aufgeschlossene Kinder, und eigentlich muß man sagen, daß alle Kinder so sind. Das »Aber« gilt also nur den Bedingungen, die aus offenen Kindern verschlossene Erwachsene werden lassen. Die Lebendigkeit von Kindern ist es, die das Prinzip Kindheit mit Hoffnung füllt.

Natürlich können wir es mit dem englischen Dichter WILLIAM WORDSWORTH halten, der in seinen Werken Erwachsene beschreibt, als seien sie eine Art gefallene Kinder, ebenso jedoch einen Schritt weiter gehen und neben dem traurigen Kind das abenteuerlustige Kind in uns entdecken. Daß dies nicht nur theoretisch und symbolisch möglich ist, zeigen die beiden vorangegangenen Versuche. Beim ausgeruhten Sitzen beeinflußt der Körper die Qualität unseres Denkens, gleichfalls wirken das Denken und unsere Vorstellungen auf den Körper ein. Das Bild von einem Streit läßt den Körper anders reagieren als eine freudige Vorstellung. Ähnlich können wir mit Hilfe von Bildern, Vorstellungen und Gefühlen auch das verschüttete Kind in uns wiederentdecken.

Die Amerikanerin JEAN HOUSTON, eine Pionierin der Bewußtseinsbewegung, auf deren Übungen für Körper und Geist viele der folgenden Übungen zur Erweckung des Kindes in uns beruhen, berichtet von einer ungewöhnlichen Bereicherung der Vergangenheit, wenn man das Kind in sich entdeckt.

Zuvor aber gilt es, die Kindheit in ihren vielen Schattierungen als das zu begreifen, was immer war und dennoch bis heute nicht ist.

Im persönlichen Bereich wird das Prinzip Kindheit nicht voll und ganz ausgelebt, und auch historisch betrachtet zeigt die Geschichte der Kindheit, daß Kindheit kaum je stattfand, obwohl jeder Mensch zuerst Kind ist.

In diesem sogenannten »Jahrhundert der Kindheit« ist es nur schwer zu begreifen, daß Kinder in der Geschichte meist entweder nicht beachtet oder einfach als kleine Erwachsene behandelt wurden. Blättert man in PHILIPPE ARIÈS' *»Geschichte der Kindheit«*, so entdeckt man, daß etwa in der vielgepriesenen Kultur der alten Griechen die Kindestötung durchaus an der Tagesordnung war. Bis zum vierzehnten Jahrhundert werden Kinder in Testamenten nicht genannt, und beim Tod eines Kindes nahm man sich nicht die Mühe, das Geschlecht zu erwähnen, wegen der hohen Kindersterblichkeit fehlt sogar oft eine Namensnennung.

Bei soviel Geringschätzung der Kindheit verwundert es nicht, daß man allgemein für Kinder keine eigenen Kleider anbot, kein eigenes Wissen für Heranwachsende und natürlich auch keine Überlegungen darüber bestanden, was Kindheit bedeuten könnte. Schulen und ein ausgeklügeltes Erziehungssystem in Griechenland und Rom stellten die Ausnahme dar. Die Mehrheit aller Kinder in der Menschheitsgeschichte durfte die Phase der Kindheit kaum als solche erleben. Bis ins hohe Mittelalter unterschied die Welt der Erwachsenen sich im Normalfall wenig von der der Kinder. Das Kind war mit auf dem Feld, im Stall, in der Werkstatt des Handwerkers, am Abend war es dabei, wenn Geschichten erzählt, gesungen oder getanzt wurde.

Mit der Erfindung der Buchdruckerkunst änderte sich dies. Lesen und die »Erfindung der Kindheit« sind eng miteinander verknüpft, so sehr, daß man behaupten kann, das Buch habe wenigstens für die Theorie das geschaffen, was jeder von uns durchlebt, aber nie ganz erlebt: die magische Welt des Kindes. Das Buch war etwas Geheimnisvolles, es brachte neues Wissen in Häuser, die bislang nur die Kommunikation des gesprochenen und gesungenen Wortes kannten. Wissen aber schafft überall Kasten. Wer mehr wußte, war in der bisherigen Geschichte der Menschheit den anderen immer einen Schritt voraus. So ließ der lesende Erwachsene auch das Kind hinter sich zurück, und die Kindheit wurde der Bereich geringeren Wissens, den man daher verwalten mußte.

Vielleicht gelingt es heute einzusehen, daß Wissen besser dazu benutzt wird, innezuhalten und auch einmal zuzuhören. Die Zeiten, in denen Wissen zur Kolonisierung von Ländern und Völkern benutzt wird, gehen dem Ende zu. Es bleibt zu hoffen, daß dies auch für andere Gebiete zutrifft, etwa für das Reich der Kindheit, das von jeder Gesellschaft nach ihren Bedürfnissen »kolonisiert« wurde – von der des Mittelalters, das keine Kindheit kannte, ebenso wie von unserer Gesellschaft, in der Befürchtungen zunehmen, daß die Kindheit verschwindet.

Einer der Pioniere der Wissenschaften von der Erziehung, der englische Philosoph JOHN LOCKE, schrieb 1693 das nieder, wonach noch heute vielfach erzogen wird: die Theorie der Kindheit als eines unbeschriebenen Blattes, auf das eine Gesellschaft ihre besten Wertvorstellungen malt. JEAN-JACQUES ROUSSEAU, der französische Philosoph Schweizer Herkunft, schwärmte bald darauf vom »edlen Wilden« und beklagte in seinem Roman *»Emil, oder über die Erziehung«* das Lesen als Geißel der Kindheit, weil Kinder dabei auf vieles stießen, von dem sie nichts verstünden.

Beide, Locke und Rousseau, betrachteten die Kindheit mit einer Hochschätzung, die bis heute in einem gewissen Maße blieb und die wir in Form gegensätzlicher Pole antreffen: als die Frage, ob Kindheit zu schaffen ist oder ob sie, nach Rousseaus Ansicht, organisch wie eine Pflanze wächst. In Rousseaus Fußstapfen traten berühmte Ärzte, Psychologen und Pädagogen. MARIA MONTESSORI zeigte anhand ihrer Experimente mit Arbeiterkindern in Rom, daß die Intelligenz der Kinder sprunghaft anstieg, wenn man sie soviel wie möglich selbst verrichten ließ. Die eigentlichen Lehrer seien die Kinder, meinte sie und sprach damit für so berühmte Kollegen wie den Schweizer Pädagogen JOHANN HEINRICH PESTALOZZI oder den Schweizer Psychologen JEAN PIAGET.

Die Pole jeder Art von Erziehung lassen sich als einander ergänzend betrachten. Angesichts des schon von Piaget vermuteten und von der modernen Wissenschaft angenommenen Planes für eine genetisch bedingte Entwicklung des Denkens entwickelt das Kind, sich seiner Natur entsprechend, wie eine Pflanze, die ebenfalls nach einem genetisch festgelegten Plan aufwächst. Ist diese Entwicklung abgeschlossen, begreift es vieles besser als zu der Zeit, in der die Welt noch aus Spielen bestand.

Das Reich der Kindheit ist nicht das Land der Unwissenheit, in das wir Wissen hineinstopfen können, sondern ein Reich der Möglichkeiten, die jedes Kind mitbringt, wenn es die Grenzen zu überschreiten beginnt, die zwischen dem Lernen der Natur und dem der Kultur liegen.

Es handelt sich um Möglichkeiten, die wir heute dringender denn je brauchen. Wir lesen nicht nur schneller, wir fahren mit Geschwindigkeiten durch die Welt, die einem Menschen des Mittelalters als Zauberei erschienen wären. Die elektronische Revolution hätte sein Gehirn wahrscheinlich überfordert. Überall nimmt das Tempo zu. Unser Nervensystem und unser Gehirn werden einem hohen Ausmaß an Lärm, Streß, negativer Information und unbewußter Angst ausgesetzt. Als Konsequenz müßten wir entweder zu einer Art Maschinenmenschen werden, die aus der Wirklichkeit nur das herausfiltern, was sie betrifft. Oder wir lernen sehr schnell, besser und umfassender zu denken. Letzteres hätte den Vorteil, daß wir die alte Frage »Natur oder Kultur?« nicht länger zugunsten nur einer Komponente beantworten, sondern beides sinnvoll verbinden könnten. Das gelingt, wenn sie dort, wo sie sich zum ersten Mal stellt, nämlich beim Prinzip Kindheit, ebenso grenzüberschreitend beantwortet wird.

Das Denken, sagt man uns heute, sei nur so gut wie die Verbindungen im Gehirn untereinander. Es läuft von den älteren Teilen des Gehirns zum mittleren Kopfbereich, in dem das Fühlen beheimatet ist, und erst zuletzt in den beiden Stirnlappen.

Nur allzuoft bleiben wir in den Ängsten und Zweifeln unseres Körpers oder in unseren Gefühlen stecken. Zweifellos sind Gefühle nichts Schlechtes. Wie wir noch sehen werden, gelingt es nur mit ihrer Hilfe, das ewige Kind in uns wiederzuentdecken. Bei den »Gefühlen«, die wir meist zum Denken benutzen, handelt es sich nicht um echte Gefühle. Es sind Grundsatzprogramme, die in uns entstanden, als wir noch Kinder waren und in eine bestimmte Richtung erzogen wurden.

Buckminster Fuller zufolge sind Angst, Gier und Unwissenheit unsere wirklichen Probleme. Die ersten beiden

Gefühle, die manchmal auch im kompensierenden Gefühl des Siegenmüssens oder als eine der vielen Arten bescheidener Geltungssucht auftreten, entstehen dann, wenn der biologische Plan ernsthaft gestört oder unterlaufen wird. Das Kind, das auf Abenteuersuche in den Wald will und dies nie darf, wird vor den Eltern zwar seine Gefühle verbergen, aber diese Gefühle wirken weiter: die Gier, das zu bekommen, was der Plan der Natur für den Menschen als Teil davon vorsieht, rachsüchtige Gedanken in bezug auf die Eltern und die Angst, die diesen Gedanken folgt. Ein Kind möchte geliebt werden, und unsere übliche Liebe unter Bedingungen zwingt zu Winkelzügen, die wir längst vergessen haben, obwohl sie in Körper und Gefühl weiterleben. Angst entsteht auch durch Unsicherheit. Und da wir die beiden ersten Schaltkreise des Gehirns (das, was man »Bewegungsdenken« und »Gefühlsdenken« nennen kann) nicht richtig auszunutzen lernen, kommt jene Unwissenheit zustande, die Fuller ebenso anprangert wie Angst und Gier.

Während der vergangenen zwanzig Jahre entdeckte die Menschheit mehr über ihr Verhalten, über Denken und Denkprozesse als in allen Zeiten zuvor. Betrachtete man das Gehirn noch vor hundert Jahren als eine Art Pumpe, so wurde es im Maschinenzeitalter zur Denkmaschine; als der Telegraph erfunden wurde, bezeichnete man es als Schaltstelle. Heute gilt jener vom großen Computer als bester Vergleich. Die Zusammenarbeit seiner verschiedenen Bereiche hängt von der zwischen Input und Output liegenden Entscheidungsphase ab, davon, wie gut das, was das Interaktionsmodell Gehirn speichert, verarbeitet wird.

Der größte Teil unserer Lernmuster entsteht bis zum fünften Lebensjahr. Nicht von ungefähr lautet ein berühmtes Wort der Jesuiten: »Gebt mit ein Kind bis fünf ...« Wir brauchen den Satz nicht zu beenden. Die Jesuiten waren nicht die einzigen. Die Geschichte der Kindheit führt deutlich vor Augen, daß man stets nur an das Ziel, die Output-Phase, dachte und nie an die Kindheit als die eigentliche Entscheidungsphase.

Ist es diese Entscheidungsphase – das, was im menschlichen Gehirn in frühester Jugend vor sich geht –, die uns werden läßt, was wir sind? Es scheint so. Einige Gehirnforscher, die in die Zukunft blicken, haben das Gehirn als Computer bereits hinter sich gelassen und sehen es als ein Hologramm. Ein gut ausgenutztes Hologramm würde eine neue, umfassende Art zu denken bereiten.

Manche Anzeichen könnten jedoch darauf hinweisen, daß viele das Denken wieder verlernen. Auch hier besteht ein Bezug zur Kindheit. Vor einigen Jahren alarmierte Neil Postman mit der These, daß die Kindheit zu verschwinden drohe, und malte dazu das Bild einer durch die elektronischen Medien gefährdeten Welt der Erwachsenen an die Wand: In der Ära des Fernsehens gebe es drei Lebensstufen – an einem Ende das Säuglingsalter, am anderen Ende die Senilität und dazwischen das, was man als den »Kind-Erwachsenen« bezeichnen könnte.

Mit dem »Kind-Erwachsenen« wären wir also wieder dort angelangt, wo sich im Mittelalter die Wege zu kreuzen begannen. Postman begründet seine Befürchtungen auf eindrucksvolle Art, der Kontrollverlust über die neuen Informationsmedien, die Umformung zum »Massenmenschen« und das Einschläfern des Denkens sind bekannt. Aufzuhorchen beginnt man, wenn er zeigt, wie sehr wir die Macht der Bilder unterschätzen. Dieser Einfluß läßt sich aber auch hilfreich einsetzen – die Imagination von Bildern kann heilend wirken (vor allem, wenn es gelingt, sein vergangenes Ich wiederzuentdecken).

Laut Postman ist das Bild unwiderlegbar, und wenn wir es genau betrachten, dringt es als Symbol oft gar nicht in unser Denken ein, sondern übersiedelt unbeachtet in bewußt wirkende Gefühlsbilder. (Darauf beruht die Macht der Werbung, die Macht gewisser Serien, die Macht des Fernsehens allgemein.) Das Bild wirkt schneller, einprägsamer und ist schwer zurückholbar, es wirkt überall und ohne Begrenzung von Zeit oder Themen. (Der Fernsehapparat hat sich seinen Platz nicht nur in den Wohnzimmern, sondern auch in den Kinderzimmern erobert. Welche Informationen ein Kind heute am besten zu bekommen hat, ist nicht mehr kontrollierbar. Die geheimnisvolle Welt des Kindes wird zur Welt von erwachsenen Kindern, die auf diese Weise wohl nie Erwachsene werden.)

Bilder zerstören, was uns die Sprache gelehrt hat: einen Gedanken in logischer Folge aufzubauen. Sprache sei, sagt Postman, Abstraktion aus der Erfahrung, während es sich bei Bildern um konkrete Darstellung von Erfahrung handle. Darauf beruhen ihre starke Wirkung und der bekannte Satz, sie seien mehr wert als tausend Worte.

Waren es einst das Buch und die neue Form des Lesens, die die Erwachsenen aus der mit den Kindern gemeinsamen Welt hinausführte, so drohen heute der Verlust der Sprache und eine Überschwemmung mit unechten Gefühlen, die uns nicht entsprechen. Dadurch verliert das Kind seine Kindheit und die Möglichkeit, sich ungestört zu entfalten. Der Erwachsene verlernt sein Selbstwertgefühl und schränkt selbständiges Denken ein. Er läuft Gefahr, zum verwirrten Kind zu werden, das kaum mehr kennt als »Ich will« und »Ich will nicht«. Vor allem aber hat niemand mehr gelernt, zuzusehen, zuzuhören, den anderen zu verstehen und aufeinander zuzugehen.

Der amerikanische Schriftsteller HENRY DAVID THO-

REAU soll, als man ihm von der Erfindung des Telegraphen erzählte, gefragt haben, was der Mann im Bundesstaat Maine und der in Texas einander zu sagen hätten.

Vielleicht ist dies *die* Frage in bezug auf Technik oder jede Art von Fortschritt. Er ist nur in dem Maße sinnvoll, in dem er uns etwas zu sagen hat. Kommunikation ist nur so gut, wie gut ein Gesprächspartner den anderen versteht. Wir verstehen Kinder nur so weit, wie wir uns in sie hineinversetzen können. Und wir begreifen uns selbst in dem Umfang, in dem es uns gelingt, unsere Vergangenheit wieder lebendig werden zu lassen.

Nichts ist ein besserer Helfer für unser Gedächtnis als ein Bild. Sehen Sie sich im Fernsehen, auf einem Dia oder ähnlichem eine blühende Wiese an und denken Sie dann an die Wiesen Ihrer Kindheit. Sie werden aus Ihrer Erinnerung hervortreten, und zwar um so klarer, je mehr Sie Ihre Sinnesorgane zu Hilfe nehmen. Erriechen Sie den Geruch des frischen Grases, hören Sie die Bienen summen und spüren Sie das Gras unter Ihren nackten Füßen – Sie werden die Wiesen nun vielleicht deutlicher sehen als während Ihrer Kinderzeit.

Aber Ziel ist nicht nur, schöne Bilder auftauchen zu lassen, sondern für uns und unsere Kinder zu lernen, mit dem Kind in uns zu kommunizieren. Dabei können wir erfahren, was ihm Angst und was Vergnügen bereitet. Wir können ihm erklären, daß Ängste und andere störende Gefühle aus einer anderen Zeit stammen, dort aus Unwissenheit entstanden und in unserer jetzigen Lebensphase überholt sind. Wir können aber auch von der Offenheit, dem Spaß am Leben und der Neugierde des sehr alten und sehr jungen Kindes lernen. Wenn wir mit dem Kind in uns vertraut sind, kann es sogar gelingen, körperliche Verspannungen und körperliche Deformationen, die sich während der Kindheit bildeten, zu verlieren. MOSHÉ FELDENKRAIS hat seine erstaunlichen Heilungen von deformierten Wirbelsäulen damit begründet, daß das Gehirn als eine Art großes Sekretariat Botschaften zwischen allen Körperteilen austauscht. Nach ihm wirkt eine Änderung in den motorischen Regionen sich auch auf die benachbarten Gefühlsstrukturen aus, und der Mensch fühle sich um so besser, je besser sein Körper funktioniere. Diese Methode, über den Körper das Gefühl zu erreichen, kann man auch umkehren. Die modernen Krankheitstherapien, die unter anderem den Krebs mit Hilfe eines visualisierten Kampfes vernichten wollen, bei dem weiße gegen rote Blutkörperchen antreten, sind ein vielversprechender Ansatz in dieser Richtung.

Die Tatsache, daß die Gehirnregionen von Gefühl und Körper einander näher sind als jene von Denken und Körper, erklärt wohl auch, warum Bilder direktere Beziehungen zu dem kleinen Kind in sich schaffen als das Denken. Das Kind war einmal hauptsächlich Körper.

Nach CARL GUSTAV JUNG ist der Körper das geoffenbarte Leben der Seele. Nimmt man Seele einmal ganz untheologisch als alle jene Möglichkeiten, die in uns ruhen, dann kann man eine Reise zurück in die Kindheit zugleich als Reise in die Zukunft sehen. Sie wird dann eine Reise zu den Möglichkeiten unseres Gehirns, wenn es erst einmal von der Gier und den Ängsten befreit ist und sich zum Wissen hinbegibt. Das Kind in uns führt uns gleichsam zum Erkenntnisvorgang der Evolution selbst, nehmen wir es einfach bei der Hand – und lassen wir es nie mehr ganz los.

Übungen

Haben Sie schon einmal entdeckt, daß bei jedem Denkvorgang Bilder vor uns auftauchen – unbewußte, schnelle, kaum zu verfolgende Bilder, aber dennoch nicht zu verkennende Untermalungen unserer abstrakten Gedanken?

Wenn Sie daran denken, ein Tor zu öffnen, sehen Sie in Windeseile den Schlüssel und das Tor, vielleicht auch sich selbst beim Öffnen. Die Logik hat diesen Prozeß zwar zu der Formel »Tür öffnen« zusammengefaßt, trotzdem ziehen noch immer länger oder kürzer Bilder an unserem geistigen Auge vorbei, die uns manchmal auffallen, die wir manchmal aber völlig übersehen.

Dieses Bilderdenken stammt aus unserer Kindheit. Kinder haben eine Gabe zu visualisieren, und wie Versuche über die Kapazität des Bilderdenkens ergaben, entwickeln jene Kinder sich zu besonders kreativen Menschen, die gelernt haben, sowohl in Bildern als auch verbal zu denken.

Die Welt des Bildes birgt aber ebenso für Erwachsene ungewohnte Möglichkeiten. So weisen Robert Masters und Jean Houston, die Gründer des Instituts für Bewußtseinsforschung in der südkalifornischen Stadt Pomona, darauf hin, daß Bilder ein vorzüglicher Weg seien, Probleme zu lösen, verborgene innere Bedeutungen herauszufinden und insgesamt schöpferischer zu werden. Ihre Versuche mit den verschiedensten Arten von Imagination ergaben, daß Bilder einen inneren Raum und eine innere Zeit zu erschließen vermögen, die sich von den äußeren unterscheiden.

Das liegt daran, daß das Denken in Bildern nicht linear erfolgt wie unser logisches Denken. Man denkt hier nicht in geordneter Reihe, in Ursachen, Folgen und Wirkungen, sondern man begreift das Muster des Ganzen. Dies geschieht oft in Bruchteilen von Sekunden, weil Gehirn und Bewußtsein fähig sind, Bilder in einer anderen Zeit zu gruppieren als Gedanken. Sie wissen es selbst: Das Fühlen ist wesentlich schneller als das Denken – und das Körperdenken rast beiden gleichsam davon. Häufig breitet das Gefühl der Freude sich schon aus, bevor wir das plötzliche Zusammentreffen mit einem guten Freund bewußt realisieren. Auch der Schrecken »sitzt« bekanntlich schon lange »in den Knochen«, ehe er sich zu den Gedanken begibt.

Daß das Denken in Bildern viel schneller abläuft, mag daran liegen, daß es größtenteils in der rechten Hälfte des Gehirns vor sich geht, die im Gegensatz zur zeitabhängigen linken Gehirnhälfte, dem Sitz logischen Denkens, zeitlos zu sein scheint. Dies bietet uns die Gelegenheit, die Zeit gleichsam umzudrehen und das Kind in uns kennenzulernen.

Jean Houston vermutet, daß jeder Erwachsene sicherer, belastbarer, stärker und kreativer werden könnte, gelänge es ihm, das manchmal lähmende und neurotische Verhalten abzulegen, dessen Wurzeln in der Kindheit zu suchen sind.

Falls Sie solche Probleme nicht kennen und keinen Kontakt zu dem Kind in Ihnen zu benötigen meinen, denken Sie daran, daß das Kind in Ihnen andere unübersehbare Vorteile hat: Ihm gelingt es am besten, eine Verbindung und eine herzliche Beziehung zu Ihren eigenen und zu anderen Kindern herzustellen – und natürlich zu den vielen erwachsenen Kindern, von denen Sie in Beruf und Alltag umgeben sind.

- *Erinnern Sie sich vor der ersten Begegnung mit dem noch unbekannten Kind in Ihnen daran, daß Kinder Erwachsenen nur dann gerne begegnen, wenn beide fröhlich und ausgeglichen sind. Ein verstörtes Kind zieht sich zurück, und ein aufgeregter Erwachsener verstört Kinder.*
- *Wählen Sie daher einen besonders schönen Zeitpunkt, um das Kind in sich zu entdecken.*

- *Vielleicht eignet sich ein ausgedehnter Waldspaziergang. Laufen Sie zwischen den Bäumen herum, hüpfen Sie von Stein zu Stein, hören Sie einen Bach rauschen und riechen Sie an feuchtem Moos oder an den Zapfen der Nadelbäume.*
- *Setzen Sie sich dann hin, schließen Sie die Augen und atmen Sie tief ein und aus. Beginnen Sie, sich an einen Ausflug in den Wald in Ihrer Kindheit zu erinnern.*
- *Wie sah Ihr Lieblingsbaum aus? Wie roch er? Wie war es, wenn Sie darauf herumkletterten oder darunter träumten?*
- *Holen Sie sich in Gedanken Ihre Lieblingsbeeren aus dem Wald. Wie schmecken sie? Ertasten Sie das Moos neben sich und singen Sie vielleicht eines der Lieblingslieder aus Ihrer Kinderzeit. Strecken Sie nun eine Hand aus. Vielleicht spüren Sie darin eine andere, kleinere Hand. Streicheln Sie diese Hand und lenken Sie Ihre ganze Aufmerksamkeit dem Kind neben sich zu. Fragen Sie es, wie es sich fühlt, sprechen Sie mit ihm, lassen Sie sich von ihm Geschichten erzählen.*
- *Es müssen keine Geschichten vom Wald, sondern es können auch andere Geschichten aus Ihrer Kindheit sein.*
- *Wenn Sie wollen, stehen Sie auf, und gehen Sie mit dem Kind im Wald spazieren, sehen Sie es neben sich herumhüpfen und betrachten Sie mit seinen Augen die in den Himmel ragenden Bäume und geheimnisvollen Höhlen unter dem Gebüsch.*

  Die Möglichkeiten, dem Kind in sich zu begegnen, sind so unbegrenzt wie Ihre Phantasie. Ein guter Begleiter in die sinnesfreudige Welt aller Kinder ist die Musik.
- *Legen Sie sich entspannt hin und hören Sie Ihre Lieblingsmusik oder ein anderes entspannendes Stück, das Kindern Vergnügen bereiten könnte.*
- *Hören Sie mit allen Sinnesorganen. Schmecken Sie die*

Musik, lassen Sie sie vor Ihren Augen zu Mustern werden, riechen Sie den Duft der Töne und spüren Sie die Wellen über Ihren Körper gleiten.

- *Denken Sie dann an Ihre Lieblingsmusik während der Kinderzeit. Versuchen Sie, sich Ihre Lieblingsfarbe vorzustellen, Ihr Lieblingsspiel, Ihr Lieblingstier ...*
- *Wenn Sie spüren, daß das Kind neben Ihnen auftaucht, setzen Sie es auf Ihre Knie oder auf Ihre Hand. (Sie können es auch in den Armen halten – eigenartigerweise funktionieren unwahrscheinliche Bilder und Situationen aber manchmal besser als solche, an die unsere Augen gewöhnt sind.)*
- *Lauschen Sie gemeinsam der Musik, beginnen Sie dabei jedoch leise, sich über das zu unterhalten, was Sie interessiert. Sie brauchen nicht unbedingt laut gesprochene Worte dazu, das Kind wird Sie verstehen.*
- *Achten Sie darauf, daß Sie die Beziehung zwischen Ihnen und dem Kind in Ihnen zu Anfang nicht mit komplizierten Themen und Problemen belasten. Wenn Sie sich an die reizvolle Beziehung zwischen Gegenwart und Vergangenheit gewöhnt haben, können Sie schwierigere Themen anschneiden und sicherlich auch einige Probleme lösen.*
- *Es bleibt Ihnen überlassen, das Kind in Ihnen als eine Art Vergangenheit oder als eine andere Form von Gegenwart zu betrachten.*

Sicherlich haben Sie sich schon gefragt, von welcher Qualität diese Art der Entdeckung der eigenen Jugend ist: Einbildung, erweiterte Gedächtnisarbeit oder eine tatsächliche Überschreitung der Zeit und des Raumes.

Wir müssen dies stets selbst entscheiden. Vielleicht aber läßt sich alles zu einer gar nicht so weit hergeholten These vereinigen.

Die Verhaltensforschung sagt uns, daß unsere »Weltbildapparate«, unsere Bilder von der Welt, die Welt bestimmen. Also ist es unsere Imagination, die das Kind in uns entstehen läßt. Aus der Gehirnforschung wissen wir, daß das Gedächtnis ein Spiel der Phantasie ist, die in Körper, Gefühl und Denken gespeicherte Wahrnehmungen so lebendig wie möglich an die Oberfläche bringt. Neurobiologen weisen darauf hin, daß die neurochemischen Prozesse unserer Kindheit noch immer in unserem Körper gespeichert sind. Kindheitserinnerungen können jene neurologischen Reize in uns wieder wachrufen, die einst vorhanden waren, bevor wir uns als Erwachsene selbst einschränkten. Die Physik spielt mit Gedanken an vielfältige Universen, an Mehrfachwelten, und meint, der Raum sei nur für unsere Sinnesorgane vorhanden, wir seien aber nichtörtliche Wesen, also nicht hier und da, sondern beides gleichzeitig. Wem Verhaltensforschung, Neurologie, Biologie und Physik zu weit herbeigeholt erscheinen, der nehme am besten das Kind in sich an die Hand und überlege sich, wann es »gestorben« sein soll. Dies ist eine andere (und vielleicht nicht die schlechteste) Möglichkeit, es zu entdecken.

Legen Sie ein Tagebuch an

Es soll Ihnen helfen, das Rätsel Ihrer Persönlichkeit, Ihrer Identität zu lösen. Und was wäre es mehr wert, enträtselt zu werden? Vielleicht erweisen sich Ihre Aufzeichnungen bald als eine Goldgrube für Ihre zukünftige Entwicklung.

- Verstehen Sie das Tagebuch in nächster Zeit als den ständigen Begleiter Ihrer Erfahrungen.
- Schreiben Sie nicht nur Gedanken auf, sondern versuchen Sie auch, Ihre Gefühle und körperlichen Empfindungen zu formulieren.
- Mit Hilfe des Tagebuchs wird Ihnen klar, daß Sie im Laufe eines Tages eigentlich mehr wahrnehmen, als Sie glauben.
- Bestimmen Sie einen genauen Zeitpunkt für Ihre Eintragungen. Vielleicht ist gerade die Zeit vor dem Einschlafen für Ihr tägliches Resümee in bezug auf das Kind in Ihnen geeignet.
- Achten Sie allerdings darauf, daß Sie die Eintragungen gerne vornehmen und Sie kein schlechtes Gewissen bekommen, wenn Sie das tägliche Treffen mit Ihrem Notizbuch einmal versäumen. Sie können den Rückstand ja an einem Wochenende aufholen, wenn Sie mehr Zeit für sich und die Übungen mit dem Kind in Ihnen haben.
- Betrachten Sie das Tagebuch als einen Ort, an dem das verschüttete Kind in Ihnen dem Erwachsenen begegnen kann, und finden Sie dabei Ihren ganz persönlichen Stil.

- Wenn Sie an die täglichen Eintragungen gewöhnt sind, brauchen Sie nicht bei den Erfahrungen des Tages zu bleiben, sondern können jetzt darangehen, Probleme zu lösen.
- Schreiben Sie Schwierigkeiten, die Sie als Erwachsener haben, auf eine Seite Ihres Tagebuchs. Auf der anderen notieren Sie, wie das Kind in Ihnen an Problemen in persönlichen Beziehungen, Schwierigkeiten im Alltag, Berufsproblemen, finanziellen Schwierigkeiten oder gesundheitlichen Problemen beteiligt sein könnte.
- Später gehen Sie zu bestimmten Eigenschaften über und lernen diese im Laufe der Zeit auch von der Warte der Kindheit aus betrachten.
- Lassen Sie dabei gegenüber von Stichwörtern, wie Faulheit, Stolz, Eifersucht, Egoismus, Gier, Unfähigkeit zur Liebe, zum Geben und zum Annehmen, genügend Platz für Erklärungen.
- Werten Sie diese oder andere Eigenschaften, die Ihnen möglicherweise an Ihnen auffallen, im Augenblick nicht ab, lassen Sie sie einfach auf Ihrer Erwachsenenseite stehen. Wenn Sie auf Ihrer Reise in die Kindheit voranschreiten, fügen Sie auf der Seite der Kindheit dann das hinzu, was Ihnen gerade einfällt.
- Je länger Sie dieses Tagebuch als einen immer klarer werdenden Spiegel Ihrer selbst betrachten, desto näher kommen Sie Ihrem Ziel, sich selbst zu erkennen – und desto kleiner werden vielleicht manche Probleme und störende Eigenschaften aus der Vergangenheit.

Drittes Kapitel

Zur Entwicklung von Denken und Lernen

Nach dem englischen Schriftsteller Lawrence Durrell liegt im Herzen jeder Erfahrung eine Ordnung, ein innerer Zusammenhang. Wir könnten ihn erkennen, wenn wir nur wachsam und liebend genug wären.

Je aufnahmefähiger wir für die unbewußte Kraft der Kindheit werden, desto mehr beginnen wir zu begreifen, daß das Kind in uns nicht nur eine Metapher ist, sondern auch ein Verbündeter, der für Ordnung und für Unordnung in unserem Innenleben sorgt.

Wenn wir liebevoll genug sind, gelingt es uns vielleicht, die Schattenseiten dieses Verbündeten zu verwandeln. Gewiß, Schmerzvolles geben wir nur ungerne zu. Der Trauer und der Unsicherheit von Kindern stehen wir ratlos gegenüber. Zwar haben wir unsere eigenen Wachstumsschmerzen als Kind schnell vergessen, andererseits aber in anderen Gebieten gelernt, Irrtümer einzugestehen und zu trauern.

Heute erhalten wir immer mehr eine Ahnung davon, welche Ordnung die Natur für ein besseres Fühlen und ein besseres Denken vorsieht. Und wir haben die Chance einer weitgehenden inneren Verwandlung, wenn wir erkennen, daß an vielen unserer negativen Vorzeichen im Erwachsenenleben ein »falscher Speiseplan« für unser Gehirn teilhat.

Würden Sie Ihren dreijährigen Sohn mit einem saftigen Steak füttern, den Durst Ihrer vierjährigen Tochter mit einer Maß Bier stillen? Natürlich nicht!

Für das Wachstum von Knochen und Zähnen bestehen genaue Pläne, und gesundheitsbewußt, wie wir sind, halten wir uns (mehr oder weniger) an moderne Ernährungsvorschriften. Daß auch das Gehirn in bezug auf die geistige Entwicklung einem präzisen Wachstumsplan folgt und den grauen Zellen eigentlich genau abgestimmte Speisen angeboten werden müßten, ist bislang noch das offene Geheimnis einiger Gehirnforscher und weniger Psychologen, die nicht mehr nur vom Verhalten des Kleinkindes ausgehen, sondern auch einen Blick darauf werfen, wie Verhalten entsteht.

Dieses »Geheimnis« klärt sich, in die Sprache abstrakten Denkens übersetzt, einfach auf: Kinder werden mit bestem Willen und besten Vorsätzen in die falsche Richtung erzogen. Zu früh erhalten sie abstrakte Logik und versäumen dabei das Erforschen der Welt, das Wissen um den eigenen Körper und die Erfahrung des Selbst als ein Individuum in dieser Welt. Diese geistige Fehlernährung des Kindes spiegelt sich in den Erwachsenen wider, die aufgrund des einseitigen Angebots kaum etwas von ihren Möglichkeiten ahnen. »Kreativität«, »Brainstorming«, der »spielerische Geist« sind moderne Zauberformeln; in Wirklichkeit aber handelt es sich um kindliche Fähigkeiten, deren Entfaltung oft verhindert blieb.

Die dennoch unausgeschöpften Kapazitäten des menschlichen Geistes faszinieren uns, doch vergessen wir darüber häufig, daß das Denken mit dem Nichtdenken beginnt. Damit sind die chemisch-physiologischen Prozesse angesprochen, die dem uns bewußten Denkvorgang vorausgehen, beziehungsweise auf denen er beruht.

Denken und Lernen sind immer ein Weg vom Bekannten zum Unbekannten. An dem körperlich-geistigen Wechselspiel haben Hormone, vor allem das Hormon des Nebennierenmarks, das Adrenalin, hohen Anteil. Es rüttelt gleichsam das ganze Geist-Körper-System wach. Es ist also Streß, der das Denken und die Intelligenz bereichert. Die zweischneidige Rolle von Streß als Antreiber einerseits und als Todesursache andererseits ist bekannt. Weniger jedoch die dritte, die verbindende Funktion des Stresses.

Der österreichisch-kanadische Biochemiker und Mediziner HANS SELYE konnte in seinen Arbeiten über den Streß nachweisen, daß Streß in allem Lebendigen vorhanden ist. Die Natur kennt dieses lebensbegleitende Prinzip der Anspannung, doch ebenso das der Entspannung. Streß wirkt nur positiv, wenn darauf Entspannung folgt, und Entspannung ist nur nützlich, wenn sie von Streß abgelöst wird. Da jede Art von Lernen für das Gehirn eine Art Streß-Situation bedeutet, ist Lernen nur dann sinnvoll, wenn es einen Weg aus einer entspannten, angstfreien Situation ins Unbekannte bereitet – ein Weg, der vom Unbekannten später wieder zum Bekannten zurückführt.

In einem gewissen Sinn ist unsere Erwachsenenwelt daher für jedes kindliche Lernen zuviel Streß – zu viele Steaks und Koteletts für ein Gebiß aus Milchzähnen.

Zu den berühmten kindlichen Entwicklungsstadien, die JEAN PIAGET zu einer Theorie des Denkens in fünf Phasen veranlaßten, gesellen sich ziemlich genau umrissene Wachstumsschübe des Gehirns. Piaget sprach von einer sensorisch-motorischen Greifphase bis zum Alter von zwei Jahren, vom symbolhaft präoperativen Denken bis vier, vom intuitiven Denken mit erstem Urteilsvermögen bis sieben, von den konkreten Operationen des Denkens im Alter zwischen acht und elf und dem endgültigen Wandel in der Phase des Heranwachsens bis zu vierzehn Jahren. Diese psychologischen Beobachtungen erfahren durch den Biophysiker HERMAN EPSTEIN, der von periodischen Wachstumsschüben im Gehirn spricht, eine Bestätigung.

Nun kann man sich fragen, ob das Verhalten dem Wachstum folgt, das Wachstum dem Verhalten, oder ob sie einander wechselseitig beeinflussen. Die alten Fragen, ob Vererbung oder Milieu den Intellekt bestimmen, treten hinzu.

Um jedoch herauszufinden, ob ein genauer Wachstumsplan des Gehirns besteht, bedarf es, wie wir sahen, anderer Fragen und Antworten. Eine mögliche Antwort liegt im Lernen unter Streß. Demnach wächst das Denken in dem Maße, in dem ein Entwicklungsstadium völlig abgeschlossen ist und das Gehirn ausgeruht zum Streß neuen Lernens fortschreiten kann, um dieses spielerisch zu bewältigen.

Der amerikanische Pädagoge JOSEPH CHILTON PEARCE spricht von Matrixwechseln, bei deren Einhaltung das Gehirn und das Denken sich nach einem biologischen Plan entwickeln, der – wie schon mehrfach erwähnt – ungeahnte Möglichkeiten eröffne. Aus der sicheren Welt des Uterus gelangt das Kind im ersten Jahr in die Welt der Arme der Mutter, die helfen, die eigenen Sinne zu erkunden. Die ersten Körper-Gehirn-Muster entstehen, das Kind lernt das Lernen, indem es zunächst alles nur grob umreißt. Später verbinden die Neugier des kindlichen Antriebs und die ersten selbstversuchten Körperübungen sich damit.

Jedes weitere Lernen hängt davon ab, wie sicher und angstfrei das Kind zu lernen begann und ob es nicht mit zu vielen Übungen »überfüttert« in die Rolle des kleinen Welterforschers überwechselt. Wenn aus dem Säugling und dem Kleinkind der kleine, zur »Objektkonstanz« fähige Forscher wird, bedeutet dies zum Beispiel im Alltag, daß Süßigkeiten, wenn sie versteckt werden, nicht in Vergessenheit geraten, sondern daß das Kind jetzt von einer geheimen Schublade weiß.

Es ist die Zeit der Auseinandersetzung mit der Erde. Matsch wird gekostet, Holz gerochen, das Kind lernt seine Sinne an der Umwelt auszuprobieren – wenn es darf. Denn auch den aufgeklärtesten Eltern gelingt es nicht immer, über den eigenen Schatten zu springen: War die Erde für sie als Kinder schmutzig, so bleibt sie meist schmutzig, und sie geben diesen Ekel unbewußt an die eigenen Kinder weiter.

Vor allem aber sehen sie die Erde nie als die große Matrix, als umfassenden Mutterschoß, als den das Kind sie im günstigsten Falle ernährt: dann nämlich, wenn es von den Entdeckungen in der Natur immer wieder zum schützenden Mutterschoß, also zur notwendigen Entspannung, zurückkehren kann. (Ein Vaterschoß ist natürlich ebenso praktisch und schützend, und falls es Ihnen mit Hilfe des Kindes in sich gelingt, die Erde neu zu entdecken, haben Sie den Menschenschoß schlechthin gefunden.)

Die wenigsten von uns haben wohl erfahren, daß das Weltbild des Menschen zumindest aus zwei und nicht aus einer Matrix besteht. Für uns ist das Denken zum Mutterschoß geworden, die Welt des Geistes. Sie erwächst aber nur aus einer voll erfahrenen Körperwelt (der Welt der Erde) unbeschädigt. Abstrakte Erklärungen, die Bemühungen, einem dreijährigen oder vierjährigen Kind die Welt zu erklären, sind nur Störenfriede in einer noch sehr materiellen Geisteswelt.

In einer Gesellschaft, die die vergangenen Jahre damit verbrachte, ihre Kinder als gleichberechtigt zu betrachten, wagt man es kaum auszusprechen, aber: Kinder sind anders. Sie sind nicht die kleinen Erwachsenen, für die die Entwicklungspsychologie sie manchmal hält. Dieser Zweig der Psychologie und mit ihm alle »fortschrittlichen« Eltern sehen die Entwicklung eines Kindes mit erwachsenen Augen und überlegen aus erwachsener Sicht, was man Kindern in den verschiedensten Phasen beibringen sollte. Ein Wachstumsplan des Gehirns bildet die andere Komponente. Entwicklung ergibt sich also aus dem Antrieb zum Lernen, dem Lebenstrieb schlechthin, der hinter jeder Art von Evolution steht, und aus dem äußeren Angebot. Dies sollte jedoch keine Erziehungs- und Lehrpläne umfassen, sondern Gewährenlassen und Entgegenkommen. Das Motto würde nicht »Gleichberechtigung« und »Wissensvermittlung um jeden Preis« heißen, sondern: Laßt Kinder Kinder bleiben!

Immer mehr Psychologen weisen darauf hin, daß das Spiel für ein Kind lebensnotwendig sei. Mit symbolischen Spielen erschafft das Kind bis zum siebten Lebensjahr eine mehr oder weniger vollständig ausgestattete Welt. Das assimilative Spiel wird in der späten Phase, vor allem ab sieben, vom imitativen Spiel abgelöst, bei dem das Kind durch Nachahmung gesellschaftliche Regeln kennenlernt und Beziehungen aufbaut. Kinder können also gar nicht lange genug Kinder bleiben, und sie können auch gar nicht lange genug spielen.

Erzieher aller Richtungen vergessen über ihren besten Vorsätzen häufig, daß Denken weniger mit Inhalten als mit der Beweglichkeit des Geistes zusammenhängt. Es kommt nicht darauf an, wie viele Wörter ein Kind in einem gewissen Alter beherrscht, sondern wie es mit Situationen fertig wird, die seinem Entwicklungsstadium entsprechen. Dies bedeutet, daß das Gehirn ebenso spielerisch agiert wie die Kinder. Es wirft gleichsam nur Bälle weiter, mit denen es bereits Bekanntschaft schloß.

Aus der Sicht der Gehirnforschung scheint jenseits aller Rätsel, die das Gehirn uns noch immer aufgibt, festzustehen, daß das Denken nicht so sehr auf der Anzahl der Neuronen (Nervenzellen) aufbaut als vielmehr auf den Verbindungen zwischen ihnen. Dafür spricht ebenso, daß schon Neugeborene über beinahe die vollständige Anzahl von Neuronen verfügen und das Gehirn eines fünfjährigen Kindes bereits neunzig Prozent des Erwachsenengehirns erreicht hat.

Das Kind lernt, jene Muster in das Gehirnsystem zu malen, nach denen sich später Phantasie und Kreativität richten werden. Während der ersten Jahre bestimmt die körperliche Auseinandersetzung mit der Umwelt diese Muster. Ab dem neunten Lebensjahr dürfte körperliches Lernen im wesentlichen abgeschlossen und das Gehirn zum nächsten großen Wechsel, zum Schritt in die Welt der Abstraktionen, bereit sein.

Dieser Schritt gelingt nicht immer. Unterstellt man dem Wachstumsplan des Gehirns ähnliche Absichten der Natur, wie sie es zweifellos mit unserem Körper und dessen Ausgeglichenheit in der Entwicklung beweist, so müßte das Kind zu diesem Zeitpunkt vor allem die Kunst des Überlebens gelernt haben. In einer überzivilisierten Welt mag der Begriff »Überlebenskunst« überholt klingen, ist aber gültig wie zuvor, wenn man sie auf drei Fähigkeiten bezieht: die Geschicklichkeit des Körpers, möglichste Angstfreiheit und die Fähigkeit, auf unvorhergesehene Situationen so flexibel wie möglich zu reagieren. Diese Fähigkeiten vermögen dem neunjährigen Kind zur vollen

Individualität und zu einem offenen, spielerischen und doch sehr abstrakten Denken zu verhelfen. Aber oft läßt die Umgebung des Kindes diesen Sprung zur eigenen Persönlichkeit nicht zu.

Schon die Geburtsmethode soll das kindliche Werden beeinflussen. Untersuchungen an Babys in Uganda, die die Mutter nach Art der Eingeborenen in Hockstellung zur Welt brachte, zeigen uns fröhlichere Säuglinge als in westlichen Ländern. Vom ersten Augenblick ihres Lebens an lächeln sie, außerdem krabbeln und laufen sie früher. Der »Kulturschock«, den westliche Kinder bereits bei der Geburt erleiden, holt sie erst ein, wenn sie mit vier Jahren den Müttern weggenommen und in ein Nachbardorf geschickt werden.

Der Weg zur Erziehung beginnt bei uns also schon sehr bald, und er schreitet kontinuierlich fort. Die Beispiele lustloser und apathischer Heimkinder weisen darauf hin, daß Intelligenz hauptsächlich durch Interaktion entsteht. Echte wechselseitige Beeinflussung zwischen Eltern und Kindern geschieht dann, wenn auch die Eltern ihren Kindern sehr genau zuhören beziehungsweise den Babys zusehen. Eltern lernen dabei, wie echtes Wissen entsteht – nämlich indem die spezifische kindliche Wissensbegierde mit dem geeigneten Wissen zusammentrifft. So sind etwa für Vierjährige einfache, auf Gegenständliches gerichtete Erklärungen wichtiger als ausführliche Wissensvermittlung, und wir dürfen nicht vergessen, daß auch die oft schon erwachsen wirkenden Neun- und Zehnjährigen noch in einer Welt der Symbole leben.

Auf genaue Erziehungsmethoden angesprochen, geben die Vertreter eines biologischen Planes für das Wachstum des Denkens nur ungerne Antworten. Der Psychologe Benjamin B. Wolman verweist vor allem auf die

Ängste des Kindes und fordert Eltern auf, das Vertrauen des Kindes in seine Leistungen zu unterstützen, ihm zu zeigen, daß es immer (auch bei Versagen) geliebt wird, und es darin anzuleiten, wie Gefahren und Furcht zu bewältigen sind.

Dem ist nicht viel hinzuzufügen, denn wie es scheint, hat die Natur vorgesehen, uns leicht und spielend lernen zu lassen (wenn man uns läßt). Das sehen wir etwa an der natürlichen Sprachbegabung von Kindern, die bis zum »verordneten« Lernen andauert, oder am gar nicht so seltenen absoluten Gehör bei Kindern.

Die Herausgeberin der Zeitschrift *»Brain Mind Bulletin«*, MARILYN FERGUSON, meint, daß wir, wenn wir unsere Wahrnehmungen ungestört ausleben, eine neue Welt mit vielleicht zwanzig Sinnen erfahren könnten. Untersuchungen ergaben inzwischen zwar nicht mehr Sinne, aber ausgeprägtere Sinnesbegabungen bei besonders geschulten Kindern. Schon in den zwanziger Jahren fand E. R. JAENSCH von der Universität Marburg bei neunzig Prozent aller Kinder, die Schulen für musikalisch und bildnerisch Begabte besuchten, eine eidetische Veranlagung, also die Gabe eines gleichsam photographischen Gedächtnisses.

Wie schon erwähnt, bewegt sich das Wissen vom Selbst im Alter zwischen sieben und elf erst langsam über eine intensive Auseinandersetzung zwischen Körper und Gefühl zum letzten großen Lernschritt hin, zum Denken über das Denken, zur Reife mit vierzehn und fünfzehn. Und anscheinend verfügen manche Jugendliche an der Schwelle zum Erwachsenwerden über eine Form der Intelligenz, die man später bei Erwachsenen kaum mehr findet. Elf, zwölf, dreizehn Jahre: Das Band zur Erde und zur Natur – und mag es ein noch so dünnes »Stadtkind-Band«

sein – ist bei diesen Altersstufen noch nicht zerrissen, die Zeit der Welterforschung noch nicht vergessen. Noch ist die Körpererinnerung, das Vertrauen in den eigenen, gut funktionierenden Körper, einigermaßen stabil, noch sind die Beziehungen zur Umwelt kaum getrübt. Vertrauensvoll und sehr neugierig begeben die Heranwachsenden sich auf den Weg zur dritten Stufe der Logik. Nach der konkreten Logik, bei der Denken Tun war, nach der Abstraktion von zuvor körperlich und gefühlsmäßig gelerntem Konkretem geht es in die Welt der reinen Abstraktion, in die »unendliche« Kapazität des Gehirns. Es ist jene Welt, in der das Gehirn spielerisch alle Arten von Gedanken wie Bälle in die Luft werfen kann, um immer wieder zum Ausgangspunkt zurückzukehren und dort den besten Gedanken aufzufangen. (Nichts anderes bedeutet das umkehrende Reversibilitätsdenken, die grenzenlos flexible Logik aller kreativen Menschen.)

Während der ersten Jahre sammelt das Gehirn vor allem Muster, nach denen es Begriffe aufbauen kann. Zwischen dem vierten und siebten Lebensjahr zeichnet sich ein »Persönlichkeitsbild« des Gehirns ab.

Unser Bild von der Welt, wie sie sich während der ersten sieben Jahre für uns darstellt, siedelt sich im älteren Teil des Gehirns an. Das *Corpus callosum*, ein System von Nervenfasern, das als eine Art Balken die linke Hälfte (Sitz logischen Denkens) erst ziemlich spät von der rechten (Sitz des Gefühls) trennt, beginnt sich zu entwickeln. Eine der Forderungen von Vertretern eines ganzheitlichen Bewußtseins mit einer neuen Sicht von der Welt ist jene, das *Corpus callosum*, diesen »Balken«, wieder durchlässiger werden zu lassen.

Daraus ergibt sich die Frage, ob wir Kinder nicht im doppelten Sinn in die falsche Richtung erziehen. Wie bereits gesagt, bräuchte der Antrieb, die natürliche Wissensbegierde, die genau abgestimmte Antwort. Wenn sie anders ausfällt, verwendet das Kind seine gesamte Kraft darauf, den Unterschied zwischen dieser und der benötigten Antwort auszugleichen. Daraus erwächst die bekannte kindliche Wut, noch öfter entsteht Angst, den Anforderungen von Eltern, Tanten, Onkeln und Großeltern nicht entsprechen zu können.

Wut und Angst dauern an – oft ein ganzes Leben. Und so beklagen wir die wachsende Isolation und Beziehungslosigkeit in einem Zeitalter des Kindes, das ebensowenig den Kindern gehört wie alle Zeitalter zuvor. Und wir wundern uns über die zunehmende Aggressivität bei Jugendlichen und die steigende Anzahl von jugendlichen Selbstmördern.

Aber man muß nicht unbedingt zu Extrembeispielen greifen, sondern es genügt schon die alte Weisheit, daß die Kinder eigentlich die Mütter und Väter der Erwachsenen seien, ein wenig zu wandeln. Dann sieht man zwar Erwachsene, die wie verängstigte oder sehr angriffslustige Kinder wirken, weil sie als Kind zu oft als Erwachsene behandelt wurden. Man findet aber auch Erwachsene, die dem Leben offenbar spielerisch begegnen und damit immer Erfolg haben. Irgendwo sind sie Kinder geblieben. Irgendwie werfen sie die Bälle im Geist ebenso hoch, wie es ihnen in der Kindheit erlaubt war.

Übungen

Das Denken über das Denken ist ein kleines Kunststück, weil es bedeutet, das in Frage zu stellen, was man ist. Eine Hilfe mag es aber sein, zu wissen, daß das Los uns alle trifft.

Falls es Sie reizt, Ihre Ansichten in Frage zu stellen und zu untersuchen, woher sie kommen, stellen Sie sich einen wunderschönen Teppich vor. Spulen Sie den Film dann zurück. Wie groß und wie alt mag der Webstuhl gewesen sein, welcher Kultur und Tradition gehörten die Weberin oder der Weber an? Vergegenwärtigen Sie sich die Beziehung zwischen den Fäden von Ketten und Schuß. Wie sehr beeinflussen Farbe und Stärke der Querfäden die Kettenfäden? Welchen Platz nimmt das fertige Muster in der Geschichte der Webkunst ein?

Wenn Sie die Technik fortsetzen wollen, vergleichen Sie das Prinzip Kindheit mit einem Computer.

- *Fragen Sie sich, was es, auf das Lernen übertragen, bedeutet, daß ein Computer ein binäres System ist, dessen Grundbaustein aus der binären (zweifachen) Möglichkeit des Anschaltens und Ausschaltens besteht.*
- *Das Geheimnis dieses binären Systems liegt in der alten Geschichte vom Pfennig, der gespart besonders wirksam wird, wenn der Betrag sich jeden Tag kontinuierlich verdoppelt. Am ersten Tag ist es ein Pfennig, am zweiten sind es zwei, am dritten vier. Hätten Sie geglaubt, daß sich auf diese Weise langsam, aber sicher schon am vierundzwanzigsten Tag die unglaubliche Summe von über acht Millionen Pfennigen ergibt? Im Computer geschieht dies dadurch, das zum ersten binären Schalter ein zweiter kommt, zu diesem ein dritter und so fort – man spricht von Schaltkreisen. Die Fähigkeit der denkenden Maschi-*

nen erhöht mit dem kontinuierlichen Hinzufügen von neuen Bits (Informationseinheiten) nach dem Beispiel der Pfennige bis zu der staunenswerten Leistungsfähigkeit von modernen Computern.

Übertragen Sie die Bits und ihre Einspeicherung auf die Situation eines kleinen Kindes, das laufen oder sprechen lernt, und überlegen Sie, welche Gedanken die Erfinder von Computern hatten.

- *Mit welchem Teil der Kindheit würden Sie die Eingabevorrichtung vergleichen, die Tastatur, mit deren Hilfe die meisten Computer ihre Anweisungen erhalten?*
- *Die Zentraleinheit eines Computers beeindruckt durch den Chip, auf dem Tausende von winzigen Schaltelementen eingraviert sind. Dieser Chip ist der Bearbeiter von ungezählten Informationen, die in großer Geschwindigkeit geordnet und umsortiert werden. Was ist das menschliche Gegenstück zu diesem Herz des Computers?*
- *Stellen Sie sich den Speicher in einem Computer vor, der auf Kassetten, Disketten oder Schallplatten Informationen für später sammelt. Vergleichen Sie sie mit den Schallplatten im Gehirn, die die Vorliebe zeigen, zu einem Thema immer und in allen Situationen dasselbe zu sagen.*
- *Das Ausführgerät eines Computers kann ein Bildschirm oder ein Monitor sein, aber auch ein Roboter. – Inwieweit läßt menschliches Denken sich tatsächlich mit einem Computer vergleichen?*
- *Falls Ihnen dieser Vergleich widerstrebt (und Sie auch dem gewebten Teppich menschlichen Denkens nichts abgewinnen können), fragen Sie sich, warum Sie dieses Buch lesen. Wodurch stießen Sie auf dieses Thema? Und gehen Sie weit zurück, verfolgen Sie die Wurzeln bis in Ihre Kindheit. Schließen Sie die Augen, und gehen Sie Schritt um Schritt zurück – so lange, bis Sie möglichst*

viele Einzelheiten wissen, zum Beispiel ebenso, warum Sie Bücher kaufen, warum Sie gerne lesen und warum Sie etwas über sich selbst und Ihre Umwelt dazulernen wollen.

Wenn Sie wieder in die Gegenwart zurückkehren, ist Ihnen nicht nur bewußt, wie sehr die Vergangenheit unser »Jetzt« und damit unsere Zukunft beeinflußt – Sie fühlen es auch.

Übertragen Sie das Computerbeispiel mit Hilfe dieses Gefühls auf Ihre eigene Vergangenheit:

- *Erinnern Sie sich an Augenblicke, in denen Lernen Vergnügen bedeutete, und an solche des Stresses und der Prüfungsängste.*
- *Setzen Sie Gefühle an die Stelle der Bits in einem Computer. Wie groß ist unser Berg mit guten Gefühlen, über die wir uns freuen, wie sieht der Berg mit negativen Gefühlen daneben aus?*
- *Die Eingabevorrichtung in Ihrem persönlichen Computer sind Sie heute selbst. Überlegen Sie sich, wie Sie in Zukunft Ihrem Körper und Ihren Gefühlen mit Hilfe Ihres Denkens bessere Anweisungen geben können.*
- *Betrachten wir uns einmal als ein Programm, als eine Art Chip, auf dem im Laufe unseres Lebens Tausende von Gewohnheiten gespeichert wurden. Programme lassen sich ändern. Legen Sie eine Liste an, in die Sie alle alten Programme eintragen, alle die abgenützten Schallplatten, die immer wieder in unserem Gehirn ablaufen, und schreiben Sie mögliche andere Programme daneben. Achten Sie dabei aber darauf, daß diese vergnüglich sind. Während der Lektüre dieses Buches werden Sie bemerken, daß unsere Gewohnheiten auf ein paar wenige Grundprogramme, wie Angst, Aggression oder Gier, zurückgehen. Dagegen direkt anzukämpfen, bleibt erfolglos. Wir*

können unserem Körper, unseren Gefühlen und dem einstmals in mancher Hinsicht »falsch programmierten« Kind in uns nur beibringen, daß angstfreie, friedliche und beglückende Programme ebenfalls bestehen.

- *Sollten Sie irgendwann bemerken, daß wir tatsächlich etwas von einem Roboter an uns haben, seien Sie nicht betrübt darüber. Denn wie kämen wir im täglichen Leben, beim Autofahren, im Verkehrsgewühl, aber auch bei Notfällen ohne den »automatisch« handelnden Roboter in uns zurecht? Lernen Sie ihn schätzen, nehmen Sie jedoch ebenso Ihre Entprogrammierungsliste zu Hilfe und versuchen Sie, alte, überholte, unbequeme Programme aus Ihrer Kindheit mit Hilfe des Kindes in Ihnen umzuwandeln.*

Das brauchen Sie für Ihre Reise in die Kindheit

- Denken Sie daran, daß Ihre Kindheit keine längst verlorengegangene Zeit ist, sondern daß Sie mit Hilfe der Imagination jederzeit dorthin zurückkehren können.
- Seien Sie sich stets dessen bewußt, daß dieses Reich der Kindheit *in Ihnen* liegt.
- Werden Sie sich darüber klar, daß Ihre Erinnerungen Ihr ganzes Selbst beeinflussen: nicht nur Ihre Gedanken, sondern auch Ihre Gefühle und Ihren Körper.
- Halten Sie sich deshalb nicht nur bei den schönen Kindheitserinnerungen auf, beobachten Sie ebenfalls Angst, Schmerz und Wut. Indem Sie diesen Gefühlen noch einmal zusehen und sie akzeptieren, lernen Sie, negative Selbstbildnisse umzuwandeln.
- Je mehr Sie sich schließlich öffnen können, desto mehr Wissen aus alten Zeiten dringt zu Ihnen.
- Seien Sie auch offen für Veränderungen, die geschehen, wenn Sie im Laufe dieses Buches immer mehr Verbindung zu Ihren Gefühlen und Ihrem Körper bekommen.
- Versuchen Sie so spielerisch wie möglich in die Vergangenheit zurückzugehen und behalten Sie Ihren Sinn für Humor auch dann, wenn Ihnen traurige Begebenheiten begegnen.
- Glauben Sie fest daran, daß es möglich ist, die

Freude und Lebenskraft zu erneuern, die ursprünglich in jedem Kind vorhanden ist.

Das können Sie von einer Reise in die Vergangenheit erwarten

- Erwachsen zu werden und all die unsichtbaren Fesseln der Jugend hinter sich zu lassen;
- die eigene Realität, das ganz persönliche »Sein«, besser zu verstehen;
- eine richtige Einschätzung Ihres Denkens, Ihrer Gefühle und mehr Einfühlungsvermögen für Ihren Körper;
- größere Selbstachtung und eine echte Liebe zu sich selbst;
- ein sich immer mehr erweiterndes Bewußtsein;
- bessere Beziehungen zu Kollegen, Freunden, vor allem aber zu den eigenen Eltern und Kindern;
- Freude an den eigenen Talenten und Fähigkeiten;
- die Fähigkeit, Probleme und Schwierigkeiten in Zukunft als Herausforderung zu betrachten;
- die Steigerung Ihres inneren Potentials.

VIERTES KAPITEL

Das Denken des Körpers

Begeben wir uns einmal auf die magische Reise zurück in unsere Kindheit, entdecken wir immer mehr, daß unsere Handlungen, unsere Ideen, ja sogar unsere Bewegungen aus einem Selbstbild entstanden, dessen Puzzlesteine manchmal schon vor unserer Geburt zusammengefügt wurden. Die ersten und wichtigsten Botschaften für den »Biocomputer« namens Mensch sind chemische und physikalische und werden uns schon während der Schwangerschaft, bei der Geburt und während der ersten Monate unseres Lebens mitgegeben. Ob wir als Erwachsene Pessimisten oder Optimisten, Sieger oder Verlierer, krankheitsanfällig oder gesund sind, bestimmt das Körperdenken, das wir vor langer Zeit erlernt haben, erheblich mit. Indem wir auf unserer Reise in die Kindheit immer weiter zu den Wurzeln unserer Identität vordringen, erkennen wir aber auch, daß alle Möglichkeiten dieser Kindheit noch immer in uns vorhanden sind. Der Körper hat die Lernfähigkeit von einst nicht verloren, als Erwachsene können wir ihm den Spaß, die Offenheit und die Freude der Kinderzeit zurückgeben. Je mehr Stücke des Puzzles und je frühere Bausteine aus unserem Leben wir zu einem neuen Selbstbild zusammenfügen, desto besser gelingt es uns, unsere ureigenste Evolutionsgeschichte nachzuvollziehen – und sie mit Hilfe des Kindes in uns im nachhinein zu verbessern.

Der schutzlose Embryo

HENRY G. TIETZE, der die *pränatalen Eindrücke und deren Folgen* – so der Untertitel seines Buches *»Botschaften aus dem Mutterleib«* (Ariston Verlag, Genf/München 1984) – untersucht hat, fordert eine Wissenschaft vom vorgeburtlichen Leben, die Tausende von Kindern vor einer Neurotisierung im Mutterleib bewahren könnte, wie er meint. In der Mutter sieht er eine Art Schicksalsgöttin, die das zukünftige Leben ihres Kindes bis zu einem gewissen Grad schon vor der Geburt stark beeinflußt. Daß dies im Extremfall schon bei der Zeugung geschehen könnte, entnimmt man Untersuchungen in der psychiatrischen Felsenlandklinik in Dahn in der Pfalz, wo jedes Jahr Patienten in Trance in den Leib der Mutter zurückversetzt werden. Viele von ihnen berichten, sogar den Moment der Zeugung miterlebt zu haben. – Eine mögliche Erklärung bestünde darin, daß nicht nur das Gehirn Erinnerungen speichert, sondern jede Zelle eine Art Bewußtsein in sich birgt.

Allerdings braucht man nicht bis zum Augenblick des beginnenden Lebens zurückzugehen, um an die Bedeutung des Lebens vor der Geburt zu glauben, und man muß sich auch nicht unbedingt in Trance begeben. Gynäkologen unternahmen erstaunliche Experimente mit Föten und fanden heraus, daß die meisten Sinnesorgane schon im Mutterleib recht gut ausgebildet sind. Ein Streicheln über die Augenlider löste bei einem vier Monate alten Ungeborenen Stirnrunzeln aus. Wird bei Untersuchungen irrtümlich der Kopf berührt, zieht der Embryo sich verschreckt zurück. Ebenso scheinen die kleinen Wesen bereits richtige »Gourmets« zu sein: Eine Zuckerwasserlösung im

Fruchtwasser löst wahre Schlemmermähler aus – der Fötus zeigt doppelt so viele Schluckbewegungen wie üblich.

Ein Kapitel für sich, das die meisten Mütter aus Erfahrung bestätigen können, sind die guten Ohren der kommenden Erdenbürger. Als lautester Ton im mütterlichen Universum wirkt das Magenknurren, es klingt wie Böllerschüsse. Beruhigend dagegen ist der Herzschlag der Mutter. Diese Tatsache nützen Mütter unbewußt, indem sie ihr Baby nach der Geburt auf der linken Seite, der Herzseite, halten und tragen. Sogar die internationale Schallplattenindustrie orientiert sich daran. Japanische Geschäftsleute brachten anstelle eines Wiegenliedes Schallplatten mit Herztönen auf den Markt. Und wenn einige Fachleute recht haben, ist beispielsweise der große Erfolg der BEATLES darauf zurückzuführen, daß die »Mutterpuls-Rhythmen«, die alle ihre Stücke kennzeichnen, eine Erinnerung an das Paradies vor der Geburt hervorrufen.

Der mütterliche Herzschlag, dieses vielleicht wichtigste vorgeburtliche Ereignis, könnte auch die Erklärung dafür liefern, daß der Kurzname für die Eltern in beinahe allen Sprachen der Welt ähnlich ist. Der Psychologe WALTHER G. M. SIMON meint, »Mama« und »Papa« in ihrem primitiven Sprachrhythmus seien vielleicht der akustische Nachvollzug der mütterlichen Herzschlagfolge.

Erstaunliches hört man von Experimenten, bei denen Erwachsene gleichsam in den Mutterleib zurückversetzt wurden. Dabei wirkt die Stimme der Mutter, die für den Embryo im Bauch zwar leiser und gedämpfter, aber trotzdem hörbar klingt, als besonderer und späterer Psychotherapeut. Französische Wissenschaftler entdeckten den beinahe magischen Einfluß der ähnlich wie im Mutterleib verfremdeten Mutterstimme. Vor allem bei gestörten Jugendlichen, die an Kontaktarmut oder Schizophrenie litten, gelang es ihnen, an Schichten des Unterbewußtseins heranzukommen, die dem therapeutischen Gespräch verschlossen waren. Der Genfer Psychotherapeut JEAN SARKISSOFF konnte mit Hilfe der Mutterstimme auf einem Tonband eine vierzigjährige Patientin heilen, die unter starken Angstzuständen litt und bereits mehrere Selbstmordversuche verübt hatte. Im Verlauf der Therapie erlebte sie ihre Geburt noch einmal: »Ich werde hinausgeworfen. Man stößt mich aus einem Tal, ich gelange mit Gewalt ins Leere. Ich kann nicht mehr atmen. Das Schluchzen erstickt mich. Es ist eine unerklärliche Gewalt . . .«

Für Henry G. Tietze und andere, die sich wissenschaftlich mit pränatalem Leben beschäftigen, ist das Seelenleben des Ungeborenen, an das manche Erwachsene sich im Trancezustand erinnern können, längst eine Selbstverständlichkeit. Wer der Psychoanalyse und ihren Methoden nicht vertraut, denke als Beispiel an die chemischen Zusammenhänge, deren Auswirkungen jede Mutter an ihrem noch ungeborenen Kind feststellen kann: Ein Kind regt sich auf, wenn die Mutter aufgeregt und angespannt ist, und es entspannt sich mit der Mutter, wenn sie sich in einem ruhigen, ausgeglichenen Zustand befindet. Die Herztöne eines Kindes beginnen zu rasen, wenn die Mutter nervös wird. Oft begleitet Angst um das Kind ihre Nervosität, so daß dieses den doppelten Streß spürt.

Der alte Spruch »Eine weinende Mutter gebiert ein greinendes Kind« entspricht biochemischen Erkenntnissen. Neben dem Plazentablut, das für den Austausch körperlicher und seelischer Zustände sorgt und für den Embryo die wichtigste Informationsquelle über die Mutter ist, stehen beide über die Tätigkeit der innersekretorischen Drüsen in Verbindung, einer Art Sender und Empfänger vergleichbar.

Wie gut diese Leitung arbeitet, zeigen die Beispiele von Neugeborenen, die mit schweren Krankheiten zur Welt kommen. Tietze beschreibt unter anderem den Fall einer Siebzehnjährigen, die nach einer vordergründig komplikationslosen Schwangerschaft einen gesunden Jungen zur Welt brachte. Einige Stunden nach der Geburt begann das Kind Blut zu erbrechen, bald darauf war der Säugling tot. Die Obduktion ergab drei Magengeschwüre, also eine Erkrankung, die bei Erwachsenen erst nach längerer Anspannung oder unbewältigter Angst auftritt. Die Ärzte fragten sich, ob das Baby über den Weg der Plazenta und über Hormone möglicherweise an starken seelischen Belastungen der Mutter mitgelitten hätte. Sie erhielten eine Antwort, die den Verdacht bestätigte. Zwar war die junge Mutter körperlich so gesund, daß die Schwangerschaft ohne Probleme verlief, doch stand sie unter starkem psychischen Druck. Die werdende Mutter wurde von ihrem Vater, einem Trinker, bei jeder Gelegenheit beschimpft und geschlagen.

Über dieses krasse Beispiel hinaus gibt es vielerlei harmlose vorgeburtliche Eindrücke, die die Mutter bewußt oder unbewußt auf den Fötus überträgt. Viele werdende Mütter fühlen sich zuwenig beachtet, und die Unsicherheit in bezug auf die neue Rolle kann sich auf das Seelenleben des Kindes ebenso auswirken wie Unstimmigkeit zwischen den Eltern. Gleichfalls vermag die Ablehnung der Schwangerschaft oder die Angst vor einem Kind die Psyche des in Zukunft vielleicht heißgeliebten Kindes zu beeinflussen.

Während der Wiener Psychoanalytiker SIGMUND FREUD noch meinte, der Geburtsakt sei das erste Angsterlebnis und somit die Quelle und das Vorbild des Angsteffektes, weiß man von biologischer Seite her bereits seit den zwanziger Jahren, daß Angst biochemisch ausgelöst werden kann. Der Chemiker W. B. CANNON spritzte 1925 Katecholamine, Stickstoffverbindungen, zu denen auch das Adrenalin zählt, völlig entspannten Tieren. Kaum im Blut, löste die Substanz bei den bis dahin ruhigen Tieren extreme Angstreaktionen aus.

Die Natur weiß dies. Nicht umsonst findet während der Schwangerschaft eine vermehrte Ausschüttung des Hormons Progesteron statt, das einen entspannenden bis narkotisierenden Einfluß hat. Die natürliche mütterliche Erregung wird also während jeder Schwangerschaft abgeschwächt. Frauen bemerken dies spätestens dann, wenn nach der Geburt mit der Senkung des entspannenden hohen Progesteronspiegels ein seelisches Tief eintritt.

Trotz dieses hormonellen »Wattepolsters«, der sich schützend vor allzu große Gefühlserschütterungen stellt, die das Ungeborene von der Mutter »gesendet« bekommt, ist jeder Embryo eine mehr oder minder schutzlose »Zielscheibe«. Die Wissenschaft vom pränatalen Leben weist auf die besondere Schutzbedürftigkeit werdenden Lebens hin. Denn, so meint Henry G. Tietze, der Erwachsene und – in geringem Maß – das Kind hätten Zeit genug, Abwehrmechanismen zu entwickeln, um die Wirkung einer Erfahrung abzumildern oder gar abzuwenden. Ein Ungeborenes habe diese Möglichkeit nicht. Das sei die Erklärung dafür, warum die Emotionen der Mutter sich so tief in seine Psyche eingrüben und warum solche Engramme (Erinnerungsbilder) das ganze Leben des Kindes so nachhaltig beeinflußten. Die grundlegenden Persönlichkeitsmerkmale veränderten sich nur selten. Wenn einmal Optimismus in die kindliche Seele eingegraben sei, wäre später schon sehr viel Unglück notwendig, damit diese Haltung wieder ausgelöscht würde.

Übungen

Alles, was wir auf dieser Erde sind, fühlen, denken und erhoffen, gelingt uns nur mit der Hilfe unseres Körpers. Er bildet nicht nur die äußere Form, sondern stellt auch die Ausdrucksmöglichkeit für unser Inneres dar. Er ist das Fahrzeug in die Zukunft und gleichzeitig die Summe all unserer Erfahrungen. Wir denken nur so gut, so gut wir uns fühlen, und das Fühlen beginnt in unserer Haut.

Das Schlagwort vom »Nichtwohlfühlen in der eigenen Haut« oder dem erfreulichen Gegenteil eines Menschen, der sich in seiner Haut hundertprozentig wohl fühlt, nimmt schon viel früher, als wir allgemein annehmen, Gestalt an. Lebensfreude oder die zweifelnde Einstellung eines geborenen Pessimisten werden uns nicht erst von einer »guten« oder einer »bösen Fee« in die Wiege gelegt: Sie entstehen schon während der Schwangerschaft, wenn die zarten Nervenzellen des Fötus erste Eindrücke empfangen.

Wir wissen meist nicht, wie sehr Streß, Ärger, Angst, Wut oder seelische Belastungen auf den Körper wirken. Vielleicht denken wir deshalb auch kaum daran, daß Erfahrung schon lange vor der Geburt eines Menschenkindes beginnt. Versuchen Sie die folgenden Übungen, stellen Sie sich die folgenden Fragen, und Sie erkennen das Leben vor der Geburt gleichsam als die erste große »Programmierung«.

- *Setzen Sie sich auf einen Stuhl und versuchen Sie, sich von Kopf bis Fuß zu entspannen. Beginnen Sie mit Ihrer rechten Hand und stellen Sie sich diese so rundherum glücklich vor. Lassen Sie Wärme und helles Sonnenlicht in jeden einzelnen Finger strömen und genießen Sie dieses Gefühl. Dann lassen Sie die Wonne und das Glück in Ihrer Hand weiterströmen: zuerst in Ihren rechten Fuß, dann in Ihren rechten Arm. Vom Bein gehen Sie weiter zur rechten Hälfte Ihres Bauches, zu Ihrer Brust, Ihrer rechten Schulter, zur rechten Hälfte Ihres Halses, schließlich zum rechten Teil Ihres Kopfes und Gehirns. Wenn sich Ihre rechte Hälfte von den Zehen bis zum Kopf glücklich fühlt, stellen Sie sich so bildlich wie möglich vor, wie dieses wonnige Gefühl in die linke Seite hinübersickert: zuerst in die linke Hand, dann in den linken Fuß, es fließt in den linken Arm, und vom linken Bein steigt es hinauf in die linke Hälfte des Rumpfes und schließlich zur linken Seite Ihres Gesichtes und Gehirns.*

- *Öffnen Sie die Augen, atmen Sie tief durch, und überlegen Sie, was uns eigentlich daran hindert, immer einen solch entspannten und glücklichen Körper zu haben.*
- *Schließen Sie jetzt wieder die Augen und versetzen Sie sich gedanklich in eine Situation, die Sie besonders ärgert. Beobachten Sie sich dabei sehr genau. Achten Sie darauf, was jetzt mit Ihrer Kiefermuskulatur, Ihren Händen, Ihren Schultern und Beinen geschieht. Lehnen Sie sich dann möglichst entspannt zurück. Vergleichen Sie nun Ihren Atem, Ihren Herzschlag, Ihren gesamten Körper mit dem vorangegangenen Zustand. Stellen Sie sich vor, Sie würden diesen spontanen Wechsel, der auch für Streß- und Angstsituationen gilt, als winziger Embryo erleben, der über die Plazenta und den Hormonhaushalt mit dem chemischen System der Mutter verbunden ist. Die leichte Beeinflußbarkeit eines jeden wachsenden Lebens können Sie am besten in einem Aquarium anhand der blitzschnellen Reaktion von Fischen auf eine Gefahr beobachten.*
- *Klopfen Sie mit dem Finger an die Glaswand des Aquariums. Das Zurückweichen des Fisches ähnelt den Bewegungen eines Embryos, und die Mechanismen erinnern an*

die Abwehrmechanismen erwachsener Menschen. (Zur Sensibilität von Fischen sei hinzugefügt, daß Wissenschaftler behaupten, die ursprüngliche Motorik von Fischen und Menschen glichen einander fast völlig.)

- *Wenn Sie das nächste Mal Schwimmen gehen, stellen Sie sich vor, Sie wären ein Fisch.*
  Wie unterscheiden die Bewegungen im Wasser sich von denen an Land? Haben Sie jeweils eine andere Art von Körpergefühl?
  Lernen Sie dieses Gefühl zu genießen – es war vor langer Zeit im Mutterleib Ihr natürliches Recht.
- *Wenn Sie die Möglichkeit haben, spielen Sie dieses Fischespiel mit Kindern und beobachten Sie dabei vor allem die Bewegungen von Säuglingen und Kleinkindern im Wasser.*

Das Geburtstrauma – und was die übertechnisierte Klinikgeburt bewirken kann

Die Fachsprache nennt es das *Lächel-Syndrom*, Mütter und Väter kennen es als die Tatsache, daß Säuglinge in unseren Breiten erst zehn bis zwölf Wochen nach der Geburt zu lächeln beginnen. Das Phänomen regte die Wissenschaft zu vielerlei Theorien an, wohl am verbreitetsten ist die Meinung, daß Intelligenz und soziales Verhalten sich erst ab diesem Alter zu entwickeln begännen. Ein Blick über die Grenzen unserer zivilisierten Länder bringt diese These jedoch ins Wanken. So warten vor allem die Anhänger der natürlichen Geburt mit dem Beispiel von Säuglingen in Afrika auf, die manchmal sofort nach der Geburt, in fast allen Fällen aber spätestens vier Tage danach viel und ausgiebig zu lächeln beginnen. Auch in der folgenden Entwicklung sind diese Babys ihren europäischen oder amerikanischen Artgenossen um Monate voraus, wie an anderer Stelle bereits vermerkt. Dieses Lächeln, als Bestätigung des Wohlbefindens gewertet, ist vielleicht eines der hartnäckigsten Argumente im Kampf, der nicht nur in Ärztekreisen um den Einstieg eines Menschen ins Leben geführt wird. Das Fehlen des Lächelns führen viele als Beweis für den Schock an, den Kinder bei der in westlichen Ländern üblichen Klinikgeburt erleiden.

Schon 1956 traf die Ärztin MARCELLE GEBER bei Untersuchungen in Kenia und Uganda Säuglinge an, die um einiges besser entwickelt waren als europäische oder amerikanische Babys. Überdies lächelten die Kinder der Eingeborenen viel, und vor allem normalisierte der Anteil des Adrenalins im Blut (Zeichen für Streß-Situationen, daher tritt es ebenso beim Geburtsvorgang auf) sich bereits vier Tage nach der Geburt völlig. Im Vergleich dazu maß man bei Babys wohlhabender Familien, die in den Kliniken europäischer Prägung geboren wurden, noch zweieinhalb Monate lang einen verhältnismäßig hohen Adrenalinspiegel im Blut – ein Unterschied, der also nicht an der Rasse liegen konnte, sondern an den Bedingungen rund um die Geburt.

In den Augen der Anhänger einer sanften Geburt gilt der schon unter normalen Umständen oft als »Trauma« bezeichnete Geburtsvorgang geradezu als Katastrophe für das Kind, von der es sich häufig wochenlang nicht erholt.

Angefangen beim Vater des Gedankens, dem französischen Geburtshelfer FRÉDÉRICK LEBOYER, schildern die verschiedenen Verfechter einer »gewaltlosen« Geburt den in unseren Kliniken üblichen Eintritt in das Leben in den düstersten Farben. Leboyer selbst brach, nachdem ihmdie Tatsache der vielen in ihrer Entwicklung zurückgebliebenen Kinder in Frankreich zu denken gegeben hatte, auf, um durch viele Forschungsreisen in Indien das Verhalten »primitiv« geborener Säuglinge zu studieren. Später wurde er Begründer der neuen, sanfteren Geburtspraxis.

Um sich die verschiedenen Bedenken um den Vorgang der Geburt vorstellen zu können, sei zunächst auf den gewöhnlichen Streß eingegangen, der jede Geburt kennzeichnet: die Umstellung der Sauerstoffversorgung (die Lungen benötigen bis zu fünf Minuten, ehe sie zu arbeiten beginnen), die Erstickungsängste, die den Durchgang durch den Geburtskanal begleiten – all dies bedeutet Schrecken und Schwerstarbeit für das Kind. (Manchmal ist der Schrecken so groß, daß die Erstickungsangst ein Leben lang in einem Menschen verwurzelt bleibt.) Dazu treten die Bildung von neuem Eiweiß und ein hormonbedingter sprunghafter Anstieg der Gehirnzellenverbindungen. Das sind die vom biologischen Plan für das Denken vorgesehenen Prozesse, die – wie erwähnt – immer am Beginn neuen Lernens stehen.

Zu diesem natürlichen Streß kommt, daß das Baby in manchen Kreißsälen nicht gerade verständnisvoll empfangen wird: Falls nicht schon vorher über den Blutkreislauf der Mutter durch eine Narkose betäubt, gelangt es völlig unvorbereitet in die neonlichtgrelle Welt eines Operationssaales. Eifrige Hände verlieren keine Zeit, Schläuche und Absauggeräte in Nase und Mund zu stecken und etwaige Bakterien mit den verschiedensten Methoden zu vertreiben. In vielen Fällen versäumt man es auch nicht, die Nabelschnur so schnell wie möglich abzutrennen, um dann einen eventuellen Sauerstoffmangel mit künstlicher Beatmung oder dem berühmten Schlag auf den Popo zu beheben.

Leboyer und seine Anhänger führen in diesem Zusammenhang Experimente mit jungen Äffchen als Beispiel dafür an, daß die frühzeitige Abnabelung Sauerstoffmängel bewirkt, die Gehirnschädigungen nach sich ziehen können. In den medizinischen Lehrbüchern findet sich ebenfalls die Forderung, die Nabelschnur nicht durchzuschneiden, solange es darin noch pulsiert. In der Praxis wird manchmal keine Rücksicht darauf genommen, obwohl das Baby, solange die Sauerstoffversorgung nicht völlig von den Lungen übernommen wird, mit Hilfe der Nabelschnur auf die Sauerstoffreserven in der Plazenta zurückgreifen kann. Diese Praxis sollte der Vergangenheit angehören, vor allem wenn man bedenkt, welch schwerwiegende Folgen selbst die kürzeste Unterbrechung der Sauerstoffzufuhr für die Gehirnzellen hat. Darüber hinaus sollte die Meinung vieler Forscher, daß zwanzig bis vierzig Prozent aller Schüler verhaltensgestört und lerngestört und kleinere Gehirndefekte die Ursache seien, nachdenklich stimmen.

Ebenso besorgniserregend sind Untersuchungen, denen zufolge 34 Prozent aller Mütter ihrem Neugeborenen neutrale bis distanzierte Gefühle entgegenbringen. Dies wirft die Frage auf, ob die teilweise noch übliche Handhabung, den Säugling nach gebührender »Begutachtungsfrist« von der Mutter zu trennen, nicht nur für den neuen Erdenbürger, sondern für die Mutter gleichfalls äußerst unbefriedigend ist.

In manchen Gegenden afrikanischer oder anderer sogenannter »Entwicklungsländer« bricht die Frau kurz vor der Geburt ihre momentane Tätigkeit ab, um irgendwo hockend ihr Kind zur Welt zu bringen. Sie nabelt es selbst ab, reinigt es, massiert und streichelt es. Das Band zwischen Mutter und Kind ist so natürlich und liebevoll, daß das Neugeborene keine Angst kennenlernt. Marcelle Geber fand nicht nur lächelnde Säuglinge vor, sondern Kinder, die mit zwei Tagen sitzen konnten und schneller und besser lernten als die Kinder der »zivilisierten« Welt. Sie hatten den ersten und größten Lernprozeß im Leben jedes Menschen erfolgreich bewältigen dürfen. Aus der Welt des Uterus waren sie beinahe übergangslos in die Arme der Mutter hinübergewechselt. Dem Streß der Geburt folgte die Entspannung.

Der Grundsatz, daß man Neues nur mit Hilfe von bereits Vertrautem kennenlernt, gilt vor allem kurz nach der Geburt. Wird der Säugling von der ihm vertrauten Mutter getrennt, kapselt er sich oft völlig ab und verfällt in einen teilnahmslosen Zustand, der die ersten Wochen vieler Kinder kennzeichnet. Diesen lieblosen Empfang der Neugeborenen wollen die Anhänger einer »Geburt ohne Gewalt« vor allem mit einer besseren Vorbereitung der Eltern und einer völligen Änderung der Atmosphäre in Kreißsälen und Entbindungsstationen verhindern. Die Methoden dabei sind vielfältig und phantasievoll. Besonders fortschrittliche Mütter bringen ihre Kinder im Meer zur Welt, damit der Übergang vom fischähnlichen Fötus-Stadium zum amphibienähnlichen Säugling möglichst bruchlos erfolgt. Wasser als harmonisierendes Element stellt auch das Geheimrezept jener Mütter dar, die nicht ganz so weit gehen, ihre Babys aber in einer Badewanne gebären.

Das warme Bad als Willkommensgeste für das Neugeborene ist ebenso für jene oberstes Gebot, die nur die üblichen Methoden der sanften Geburt vertreten. Zu deren Vorbereitung zählt bereits, daß Mutter und Vater bei wöchentlichen Gruppensitzungen mit der Hilfe von Hebammen, Ärzten und Psychologen lernen, die Schwangerschaft wieder als etwas Natürliches zu betrachten. Das Etikett »Krankheit«, das der Geburt häufig anhaftete, soll endgültig getilgt werden. In modernen Entbindungsräumen soll die Gebärende sich die beste Position aussuchen können, Hebammen geben keine Befehle mehr, sondern nur Anleitung und Hilfe – falls notwendig. Das Kind wird im günstigsten Fall von der Mutter oder dem Vater in »Empfang« genommen, gestreichelt und getröstet. Dem Leboyer-Schüler MICHEL ODENT gemäß läuft eine richtig vorbereitete Geburt in den meisten Fällen nicht nur problemlos und sanft für das Neugeborene ab, auch die Mütter kehren meist selbst mit dem Baby auf dem Arm in ihr Zimmer zurück. In Ausnahmesituationen, bei Schwierigkeiten und Risikofällen versucht man alles, um den Einstieg in das Leben so gewaltlos wie möglich zu gestalten. Abgedunkeltes Licht, Vermeiden von Lärm und Gerüchen stehen zusammen mit dem warmen Bad auf einer Prioritätenliste. Daß das Kind nur bei äußerster Notwendigkeit von der Mutter getrennt wird, ist selbstverständlich.

Soviel Mühe und hohes Engagement um ein paar Minuten Wohlbefinden? werden manche Leser vielleicht fragen. Die Antwort darauf ist weitreichender, als man glaubt. Leboyer und seine Anhänger gehen so weit, in der technisierten Klinikgeburt eine Art Zeitbombe zu sehen, die sich auf das gesamte Leben auswirkt. Für sie steht hinter jedem lieblos von dieser Welt empfangenen Kind ein frustrierter Erwachsener mit emotionalen Hemmungen und Krankheiten, deren Ursache psychosomatische Störungen sind. Auf den Schock, mit dem der Säugling die Welt betritt, führen alle, die das »Zurück zur Natur« auch für die Kreißsäle fordern, eine Gesellschaft zurück, in der die Angst mit vielen Gesichtern aus allen Ecken lugt. Ihnen zufolge beginnt der erste Schritt zu einer neuen Gesellschaft mit einer gewaltloseren Geburt.

Übungen

Die Weisen aller Kulturen ermahnten uns stets, den Kindern zuzuhören. Dem sei hinzugefügt: Hört auch dem zu, was Kinder nicht erzählen!

Vorerst aber sei nochmals auf das »Programm« im Menschen verwiesen, von dem wir bereits sprachen. Der Mensch scheint mit einem ausgereiften »Programm« zur Welt zu kommen. Grundmuster des Gehens, das Lernen und auch Sprachmuster seien bereits genetisch vorherbestimmt, erforschte die Wissenschaft. Dieses Programm wird manchmal aber schon während der Schwangerschaft gestört, meist jedoch bei der Geburt, das Programm Mensch erhält seinen ersten und größten Riß. Oft ist er so groß, daß das Programm keine Möglichkeit mehr hat, in seiner optimalen Form abzulaufen.

Eine moderne Methode, die Störungen im Programm herauszufinden und nach Möglichkeit zu korrigieren, ist das Rebirthing. *Mit Hilfe eigens geschulter Lehrer vollzieht man seine eigene Geburt nach und verliert dabei die Ängste und Störungen, die einen von Geburt an begleiteten. Falls Sie diese therapeutische Möglichkeit, dem Kind in sich auf die Spur zu kommen, nicht haben, versuchen Sie, anhand der nun folgenden Anleitung diesem Erlebnis näherzukommen. Gehen Sie behutsam vor und hören Sie auf, wenn Sie sich unsicher fühlen.*

- *Stellen Sie sich – wie bei einer der vorangegangenen Übungen – ein gelungenes Menü vor. Sehen Sie wieder die Farbe der Speisen, ihre Kombination vor sich, riechen Sie daran, probieren Sie in Ihrer Vorstellung die einzelnen Zutaten. Drehen Sie dann die Zeit zurück. Vergessen Sie alle Arten von Fertigspeisen, den Supermarkt um die Ecke und die moderne Art des Einkaufens.*
- *Malen Sie sich einen großen, üppigen Garten aus, in dem Sie Gemüse angebaut haben. (Verwandeln Sie Ihr gelungenes Menü jetzt am besten in ein vegetarisches, falls es das nicht war. Denn so bleibt es Ihnen erspart, das Tier, das auf Ihrem Teller landete, zumindest in Gedanken zu töten.)*
- *Ernten Sie einen großen Korb voll Gemüse und fragen Sie sich, welche Bedeutung der Samen, die klimatischen Bedingungen, der Boden und die Pflege der kleinen Pflänzchen haben.*
- *Sehen Sie sich bei der Ernte genau zu. Welchen Stellenwert hat das Essen für Sie? Wie wichtig ist die Lagerung der frisch aus der Erde geholten Pflanzen? Wie beeinflussen Ernte und Art der Lagerung die Haltbarkeit von Pflanzen – etwa der Gemüsepflanzen, die Sie noch am selben Abend auf Ihrem Menüteller vorfinden?*
- *Probieren Sie in Gedanken das frisch geerntete Gemüse, dann eine Sorte, die länger lagerte. Achten Sie auf den Unterschied in der Farbe, vielleicht auch im Geruch.*
- *Vergleichen Sie das Säen, Pflanzen, Ernten und Kochen mit der Tätigkeit eines Webers, der zuerst die Qualität und die Farbe seiner Fäden genau überwacht, um diese dann auf dem Webstuhl so zu spannen, daß die ersten Fäden das Grundmuster des ganzen Teppichs beinhalten.*
- *Ziehen Sie die Fäden zwischen dem Webstuhl des Denkens und der Geburt und befragen Sie Ihre Mutter oder*

andere Personen, die Ihnen etwas darüber erzählen können, über die näheren Umstände Ihrer Geburt. Denken Sie daran, wie Ihr Kind oder andere bekannte Kinder zur Welt kamen, und hören Sie Kindern so gut wie möglich zu. (Von der Geburt an haben wir ihnen die Welt gezeigt, wie sie ist. Wie wäre es, wenn wir sie ihnen so zeigten, wie sie sein könnte, wenn wir auch auf das hörten, was sie uns nicht erzählen?)

- *Schließen Sie die Augen, entspannen Sie sich und zeigen Sie dem Kind in sich und Ihrem Körper, wie Angstfreiheit sich anfühlt.*
- *Stellen Sie sich vor, Sie liegen in einer Vertiefung, die die Natur in einen Felsen gearbeitet hat. Sie nehmen ein Bad, es wird von einer Quelle gespeist, die Sie wärmend und wie ein strahlend helles Licht umspült. Sie spüren, wie Ihr Körper zu prickeln beginnt, wie er immer leichter wird. Sie beginnen ein Gefühl des Strömens in sich zu bemerken und lassen Ihre Gedanken abnehmen. Auch die Zeit scheint stehenzubleiben. Sie liegen in einer ganz besonderen Badewanne und brauchen nur zu atmen, Ihren Körper zu empfinden und sich zu fühlen. Atmen – empfinden – fühlen – atmen – empfinden – fühlen. Vergessen Sie die Worte, und sehen Sie sich fünf Minuten lang nur dabei zu.*
- *Wenn Sie sich in einem tranceähnlichen Zustand befinden, schauen Sie in das goldene Licht der Quelle. Die glitzernden Tropfen bringen Ihnen neue Kraft, reinigen und stärken Sie. Sie können sich vorstellen, daß es das Licht ist, das Ihnen neue Energie gibt, Sie können aber auch die Quelle als Spenderin einer ganz besonderen Art von Lebensenergie betrachten. (Jahrelang wurde viel von der Offenheit und der Lebensfreude, die die Natur jedem Kind mitgibt, verschwendet. Da Sie es jetzt wissen,*

können Sie sich dies mit Hilfe Ihrer Imagination zurückholen.)

- *Atmen – empfinden – fühlen – atmen – empfinden – fühlen. Überlassen Sie sich für eine Zeitlang wieder ganz dem Strömen in Ihrem Körper und stellen Sie sich vor, daß die Quelle Ihnen all das zurückgibt, was vor Ihrer Geburt, während des Geburtsvorgangs oder Ihrer Kindheit verlorenging. Mit jedem tiefen Atemzug dringen Energie, Wohlbefinden und Mut in Ihren Körper, und Sie spüren, wie das neue Lebensgefühl sich darin verteilt – bis hin zu den Fingerspitzen.*
- *Kehren Sie so oft wie nötig zu dieser Energiequelle zurück. Im Laufe der Zeit werden Sie in Ihrer »Traum-Badewanne« besser atmen, mehr zu empfinden und zu fühlen lernen.*

Ein Kind soll Kind sein dürfen – Lernen durch Erfahrung

Eines der besten Beispiele für den Unterschied zwischen der Welt der Kinder und jener der Erwachsenen ist die Sprache. Für uns ist sie das logische Werkzeug schlechthin, und wir vergessen über diesem Zweck, daß erst Körper und Gefühle die Sprache zu jenem abstrakten Beschreibungsmittel werden lassen, das uns die Welt so recht und schlecht erklärt.

Und so wie der Semantiker ALFRED KORZYBSKI die Struktur unserer Sprache als für unsere Assoziationen und für unsere Art der Wahrnehmung verantwortlich glaubt, bestimmt die Kindheit die Welt der Erwachsenen. Das

Kind, das wir einmal waren, ist in einem noch nicht ganz erfaßten Sinn Mutter und Vater des erwachsenen Menschen. Andererseits bestimmt die Welt der Erwachsenen jene der Kinder.

Hören Sie in nächster Zeit den Menschen in Ihrer Umgebung genauer zu. Achten Sie nicht nur auf die Aussage der Worte, sondern auf den Rhythmus, auf Höhen und Tiefen und auf die gefühlsmäßige Färbung von Wörtern und Sätzen. Vergleichen Sie Menschen, die vor lauter Eile beinahe über ihre Wörter stolpern, und solche, bei denen man manchmal meint, sie schliefen während des Redens ein.

Sie werden entdecken, daß Sprachwissen weniger ein gelerntes Wissen ist als vielmehr ein Ausdruck des Wissens und der Erfahrung des Körpers.

Die Beobachtung zeigt, daß etwa ein zweijähriges Kind die Hand dazu bewegt, wenn es das Wort »Hand« ausspricht, daß ein Kind sich »automatisch« hinsetzt, sobald man das Wort »Hinsetzen« gebraucht. Ein Kind mag noch so wortgewandt sein – verstehen kann es nur das, was bereits zu seinen Fähigkeiten zählt, was es kennt.

Mit Hilfe der Bewegung wird das erste Lernen von Sprache – und Sprachwissenschaftler vermuten, daß es bereits im Uterus stattfindet – zur Ausdruckssprache. Durch die Auseinandersetzung mit der Umwelt erwächst aus ihr die Kommunikation. Und erst die dritte, die abstrahierende Form der Sprache, die Argumentation, ist das, was wir üblicherweise als das beste Werkzeug des Denkens betrachten.

Denken kann also nur so gut sein, wie unsere Sprache es ist – und dies bezieht sich zunächst nicht so sehr auf Sprachvielfalt und Sprachreichtum. Gemeint ist die Möglichkeit der Sinne, Sprache als eine Art Muster ins Gehirn zu zeichnen. Denken und Handeln fallen beim Kind noch zusammen, und das Gehirn speichert jene Worte am besten, die der Körper gleichzeitig mitvollziehen kann. Und Erinnerungen, so sagt die Wissenschaft, werden stets in einem Kontext (in einen Zusammenhang eingebettet) aufgezeichnet.

Wesentlich ist also nicht allein, daß wir als Kinder mit der Struktur der Sprache eine ganze Weltsicht lernen. Die Sprache lehrt uns, zu trennen oder zu verbinden. Dies geschieht nicht nur vom Sprachmuster, sondern auch von der Abfolge her, in der dieses Muster vom Kind aufgenommen wird.

Hier klingt nochmals der alte Streit zwischen Empirismus und Rationalismus an – der Frage, ob Erfahrung oder Verstand und Vernunft Lernen und Handeln bestimmen. Die Antwort liegt wohl eher in einer Synthese: Der Mensch lernt mit Hilfe der Vernunft, und dies um so besser, je größer seine Erfahrung ist. Damit beide Komponenten sich ungestört aufbauen und miteinander verbinden können, muß ein Kind auch Kind sein dürfen.

Das gelingt, wenn wir unser ausgereiftes und doch so oft irrendes Erwachsenendenken nicht zum einzigen Maßstab erheben. Wir sehen im Baby schon das Zweijährige, im Dreijährigen den Volksschüler, in der Volksschülerin die zukünftige Studentin oder die zukünftige Mutter. Und obwohl das alles logisch aussieht, beginnen wir mit der verkehrten Seite, denn jede Art von Denken und Fühlen entwickelt sich ja in und aus den Kindern. Die Erkenntnis wächst mit ihrem Heranreifen und läßt sich nicht gleichsam vorgefertigt von außen, von den Erwachsenen, in sie hineinlegen.

Jede Art von Erziehung müßte sich daher konsequenterweise an den Gefühlen und Denkweisen der Kinder und nicht an den Vorstellungen der Eltern orientieren. Deren Ziele überfordern die Intelligenz des Kindes meist, die vor allem während der ersten Jahre eine von Körper und Gefühlen bestimmte ist. Denkt man an den biologischen Plan für die Entwicklung der Intelligenz, erscheinen die in Amerika entstandenen Kinderrechtsbewegungen in neuem Licht. Natürlich haben Kinder Rechte und brauchen ihre Freiheiten. Zuerst aber gilt es zu verstehen, was Freiheit für ein Kind bedeutet.

Der amerikanische Pädagoge JOSEPH CHILTON PEARCE sieht den Grund für den Zusammenstoß zwischen Erfahrung und einer Vernunft, die das Beste für die Kinder will, in einem falschen Verständnis von Intelligenz. Und er definiert die Intelligenz als die Fähigkeit zur Interaktion. Sie wachse allein durch die Auseinandersetzung mit neuen Phänomenen, also durch das Fortschreiten vom Bekannten zum Unbekannten. Diese – schon erwähnte – Bewegung vom Bekannten zum Unbekannten sei der Schlüssel zur Entwicklung, doch ebenso ein »Stolperstein«. Denn die Bewegung müsse ausgewogen sein, und in unserer Ängstlichkeit erlaubten wir dem Kind oft nicht, sich mit all seinen Sinnen und auf jede nur erdenkliche Art mit der Welt auseinanderzusetzen. Andererseits trieben wir es in Erfahrungen hinein, die seinem biologischen Entwicklungsstand nicht angemessen seien. Entweder blockieren wir also seinen Weg ins Unbekannte, oder wir setzen es Eindrücken aus, die es nicht verarbeiten kann.

Für die drei Phasen des Lernens und das Aneignen von Wissen – grobes Umreißen der Fähigkeit, Hinzutreten von Details und Vervollständigen der Kenntnisse mit Hilfe von Übung – braucht man Sicherheit. Zuerst ist es die Sicherheit und Geborgenheit, die Mutter und Vater dem Kind schenken. Aus dieser kann es ganz selbstverständlich und mit dem sicheren Gefühl, eine Rückzugsmöglichkeit zu haben, aufbrechen, um die Welt zu erforschen. Dieses Erforschen bedeutet den ersten großen Sprung in die Richtung der Logik. Aus dem Säugling wird ein Kind, das zwischen Subjekt und Objekt, zwischen sich und der Umgebung unterscheidet.

Hinter allen Bewegungen und Handlungen des Babys steht der Antrieb. Erst wenn das Baby gewisse Bewegungen öfter wiederholt, bilden sich die ersten Muster im Gehirn. Diese prägen sich schließlich ein, so daß sie auch willentlich abgerufen werden können. Bald kommt die Fähigkeit dazu, zu greifen, Dinge festzuhalten, zu plappern und später die ersten Worte zu sprechen. Es ist eine Zeit mit umfangreichstem Lernpensum, zukünftige Lernerfolge bauen darauf auf. Analog zur Sprache kann man behaupten, daß Art und Struktur dieses Lernens alle späteren Denkprozesse prägen.

Pearce betont die Bedeutung von Erfolgserlebnissen, Enttäuschung zeichne nur negative Muster im Gehirn und lehre, daß Lernen etwas Unerfreuliches sei. Mißerfolge vermeidet man in diesem Alter am ehesten dadurch, daß man sich völlig auf das Kind einstellt, ihm hilft, den inneren Antrieb, der stets vor der Fähigkeit zu handeln vorhanden ist, auch in die Wirklichkeit umzusetzen. Statt einem Kind verfrüht das Sprechen beibringen zu wollen, schiebt man ihm also lieber den Baustein zu, den es mit seinen kleinen Händen nicht erreicht.

Zu sprechen, meint Pearce, könne man einem Kind ohnedies nicht beibringen, sein Antrieb führt es von selbst dazu. Natürlich bedeutet dies kein Redeverbot. Das Kind holt sich aus den Gesprächen der Erwachsenen selbst, was es braucht. Im Austausch zwischen Klein und Groß gilt es, den vernünftigen Mittelweg zu finden, der zwischen Babysprache und einer zu logischen Erwachsenensprache liegt und das Körper- und Gefühlsdenken des Kindes berücksichtigt.

Die möglichst einfache Antwort, meistens nur der Name des Gegenstandes auf die Frage »Was ist das?«, ist aber erst der zweite Schritt, nachdem das Kind im ersten Jahr gelernt hat, Selbstsicherheit und Selbstvertrauen aufzubauen. Dazu gehört vor allem die ständige Anwesenheit der Mutter, des Vaters oder einer anderen festen Bezugsperson. Das Kind braucht zuerst und vor allem ein Grundmuster, auf dem es sein ganzes Wissen von der Welt aufbauen kann. Dann bleibt es auch frei von Angst, dem Vorläufer jeder Art von Versagen – jener von Kindern und von (in diesem Sinn kindhaft gebliebenen) Erwachsenen.

Angst entsteht immer aus der Furcht vor dem Verlassenwerden; sie ist die Furcht vor dem Sturz in das Chaos. Und dieses Chaos droht, wenn die Mutter oder eine andere Bezugsperson nicht die erste große Matrix darstellt, in deren Sicherheit man ungestört Bilder von der Welt malen kann, die als Begriffsmuster in das Gehirn übersiedeln.

Die Betonung liegt auf »ungestört«, weil, wie MARIA MONTESSORI es formulierte, die eigentlichen Lehrer die Kinder sind. Besonders während des ersten Lebensjahres wird das Kind nur verwirrt, versucht man, es etwas zu lehren, das es nicht von sich aus herausfindet. Das Lernpensum, das das Kleinkind sich aufgrund des biologischen Lehrplans der Natur selbst stellt, ist groß genug. Das Kind bewältigt es um so besser, je geschickter Erwachsene es verstehen, auf die Bedürfnisse des Kindes einzugehen, seine Bemühungen zu unterstützen, und nicht eigene Ideen und Wünsche auf das Kind übertragen.

Die Belohnung für dieses manchmal aufregende erste

Jahr ist ein selbstsicheres Kind, das gut ausgestattet den nächsten großen Schritt wagt: die Erforschung der Welt, das Erkunden der Natur. Nun wird ihm ebenso das gegenwärtig, was nicht nur sinnlich erfaßbar oder greifbar ist. Die Intelligenz wächst in der Auseinandersetzung mit der Natur. Die Mutter oder der Vater sind ruhende Pole, zu denen man sich stets von den Aufregungen, die jeder neue Tag mit sich bringt, zurückziehen kann. – Und Aufregung bietet sich genug: Da kann man herrlich mit Matsch und Erde spielen, zum Entsetzen der Eltern den Geschmack probieren, Käfer und Würmer nach Hause schleppen und allerhand mehr.

Das Kind lernt Begriffe aufzubauen, jeden Tag nimmt der Erfahrungsbereich im Gehirn und damit das Wissen zu. So hilft etwa die gekostete und wieder ausgespuckte Erde dabei, den Begriff »Nahrung« fester zu umreißen – auch wenn es uns Erwachsenen dabei kalt über die Schulter rieselt. Häufig greifen Eltern in solchen Situationen mit Erklärungen und Ratschlägen ein, die das Kind nicht versteht. Die abstrakte Logik von Mutter und Vater prallen mit dem rein konkreten Wissen des Kindes zusammen. Das Kind kann einen Erdklumpen vielleicht als schlecht schmeckend erleben, die hygienischen Erläuterungen der besorgten Eltern bleiben unverständlich. Vielleicht ängstigen sie es sogar, und mit der Angst beginnt eine Art Teufelskreis. Denn die Angst, die es beim ersten wirklichen Zusammenstoß zwischen Erfahrung und Vernunft erlebt, begleitet nun oft sein Lernen. Das auf Erfahrung ausgerichtete Lernen des natürlichen Wachstumsplans möchte mit Spaß und Neugierde erfolgen. Die Vernunft errichtet erste Barrieren, indem sie der kindlichen Offenheit ein »Wenn« und »Aber« entgegenstellt. Angst und Furchtsamkeit entstehen und hemmen das natürliche, vergnügliche

Lernen. Die nächste Entdeckungsreise unternimmt das Kind weniger unbeschwert als zuvor.

Nicht umsonst bezeichnet Pearce das unbekümmerte Verhältnis des Kindes zu Wert und Nützlichkeit als die größte Quelle von Mißverständnissen zwischen Eltern und Kind. Weil das Leben der Erwachsenen darauf beruhe, bereite ihnen die Sorglosigkeit des Kindes Angst. Ein Kind könne jedoch nur ein Bild von dieser Welt gewinnen, wie sie tatsächlich ist, wenn es ihr ohne Sorge um Wert und Nutzen begegnen dürfe – denn die Welt kenne keine Wertungen.

Vielleicht nimmt gerade die Wertfreiheit eine zentrale Stellung im Prinzip Kindheit ein. Kinder kennen keine Wertungen. Indem wir ihnen die unseren mitgeben, gestalten wir ihre Welt zu einer, die teilt, unterscheidet, urteilt und mißt. Um mit der Welt »umgehen« zu können, ist es allerdings notwendig, zu unterscheiden und zu messen, Kinder müssen also bewerten lernen. Doch scheint alles eine Frage der Zeit zu sein. So wie Empirismus und Rationalismus einander nicht ausschließen, wenn sie zum geeigneten Zeitpunkt aufeinandertreffen, so bedarf das Kind ebenfalls zur rechten Zeit der Fähigkeit, zwischen Zuträglichem und Unzuträglichem zu unterscheiden. Am besten gelingt dieses Lernen, wenn das Kind im vorlogischen Stadium der praktischen Körperintelligenz nicht mit logischen Bewertungen belastet wird.

Während der ersten Jahre kommt es vor allem auf den körperlichen Austausch mit der Umwelt an. Das Kind gewinnt Selbstsicherheit, um später, mit sieben, abstrakt begreifen zu lernen. Der Vorgang erinnert an das Erwerben einer Fremdsprache. Deren komplizierte Grammatik begreift man um so besser, je geläufiger und selbstverständlicher die Vokabeln sind.

Die Basis für das Begreifen jeder Vokabel, jedes Wortes aber ist das körperliche Erleben dieses Wortes. Jeder höheren Logik geht daher notwendig voraus, daß das Kind die Gesetze des Körpers und der Umwelt erlebt, möglichst angstfrei und ohne zu große Barrieren aus der Erwachsenenwelt.

Dies bedeutet keinen Freibrief für eine ausufernde Bewegungsfreiheit des Kindes. Das Gewährenlassen, die oberste Regel für die geheimnisvolle Welt des Kindes, bringt Erleichterung für Eltern und Kinder. Überflüssige Erklärungen, viele für das Kind unverständliche Gebote und Verbote fallen weg. Und sollte einmal Gefahr im Verzug sein oder das Kind die persönlichen Freiheitsgrenzen anderer Menschen überschreiten, nimmt man es am besten an die Hand und zieht es ohne zu viele Erläuterungen mit einem einfachen »Nein« weg. Es wird dieses »Nein« ebensogut verstehen, wie es den alten Spruch von der Erfahrung, aus der man klug werde, anhand von aufgeschundenen Knien oder kleinen Brandblasen besser begreift als durch lange Erklärungen. Ein geringer Schmerz ist manchmal besser als ein verängstigtes Kind, das vor lauter Warnungen jeden Unternehmungsgeist verliert.

Ähnliches gilt für die Kommunikation zwischen Eltern und Kindern. Während es heute fast schon zu einem erzieherischen Muß wurde, bei den vielen »Warums« der Kinder selbst zum Lexikon zu greifen, um dem Kind alles möglichst ausführlich zu erklären, fordert Pearce, die Antworten auf die Fragen des Kindes müßten so sein, daß sie Bezug zu seiner konkreten Lebenserfahrung und zu seiner Phantasiewelt hätten. – Muten solche Überlegungen inmitten all der wissenschaftlichen Erziehungstheorien dieses Jahrhunderts wie ein Schritt zurück ins Mittelalter an, oder stehen sie für eine Erziehung, die ausnahmsweise aus dem Blickwinkel des Kindes gesehen wird? Dies möge jeder Leser für sich entscheiden.

Übungen

- *Wie erwachsen Sie auch sein mögen, strecken Sie einmal die Hand aus, wenn Sie »Hand« denken.*
- *Stellen Sie sich dann vor, die ausgestreckte Hand würde sich zu einer Faust ballen. Lassen Sie die Hand ausgestreckt, aber haben Sie eine wütende Hand vor Augen.*
- *Entspannen Sie die Hand dann wieder, genießen Sie den ruhigeren Zustand, und stellen Sie sich vor, Sie würden das samtene Fell einer Katze kraulen. Bewegen Sie auch jetzt die Hand nicht, aber sehen Sie Katze, Bewegung und Hand in allen Einzelheiten vor sich.*
- *Vergleichen Sie nun das wohlige Gefühl in der Hand mit dem vorangegangenen Gefühl. Die Hand hat sich nicht bewegt. Allein Ihr Geist hat die fühlbare Änderung in den Blutgefäßen und Muskeln bewirkt. Sie sind gegenteilig zur Handlungsweise von Kindern vorgegangen. Sie haben nicht mit Hilfe der Hand gelernt, sondern mit Hilfe des Denkens, nicht aus dem Bild eine Vorstellung gebastelt, sondern aus der Vorstellung verschiedene Gefühle und Reaktionen in die Hand projiziert.*

Das kleine Experiment dient als einfacher Beweis dafür, wie sehr der Körper sich mit Hilfe unseres Gehirnbiocomputers verändern läßt. Vielleicht gelingt es sogar, ihn, der lange als unbequemes Gefängnis für den Geist galt, zu jenem Schloß auszubauen, das er nach der Absicht der Natur wohl sein sollte. Kinder führen uns diese Absicht am besten vor.

- *Spielen Sie für längere Zeit mit einem Baby oder einem Kleinkind und fragen Sie sich anschließend, wer aus Ihrem Freundeskreis sich auch nur einen Funken der natürlichen Freude am Körper bewahrt hat.*
- *Räumen Sie an einem freien Wochenende die Möbel an die Wand und toben Sie mit möglichst vielen großen und kleinen Kindern in der Wohnung herum. Wälzen Sie sich auf dem Boden, drehen Sie sich wie ein Kreisel, klatschen Sie gemeinsam in die Hände, singen und lachen Sie. (Und lassen Sie sich von Ihren Kindern etwas beibringen.)*
- *Die Zeit des Körperdenkens bis zum vierten Lebensjahr kennt zwei Hauptkomponenten, die als Gegenspieler auftreten: Lust und Unlust. Wie es scheint, neigen wir dazu, letztere um einiges häufiger ins Erwachsenenleben hinüberzunehmen als die Lust, die ausschließlich der Sexualität überlassen bleibt. Aber Lust und Spaß am ganzen Körper lassen sich lernen. Die neuen Arten von Körper-Geist-Transformation, zu der Sufi-Tänze, T'ai Chi, Aikido oder die verschiedensten Arten von Selbsterfahrungsgruppen hinführen, lehren den Menschen, mit dem Körper neu und besser zu denken. Mit ein wenig Übung und viel Phantasie müssen Sie dazu aber nicht aus dem Haus. Der erste Gehirnschaltkreis des Körperdenkens wurde in den ersten Jahren Ihrer Kindheit geprägt. Was liegt also näher, als in diese Kindheit zurückzugehen – mit der Hilfe (und sicherlich auch zum Vergnügen) Ihrer Kinder und der ganzen Familie. Überlegen Sie sich gemeinsam, was dem Körper eines Kindes Vergnügen bereitet. Praktizieren Sie dies gemeinsam an einem eigens dafür reservierten Wochenende, an dem nach Lust und Laune (und ohne jeden*

Blick auf Kalorientabellen) gegessen werden darf, an dem Herumtollen oberste Pflicht ist und Albernheiten und Grimassenschneiden nicht verpönt sind.

- *Legen Sie sich mit einem Baby oder einem Kleinkind in die Badewanne und spielen Sie mit den Fingern und den Zehen des Kindes. Wenn Sie entdecken, welche Begeisterungsstürme das Wiederauffinden einer über dem Daumen vergessenen kleinen Zehe auslöst, wenden Sie sich Ihren eigenen Zehen und Fingern zu. Stellen Sie sich vor, sie wären genauso gelenkig und beweglich wie die des Kindes, und übertragen Sie im Geist den Spaß der kleinen Finger und Zehen in Ihre eigenen. Lassen Sie dann Ihre Finger kreisen, ziehen Sie an ihnen, plantschen Sie damit im Wasser, und kitzeln Sie das Kind damit. Lassen Sie sie sehr lebendig werden und behalten Sie Ihre kindlichen Hände so lange wie möglich im Gedächtnis. Erinnern Sie sich vor allem in Streß-Situationen daran, in denen verkrampfte Hände dem Körper ein schlechtes Beispiel geben.*
- *Haben Sie sich schon einmal die Bedeutung unserer Sinne überlegt? Als Kind formen sie unser Denken, aber was bewirken sie in einer Erwachsenenwelt, die alles zu kennen glaubt – nur neue Moden als Futter für eine unnatürliche Neugier unseres Denkens?*
- *Seien Sie einmal auf ganz andere Art neugierig, und versuchen Sie, ob es glückt, in die unverdorbene Sinneswelt von Kindern zurückzukehren. Rufen Sie den nächsten freien Tag für die ganze Familie und vielleicht auch für Ihren Freundeskreis zum »Tag der Nase« aus. Holen Sie alte Düfte zurück und entdecken Sie mit den Kindern neue. Achten Sie auf den Duft der Spiegeleier beim erweiterten Frühstück, riechen Sie am Kakao der Kinder, und reisen Sie damit ebenso in die Vergangenheit wie beim ge-*

meinsamen Erleben des Waldes am Nachmittag. Welchen Duft haben Ihre Kinder am liebsten, welchen Sie selbst? Welcher Geruch ist der erste, an den Sie sich noch erinnern? Wenn gerade Sommer ist, so gehen oder fahren Sie hinaus, und nehmen Sie den Duft des frisch gemähten Grases in sich auf. Besuchen Sie den Zoo oder den Zirkus und unterhalten Sie sich über den besonderen Geruch der Gehege beziehungsweise der Manege.

Vergleichen Sie Geruchsvorlieben: Kinder mögen in der Regel den süßlichen Geruch von Zuckerwaren aller Art, verabscheuen hingegen Tabakrauch. Erwachsenen wird oft schon beim Riechen an Süßem übel. Denken Sie daran, daß auch dies ein Beispiel dafür ist, wie sehr die Welt der Kinder sich von der Erwachsenenwelt unterscheidet, finden Sie dann aber wieder duftende Gemeinsamkeiten, die Sie in die kindliche Geruchswelt zurückführen: Bienenwachskerzen, die jeden an Weihnachten erinnern, den Geruch von Bratäpfeln, von Kastanien …

- *Gefiel Ihnen der »Tag der Nase«, so lassen Sie ihm einen »Tag des Ohres« folgen. Wie wäre es, wenn sich die ganze Familie die Ohren als eine Art spezielles Mikrophon vorstellte, das die jeweils interessantesten Geräusche auffängt und so treffend wie möglich nachahmt: das Singen der Vögel am Morgen, den Biß in die knusprige Frühstückssemmel, eine Kennmelodie von Radio und Fernsehen, das Lieblingslied jedes Familienangehörigen, das Summen von Bienen und den Ruf eines Kuckucks. Singen Sie Lieder, hören Sie Musik, fahren Sie in einen Wald, in dem ausnahmsweise laut geschrien werden darf – lassen Sie sich für Ihre zwei Supermikrophone etwas einfallen!*
- *Was mag ein »Tag des Auges« bezwecken? Unsere Sehwerkzeuge erleben so vieles, daß eine Aktivierung nur in Richtung Qualität, nicht zur Quantität hin erfolgen darf.*

Vereinbaren Sie daher, an diesem Tag einmal ganz besondere Details zu entdecken. Sie dürfen alltäglich sein wie die Blüte des Blumenstocks auf dem Frühstückstisch. Der Kelch, die exotisch wirkenden Staubblätter, Pollenbehälter und der Fruchtknoten werden kindliche und erwachsene Augen in eine neue, verzauberte Welt entführen. Verbringen Sie einen Tag in dieser verzauberten Welt und lassen Sie Ihre Augen die vielen Wunder entdecken, die sie sonst übersehen. Sprechen Sie über Farben, lassen Sie jedes Familienmitglied seine Lieblingsfarbe beschreiben und das Gefühl, das sie hervorruft. Haben Sie sich schon einmal in Gedanken in Farben einhüllen lassen? Versuchen Sie es mit den entspannenden Farben Rosa, Gelb und Weiß.

- *Wenn Ihnen das Schlemmen nach Lust und Laune schon einmal Vergnügen bereitet hat, nehmen Sie sich ein »Feinschmecker-Wochenende« vor, bei dem Sie all das kosten, was Ihnen als Kind gut schmeckte. Ebenso können Sie es mit Ihrem Tastsinn halten. Streicheln Sie das, was Ihnen als Kind gefiel. Umarmen Sie zusammen mit Kindern einen Baum, legen Sie sich mit ihnen ins Heu oder auf weiches Moos. Laufen Sie wieder einmal barfuß – auf Kieselsteinen und in weichem Gras.*

Wenn Sie ein paar dieser Übungen aus der Welt der Sinne durchgespielt haben, brauchen Sie vielleicht nicht mehr unbedingt kleinen Kindern zuzusehen, sondern erhielten selbst eine Ahnung davon, daß unser Körper als Schloß für unsere Gefühle und unseren Geist gedacht ist. Und wenn Sie sich so richtig wohl fühlen, vergessen Sie darüber nicht, daß Kinder solches auf ihre Weise erfahren. Ermutigen Sie daher nur größere Kinder dazu, über ihre Gefühle von Nase, Ohren, Augen, Zunge und Finger zu berichten, die kleineren lassen

Sie einfach mitspielen. Diese besondere Art von Lehrmeistern führt Sie auf dem einfachsten Weg in die Kindheit zurück.

Wenden Sie dasselbe Prinzip als Kniff bei sich selbst an, wenn Sie Gymnastik betreiben oder andere Übungen zur Körpererfahrung durchführen, beim Sport, in der Sauna oder beim Joggen. Begründen Sie es nicht als Beitrag zu Ihrer Gesundheitserhaltung (obwohl dem tatsächlich so ist). Vergessen Sie jede Intellektualisierung, jedes andere Motiv, haben Sie nur Spaß an der Bewegung. Erleben Sie Ihren Körper wie ein Kind, ohne Ursache und Ziel zu überlegen. Seien Sie ganz Körper, und Sie werden sich anders fühlen, als dächten Sie während des Joggens an Ihre zukünftige Figur, an Ihre Gesundheit, Ihren Blutdruck oder Ihren Cholesterinspiegel.

Sie geben damit dem Körper eine Freiheit zurück, die jahrelang von Gedanken verwaltet wurde, die er aber schnell zu genießen bereit ist. Wenn Sie lernen, sich spielerisch und genußvoll zu bewegen, werden Sie auch anders essen – genußvoller und bewußter. Sie hören Musik anders – vielleicht mit dem ganzen Körper und allen Sinnen –, und Sie entdecken vieles, das Ihnen bis heute entging. Mit einem ganz anderen Gefühl »in Ihrer Haut« ändert sich ebenso die Beziehung zu Ihren Mitmenschen.

Vom Körper zum Geist – die Logik des Körpers beeinflußt das Handeln

Ziehen Sie vielleicht gerade an einer Zigarette? Lutschen Sie ein Bonbon, oder knabbern Sie an salzigen Crackers? Oder kauen Sie gerade an Ihren Lippen? Wenn ja, befinden Sie sich im Bereich oder, nach TIMOTHY LEARY, »Schaltkreis« des Körperdenkens. Ganze Industrien leben davon, daß das Sicherheit bedeutende Saugen des Babys sich auch im Erwachsenen erhält. Öfter als wir glauben, kehren wir zu der oralen Prägung des Säuglings zurück. Die »Brustfixiertheit« mancher Männer und der »Brustkult« mancher Frauen hängen damit zusammen. In der Malerei und in der Architektur überwiegen die runden Formen, und jeder Pornofilm ist zunächst ein Druck auf den ersten Schaltkreis.

Der Mensch will saugen (und sei es, daß er mit jeder Zigarette ein Stück möglichen Tod einsaugt), will kuscheln und sich einlullen lassen. Dies bedeutet für ihn nicht nur ursprünglichstes Vergnügen, nicht nur die erste große Lust der Nahrungsaufnahme, sondern ebenso die Sicherheit in den Armen der Mutter. Daß das Muster des ersten und ältesten Schaltkreises im Menschen in gefährlichen Situationen durchbricht, ist einigermaßen verständlich: Wie ein Mensch sich in Krisensituationen verhält, hängt davon ab, wie sicher er Schwangerschaft, Geburt und die ersten vier Jahre durchleben durfte. So wird er auf die eine oder andere Weise zum Feigling, oder er beweist auf ganz persönliche Art Tapferkeit. Im Alltag bestimmt das Körperdenken ebenfalls, ob wir vertrauensvoll an eine Sache herangehen oder uns ängstlich zurückziehen.

Die aus frühester Kindheit mitgebrachte Körperlogik wirkt wie eine Art positives oder negatives Vorzeichen über jedem menschlichen Handeln. Das Nervensystem des Fötus lernt im Mutterleib das schützende Paradies des Uterus kennen oder ist ungeschützt bereits ersten Anspannungen ausgesetzt. Die Geburt vermittelt dem Neugeborenen, ob diese Welt angenehm und erlernenswert ist, oder ob man sich vor ihr besser verschließt. Die geschützte oder fehlende Zone an der Mutterbrust und später die offenen oder verschlossenen Arme von jemandem, auf den das Kleinkind sich verlassen kann, vervollständigen die Prägung des Körpers.

Im glücklichsten Fall erfolgt die Prägung so natürlich, daß der Körper sich die Offenheit des Kindes ein Leben lang bewahrt. In Extremfällen erwachsen aus der körperlich gespeicherten Angst, Abwehr und Wut physische und psychische Krankheiten.

Nicht umsonst hat einer der modernen Bewußtseinsforscher den ersten großen Gehirnschaltkreis, nämlich den des Körperdenkens, den *Bio-Überlebensschaltkreis* genannt. Im Gegensatz zu einer Psychologie, die auf verletztes Ego und sozialisiertes Verhalten hinweist, besteht Timothy Leary darauf, zuerst einmal den Zusammenhang zwischen Prägungen, Nervensystem und dem DNS-Code als provisorischem Konstruktionsplan zu durchschauen. Das Bio-Überleben werde nicht so sehr gestört, weil das Ich des Kindes eine falsche Behandlung erfahre, sondern dieses Ich könne sich zunächst gar nicht entwickeln, weil der natürliche Wachstumsplan des Gehirns gestört werde.

In gewissem Sinne kämpfen wir alle ständig um unser Bio-Überleben. Nicht nur die Ansicht, daß die meisten Krankheiten psychosomatisch bedingt seien, legt dies nahe, sondern auch so kleine Symptome wie die feuchten Hände Ihres Nachbarn, das Herzklopfen, das Sie in einem vollen Aufzug verspüren können, die Alpträume oder Schwindelanfälle von Ihren Bürokollegen weisen darauf hin.

Hochrechnungen haben ergeben, daß 85 Prozent aller Menschen auf diese oder jene Art unter einer gesundheitlichen Störung leiden. Die Ursache ist, vereinfacht ausgedrückt, wohl überwiegend in unserem »verschreckten«

Kindergehirn zu suchen, das seine einstige Gewohnheit, mit dem Auf und Ab von Streß umzugehen, mit in das Erwachsenenleben bringt.

Vor Jahrzehnten führte unser Körper seine ersten Versuche mit dem Adrenalin als streßbegleitendem Faktor durch, und dieses ursprüngliche Muster unserer Körperchemie wirkt ein Leben lang weiter. Wir sind also – lange bevor man von »Psyche« sprechen kann – zuerst einmal ein chemischer Prozeß. Gleichzeitig sind wir alle ein Stück Physik. Die von Timothy Leary so benannten »Schaltkreise«, die unser Denken als Erwachsene bestimmen, ergeben sich aus dem in bestimmte Gehirnteile auf chemischem und physikalischem Weg eingespeicherten Wissen vom Körper, von Gefühlen und von den Möglichkeiten des Denkens und Zusammenlebens. Außer der Psychologie ist also keine Wissenschaft vom Nervensystem und von den vielseitigen Prozessen einzubeziehen, die ablaufen, ehe das entsteht, was wir die »Psyche« des Menschen nennen.

Das menschliche Gehirn und das Nervensystem als Mittler zwischen »Geist« und »Materie« haben wir bereits an anderer Stelle erwähnt. Zu lebender Physik und zu einem chemischen Experiment werden wir dabei auf vielerlei Arten. Ein »Stück Physik« sind wir etwa dadurch, daß die Atomkerne unserer materiellen Substanz anscheinend mit hoher Geschwindigkeit Information aufnehmen können und diese so speichern, daß sie manchmal schneller bereitsteht als unser mit Angelerntem gefülltes Gedächtnis. (Wie wir bereits sahen, sitzt die Gefahr schon lange »in den Knochen«, bevor wir sie bewußt wahrnehmen.)

Und so wie die Psychologie und vor allem die Erziehungswissenschaften die biologischen Vorgänge bei der Entwicklung des Menschen zuwenig beachten, so hat die neurale Entwicklung ebenfalls noch einen zu geringen Stellenwert. Denn nach Timothy Leary bestimmt das Nervensystem jeden Aspekt menschlicher Realität.

Die lächelnden Babys bei einer »gewaltlosen« Geburt und die verschlossenen Neugeborenen bei der üblichen Klinikgeburt, mit oft über Wochen erhöhtem Adrenalinspiegel, sind ein Beispiel für die Botschaften, die die Nervenzellen dem winzigen Bio-Computer namens »Mensch« übermitteln. Dieser Bio-Computer merkt sie sich gut – manchmal gleichsam zu gut.

Wir alle kennen Menschen, die im Körperdenken »steckenblieben«: Sie können keinerlei Kritik ertragen, die kleinste Art von Mißbilligung wird als Affront gesehen. Ihre Devise heißt »Angreifen« oder »Verstecken«, unabhängig davon, um welches Problem es sich handelt. Vielleicht ist »steckengeblieben« nicht der geeignete Ausdruck. Solche Menschen sind zwar über den Bio-Überlebensschaltkreis hinausgewachsen, er wurde aber so schwer verletzt, daß die als Kind erlebte Bedrohung des Körpers ein Leben lang wie eine düstere Wolke über ihnen schwebt.

Sieht man genauer hin, schwebt über uns allen ein kleiner Teil dieser Wolke. Kaum jemandem blieb es erspart, schon in jüngsten Jahren Angst und Frustration zu erfahren, und das Körperdenken hat gelernt, darauf mit Mut oder Angst zu reagieren.

Die Folge sind hohe körperliche und geistige Gesundheitsschädigungen, vor allem aber ein unbemerkter Einfluß auf unser Verhalten. Fragen Sie sich, wie Sie selbst einer neuen Situation gegenüberstehen. Zünden Sie sich eine Zigarette an, werden Sie zuerst einmal sprachlos? Verschlucken Sie sich, oder beißen Sie an Ihrem Schnurrbart herum? Bekommen Sie Herzklopfen? Welches ist Ihr

Schaltkreisprogramm: »Vorsicht, Rückzug!« oder »Drauflosstürmen«?

Die psychosomatische Medizin hat die Auswirkungen dieser Programme in manchen Krankheiten wiedererkannt. So sind die »Rückzügler« eher krebsgefährdet, die »Losstürmer« erleiden öfter einen Herzinfarkt.

Der Körper des Menschen reagiert gemäß dem während der Kindheit erlernten Körperdenken. Das Baby unterscheidet anfangs im wesentlichen nur zwischen *Lust* und *Unlust.* Die Nervenzellen haben eine entsprechende Botschaft an das endokrine System geliefert, und der Körper ist entspannt oder angespannt. Dieser natürliche Prozeß wird dann bedenklich, wenn bedrohliche oder unverständliche Situationen zu längeren Anspannungen führen: Der Atem steht still, die Muskeln verspannen sich – in weiterer Folge entsteht so eine Art »Körperpanzer«. Vertreter der Besinnung auf das Körperbewußtsein, wie MOSHÉ FELDENKRAIS und andere, zeigen auf, daß ein verspanntes Denken einen verspannten Körper hervorbringe und ein verspannter Körper falsch denke.

Der berühmte Satz des französischen Philosophen und Naturwissenschaftlers RENÉ DESCARTES: »Ich denke, also bin ich«, läßt sich in bezug auf das Kind als Wechselspiel anwenden: Ich bin, also denke ich – ich denke, also bin ich, und so fort. Ein Kind will sein Sein in sein eigenes Denken umwandeln, dieses Denken wiederum in Sein und so weiter. Aus dem »Ich bin« wird das erste »Ich denke«. Zugleich aber beeinflußt das eine das andere, so wie es im Körper-Geist-Kontinuum Mensch während des ganzen Lebens sein wird.

Ungünstig ist nur, wenn das »Denken« das kindliche »Sein«, also auch kulturelles Lernen den biologischen Lehrplan zu früh ablöst. Das Kind lernt sich anzupassen, lernt Gefühle zu unterdrücken, lernt Ungezwungenheit zu kanalisieren. Den ersten Muskelverspannungen, den ersten Anzeichen eines »Panzers«, folgen neue. Die bestgemeinten Gebote und Verbote können unbewußte körperliche Folgen im Kind haben. Und wohl nicht ohne Hintergrund weisen Kinderpsychologen darauf hin, daß die physische Konstituion von Kindern im Alter von zwei Jahren am besten entwickelt ist, bis zum Ende des dritten Jahres jedoch schnell sinkt. Am Ende des vierten Jahres schließt das Kind die Lernzeit des Körpers oft mit einer starren Körperhaltung, den ersten merklichen Verkrampfungen und Verspannungen ab, die dann während der ersten Schuljahre gleichsam zur Dauereinrichtung werden.

Das Bio-Überlebensprogramm, das Rückzug oder Angriff signalisiert, spiegelt sich nun auch im Körper wider: in hochgezogenen Schultern, einer Krümmung des Rückgrats, Verspannungen im Becken oder im Brustraum, darin, daß der Kopf zu weit vorgestreckt oder eingezogen ist ... Und so wie wir Problemen mit einer bestimmten inneren und äußeren Haltung begegnen, nehmen wir unseren Mitmenschen gegenüber ebenso eine ganz besondere Haltung ein. Deutliche Beispiele für die sichtbaren Botschaften aus ersten Kindertagen geben manche Extremfälle: Menschen, die sich ständig bedroht fühlen, sich stets um das Essen sorgen, vor allem aber jene auch körperlich Zurückgebliebenen, die als Erwachsene noch wie Babys aussehen und rundlich, gutmütig vor sich hinleben. Schon eine geringfügige Änderung von deren Lebensgewohnheiten bedeutet für den Baby-Schaltkreis im Gehirn Gefahr.

Der Körper und seine im Hirnstamm und im autonomen Nervensystem gespeicherten Programme beeinflussen uns also mehr oder weniger, und zwar, wie schon erwähnt, in einer Geschwindigkeit, die unserem Denken überlegen ist.

Das Kind in uns hat alle Entwicklungsschübe mehr oder minder erfolgreich hinter sich gebracht: den des Körperdenkens als Kleinkind, das Denken unseres Gefühls bis zum achten Lebensjahr, das Denken, das sich vom Symbolhaften zur abstrakten Logik wandelte. Manches haben wir lustvoll und mit Freude erlebt, manches verärgert und böse.

Das Ergebnis besteht im allgemeinen aus einem verwalteten, fügsam und ängstlich gewordenen Körper, der sich nur jene Gefühle gestattet, die er überwachen kann. Überwachte Gefühle schaffen sich ein angepaßtes Denken, und dieses endet in den verschiedensten Arten von Schamgefühl, wenn es um die Sexualität und unsere Beziehungen zur Umwelt geht. »Entprogrammierung« bedeutet nun, jedem Stadium des Wissens, dem Säugling, dem Kind und dem heranwachsenden Jugendlichen in uns, die ihm gemäße Art von »Lust« und »Unlust«, »Glück« und »Unglück«, »Gut« und »Böse« wiederzugeben.

Der Körper kennt eine ganz andere, viel allgemeinere Art von Lust als die Sexualität. So ist etwa die Lust und Freude an Gefühlen vorerst eine andere als die am Denken. Erleben wir also auch als Erwachsene einmal Gut und Böse, Glück und Unglück, Lust und Unlust für die verschiedenen Teile in uns.

Wir können das Kleinkind in uns wiederentdecken, wenn wir für uns die Lust am Körper wiederfinden, die keine gefühlsmäßigen oder intellektuellen Einschränkungen kennt, sondern Spaß um des Spaßes willen ist. Wir begegnen dem sechsjährigen, sieben- und achtjährigen Kind in uns, wenn wir manchmal nur Gefühl sind. Dies nicht im Sinne all der falschen Gefühle, die uns umgeben, sondern als Beziehung zwischen uns und der Umwelt, die jeden Tag so neu und jung wie ein Kind sein kann und nicht von alten Vorurteilen belastet ist. Ebenso können wir neu zu denken lernen, wenn wir anfangen, uns für ein Thema einmal um dessen selbst willen zu interessieren – nicht weil es gerade modern ist, weil wir das Wissen für den Beruf brauchen, sondern einfach deswegen, weil etwas so neugierig macht, wie wir es als Kind waren.

Vom spielenden Kind, das sich – wie viele Völker vor uns – die Welt mit Hilfe von Symbolen erklärt, zum Jugendlichen, der abstrakt zu denken lernt, ist es ein kleiner Schritt. Die Menschheit selbst aber legte einen langen Weg zu jenem streng rationalen Denken zurück, das wir heute oft kritisieren, ohne es schon ganz erreicht zu haben. Der Bruch zwischen dem »magischen« Denken, das sich unserem Körperdenken vergleichen läßt, zwischen dem gefühlsmäßigen, »mythischen« Denken und dem logischen Denken fand nicht nur in allen Kulturen statt, er kennzeichnet auch die Entwicklung jedes einzelnen. (Völkern, deren Entwicklung nicht kontinuierlich ablaufen kann, geschieht das gleiche wie Kindern, die nicht zuerst »magisches« und »mythisches« Denken mit Hilfe von Körper und Gefühlen erlebt haben – sie geraten bei Belastungen aus der Kontrolle und bleiben zurück.)

Übungen

Nach Moshé Feldenkrais hängt ein gutes Zusammenspiel von älteren und jüngeren Gehirnaufgaben davon ab, wie sehr es dem Kind während der ersten Jahre möglich ist, entwicklungsgeschichtliches Erbe auszuleben. Einige Therapien nutzen Übungen zum »Evolutionsgedächtnis« für den Körper. Laut Feldenkrais wird das Zentralnervensystem dabei spezifische Gefühle gelehrt, die gleichsam im nachhinein vor langer Zeit schlecht erlernte motorische Fähigkeiten verbessern können. Das Besondere an solchen Übungen sei, daß das Nervensystem über die Vorstellung empfänglicher werde. Man dringt also in einen Bereich des menschlichen Gehirns vor, von dem man bisher nicht annahm, daß er beeinflußbar wäre.

Früh erworbene motorische Muster sollen sich also ändern lassen. Paul D. McLean, Leiter des Laboratoriums für Hirnentwicklung in Washington, weist darauf hin, daß der Großteil unseres Verhaltens jenen Zentren unseres Gehirns entstammt, die ohne Sprache sind. Auf diese präverbalen Gebiete kann man daher weder durch Sprechtherapien noch durch Suggestionen einwirken.

Ein Ausflug in unsere persönliche und kollektive Entwicklungsgeschichte scheint also nur über den Körper zu gelingen. Und Jean Houston, die es in vielen Arbeitsgruppen erlebte, meint, dabei entstünde ein Wissen, das tiefer gehe, als wir es mit unserem jungen Denken vermuten könnten.

Wenn Sie ein wenig von diesem Wissen für sich, Ihre Familie, Ihre Freunde erhaschen wollen, dann spielen Sie doch einmal an einem freien Nachmittag »Evolution«.

- *Fragen Sie sich zuerst, was Sie damit erreichen wollen. Betrachten Sie Ihren Körper, fragen Sie sich, wie Sie sich fühlen. Merken Sie sich alles so gut wie möglich.*
- *Räumen Sie Ihre Wohnung so leer wie möglich, oder suchen Sie sich einen geeigneten Rasenplatz oder einen leeren Strandplatz. Legen Sie alles ab, das Sie behindern*

könnte, und prägen Sie sich die wichtigsten Regeln des Evolutionsspiels ein: Wenn Ihnen Körperbewegungen zu anstrengend werden, bleiben Sie ruhig liegen, stellen Sie sich aber die Bewegungen eines Reptils, Affen oder Pferdes (oder was sonst auf Ihrer Wunschliste steht) weiterhin so lange vor, bis Ihnen die Bewegungen selbst wieder Vergnügen bereiten. Denken Sie nicht viel darüber nach, was Sie tun, mit der Sprache gelangen Sie nicht an das Tier in Ihnen. Verfolgen Sie genau, was Ihnen körperlich Spaß bereitet und was Unlust. Achten Sie darauf, wann Sie selbstbewußter werden, wann ängstlich oder freudig, wann die ersten sexuellen Gefühle auftreten, wann Sie das Bedürfnis zu sprechen bekommen. (Dieses geschieht wahrscheinlich am Ende der gesamten Übung.)

- *Stellen Sie sich vor, Sie wären ein Fisch. Wälzen Sie sich am Boden umher, erleben Sie Ihren Körper als Fischkörper, riechen Sie als Fisch. Wie sind die Gefühle eines Fisches? Wie erlebt er seine Umgebung? Spielen Sie, solange Sie möchten.*
- *Aus dem Fisch wird die Amphibie. Sie schleppen sich auf den Unterarmen vorwärts, bemerken, daß Ihr Rückgrat und Ihr Kopf sich stärker ausprägen. Schmecken, tasten, fühlen Sie als Amphibie und werden Sie dabei wieder zum Säugling, der auf seinen Armen zu kriechen beginnt.*
- *Ihre Beine kräftigen sich. Sie werden zum Reptil. Sie lernen, wie Beine und Arme zusammenarbeiten können und wie so erst langsam größere Bewegung entsteht. Werden Sie ganz zum Krokodil, erleben Sie seine Beharrlichkeit, aber auch seine Gereiztheit.*
- *Dann werden Sie zum Baby, das auf allen vieren zu kriechen beginnt, oder zum frühen Säugetier, dessen Bauch sich vom Boden abzuheben anfängt, dessen Kopf sich immer mehr aufrichtet. Wie bei einem Baby entstehen die*

ersten Laute, sie signalisieren Angst oder Lust. Krabbeln Sie durch die Wohnung, über den Rasen oder den Sand und lassen Sie die verschiedensten Töne genüßlich gleichsam auf Ihrer Zunge zergehen. Vollziehen Sie nun den großen Sprung zum ersten Affen.

- *Wie erscheint er Ihnen, noch unbeholfen, jedoch sehr verspielt und neugierig? Wie verändert sich Ihr Rückgrat als Affe, wie fühlen Ihr Kopf und Ihre Nackenpartie sich an? Hüpfen, kriechen und hopsen Sie umher und erkunden Sie die Umwelt wie ein Kind. Sehen Sie Gegenstände mit den Augen des Kindes oder eines jungen Affen, bemerken Sie, wie Ihr Gesichtsfeld sich vergrößert, und denken Sie daran, wie dieses neue Wissen sich auf Ihr Gehirn auswirkt.*
- *Fühlen Sie, wie Ihr Körper schwerer wird, wie das Aufrechtstehen zunehmend besser gelingt. Trotzdem laufen Sie, wenn Sie es eilig haben, noch auf allen vieren. Erleben Sie den Unterschied zwischen dem Aufrichten und dem schnellen Laufen auf Händen und Füßen. Wie mag das Gehirn diesen Wechsel erleben? Wie sieht es mit Ihrem Gleichgewichtssinn aus? Ist er bereits ganz ausgebildet, oder wartet er noch auf den Urmenschen?*
- *Werden Sie zu einem Urmenschen. Bewegen Sie sich in Fellkleidern wie er, erfinden Sie die ersten Werkzeuge. Bemerken Sie, wie die Sprache sich langsam zu formen beginnt. Malen Sie die ersten Malereien auf Höhlenwände, und beginnen Sie langsam zu denken – in den Symbolen, die Sie an die Wände malen. Stellen Sie sich vor, Sie wären das achtjährige, neun- oder zehnjährige Kind, das sich mit Hilfe solcher Symbole in der Welt des modernen Erwachsenen zurechtfindet.*
- *In diese wechseln Sie zuletzt. Werfen Sie einen weiten Blick zurück. Vergleichen Sie Ihre Sinne als Reptil, als*

Säugetier, als Urmensch miteinander. In welcher Weise haben Angst, Freude, Lust und Unlust sich verändert? Gehen Sie in Gedanken noch einmal den Weg der Evolution zurück. Sehen Sie neben den Tieren in uns das Kind in uns stehen: den Säugling, das Kleinkind, den Abenteurer, die Geschichtenerzählerin.

- *Wie fühlen Sie sich jetzt? Welche Gefühle hat Ihr Körper, wie denken Sie? Wenn Sie mögen, besprechen Sie die Evolutionsübung mit Ihren Mitreisenden durch die Entwicklungsgeschichte. Dies geschieht allerdings am besten ohne Urteile und Intellektualisierungen, berichten Sie einfach und so schnell wie möglich, ohne langes Überlegen, über Ihre Gefühle. Am besten gelingt dies, wenn ein Teilnehmer Sie bittet: »Erzähl mir etwas über deine Gefühle als Fisch«, und man darauf so identisch wie möglich antwortet. (Etwa: »Ich bin ein Fisch und . . .«) – Ob Sie solche Erlebnisberichte folgen lassen, bleibt Ihnen überlassen. Allein die Identifikation mit unseren »Vorfahren« bereitet schon viel Vergnügen.*
- *Als Abschluß rät Jean Houston, die einzelnen Stadien noch einmal still für sich zu wiederholen. Werden Sie jetzt schneller, aber dafür um einiges bewußter wieder zum Fisch, zum Krokodil, zum Säugetier, zum Affen. Zuletzt sehen Sie sich als modernen Menschen, als den, der die Evolution nicht nur überblicken, sondern sie erstmals bewußt mitgestalten kann.*

Wenn Sie das Evolutionsspiel spielen, werden Sie sich mehr als ein Teil des Ganzen fühlen und außerdem das Kind in sich in seinen verschiedenen Schattierungen wiederfinden. Dieses Kind wird so zu einem Verbündeten, der uns hilft, die Entwicklungsgeschichte in jedem Kind und in jedem Erwachsenen wiederzuentdecken. Man lernt, daß manche Er-

wachsene vielleicht »steckengebliebene« Kinder sind, und bekommt für sie jenes Verständnis, das den Kindern helfen kann, ihre Art von Evolution erfolgreich zu durchleben. Übrigens spielen Kinder das Evolutionsspiel besonders gerne. Mit den verschiedensten Masken und Gewändern, mit Krokodil-, Affen- und Fischköpfen läßt es sich zu einem herrlichen Familienspiel gestalten. Den Kindern braucht man von den Geheimnissen unseres Evolutionsgedächtnisses nichts zu erzählen – sie spüren es.

Schaffen Sie sich Ihre eigene Zeit-Raum-Kapsel

Unser Leben besteht zu einem großen Teil aus Routine. Und diese Routine, eine Art Ereignislosigkeit inmitten all der streßreichen Begebenheiten eines Tages, ist Ursache dafür, daß wir unsere Kräfte nicht so einsetzen, wie wir es könnten. Deshalb blicken wir manchmal sehnsüchtig zurück und erinnern uns unserer Jugend, als alles noch viel aufregender und spannender war. Selten werden wir uns inmitten solch nostalgischer Erinnerungen darüber klar, daß wir Möglichkeiten haben, die alte Aktivität und Lebhaftigkeit zurückzugewinnen. Eines der besten Mittel dazu ist eine eigene Zeit-Raum-Kapsel, in der Sie sich mit Ihrer Vergangenheit und mit der Zukunft treffen können.

- Bedenken Sie zuvor aber, daß der Mensch von seiner Geburt an bis etwa zum einundzwanzigsten Lebensjahr deswegen so rege ist, weil er alles als neu und interessant betrachtet. Von da an fällt es vielen Menschen allmählich schwerer, initiativ und begeisterungsfähig zu bleiben.
- Es ist also höchste Zeit, gegen diese körperliche, gefühlsmäßige und auch gedankliche Versteifung im Erwachsenendasein vorzugehen.
- Schaffen Sie sich daher einen Ort der Begegnung, eine Zeit-Raum-Kapsel, oder, wenn Sie nicht besonders zukunftsgläubig sind, ein inneres Schloß, einen inneren Tempel.

- Das Tagebuchschreiben hat Sie vielleicht bereits dazu angeregt, jeden Tag für eine gewisse Zeit das Kind in Ihnen zu treffen – wenn nicht, gewöhnen Sie es sich jetzt an, jeden Abend vor dem Einschlafen an den Ort der Begegnung zu gehen.
- Am Anfang mag solch ein innerer Tempel fremd für Sie sein, je öfter Sie jedoch mit der inneren Quelle aus Ihrer Vergangenheit in Kontakt kommen, desto lieber werden Sie sich dahin zurückziehen.
- Verwandeln Sie diesen Ort in Gedanken in ein Domizil, das Ihrem Geschmack und Ihren Gewohnheiten entspricht. Im Laufe der Zeit wird dann allein das Vorstellen dieses Ortes für einen lebhaften Gedankenaustausch zwischen dem Erwachsenen und dem Kind in Ihnen sorgen.
- Mit einiger Erfahrung können Sie später auch sich selbst in der Zukunft sehen und sich diese mit dem Wissen um die Vergangenheit ausmalen.
- Es wird Ihnen auffallen, daß Ihre Kreativität durch diese Begegnungen zunimmt, das Zusammentreffen verschiedener Zeiten Ihnen zu mehr Selbstsicherheit und Offenheit verhilft. Sie lernen vieles anders zu sehen, verlieren viel von Ihrem alten Routinedenken, und die Versteifungen lösen sich auf.
- Dies gelingt Ihnen dadurch, daß Sie in Ihrer Zeit-Raum-Kapsel nicht nur gedanklich handeln, sondern Intelligenz, Gefühl und Intuition miteinander verbinden. Damit holen Sie sich auf dreifache Weise die Kraft Ihrer Kindheit zurück und übertragen sie auf die Gegenwart und die Zukunft.

FÜNFTES KAPITEL

Das Gefühlsdenken

Die Rolle eines Lebens findet sich nicht nur auf der Bühne. Schauspieler sind wir alle. Ob Täter oder Opfer, Sieger oder Besiegte – alle spielen wir eine Hauptrolle, in der wir uns mehr oder minder glücklich, mehr oder minder sicher fühlen. Die Masken, die wir dabei aufsetzen, können hilfreich und störend zugleich sein. Wer will schon immer siegen müssen, wer fühlt sich ein Leben lang wohl in der Haut des Verlierers?

Wenn wir einmal das Kind in uns entdeckt haben, wenn wir sehen, daß es seine bemerkenswerte innere Kraft ist, die hinter unseren Rollen und Masken steht, können wir Täter und Opfer hinter uns lassen und unsere eigene Wirklichkeit schaffen. Wem die Ängste der Kindheit verständlich werden, begreift, warum Erwachsene gute und schlechte Verlierer sein können.

Wer zu ahnen beginnt, wie sehr wir unbewußt auch die Einflüsse unserer Eltern aufgreifen, betrachtet seine Mitmenschen nicht mehr nur als lästige Choleriker oder traurig stimmende Melancholiker, sondern ebenso als in ihrem Gefühlsdenken zutiefst verletzte Kinder.

Die Geburt der Individualität und das Wachsen der Intelligenz

Jeder Mensch hat sein persönliches Weltbild, seine ganz eigene Sicht von dieser Welt. Und doch wissen die wenigsten von uns, wie es zustande kommt. Es ist nicht nur Produktbildung, sondern wird von drei einander beeinflussenden Funktionen mitbestimmt:

- dem Wissen um die eigene Individualität und einem daraus folgenden bestimmten sozialen Bewußtsein, einer eigenen Vorstellung von der uns umgebenden Gesellschaft,
- unserer Beziehung zur Natur,
- und von dem, was der Schweizer Psychoanalytiker CARL GUSTAV JUNG *kollektives Unterbewußtes* nennt. Dies läßt sich am besten als die Erfahrungen und das Wissen der gesamten Menschheit erklären, die als unbewußtes Erbe in uns schlummern.

Der amerikanische Pädagoge JOSEPH CHILTON PEARCE meint, das »soziale Ich« sei auf die linke Gehirnhälfte bezogen, das Körperwissen und die Beziehungen zur Erde auf das ältere Gehirnsystem und das kollektive Bewußtsein auf die rechte Gehirnhälfte. Mit ihm stimmen zahlreiche Verfechter eines neuen Bewußtseins überein, die das Gespräch, den lebhaften Austausch zwischen allen Gehirnbereichen als maßgebend für unsere Gefühle und in der Folge für unser Weltbild betrachten. Diese Kommunikation sei auch der auslösende Faktor für die Geburt der Individualität bei einem vierjährigen Kind. Jetzt erst begreift das Kind sich als Teil einer Gemeinschaft, die soziale Person beginnt sich zu entwickeln.

Erstaunlicherweise fängt es zur gleichen Zeit an, sein

eigenes Ich, seine Individualität kennenzulernen, zu der es die Egozentrizität verliert, die allen Kleinkindern eigen ist. Dieses hundertprozentige »Im-Mittelpunkt-Stehen«, das Erwachsene immer wieder erfolglos zu bekämpfen versuchen, ist notwendig, verflüchtigt sich aber von selbst, sobald das Kind Erfahrungen zu sortieren und differenziert zu denken vermag.

Vielleicht läßt sich die Schwelle, die es zu überschreiten gilt, am besten mit einem Beispiel aus der Küche verdeutlichen. Bis zum vierten Lebensjahr erinnert das kindliche Wissen an einen Eintopf, in dem zwar viele köstliche Zutaten zum Geschmack beitragen, die aber nicht alle sofort herauszufinden sind. Das Kind hat viel erlebt, hat von seinem Antrieb gelernt, die Welt zu erforschen, ist viel Neuem begegnet, aber dieses Wissen ist noch nicht geordnet. Das Kind bezieht alles auf sich, ist Kernpunkt und Maßstab jeder Erfahrung, es ist der Mittelpunkt der Welt.

Und so wie gute Köche und Feinschmecker die Zutaten des Eintopfs bis zum kleinsten Detail herausfinden können, lernt auch der Mensch erst ab dem vierten Lebensjahr, den »Eintopf an Wissen«, den er seit seiner Geburt angesammelt hat, aufzugliedern, später – ab sieben – ebenso, ihn zu bewerten. Das vierjährige Kind kann zwischen dem Hauptbestandteil seiner Mahlzeit und den anderen Ingredienzen unterscheiden. Es vermag zwischen sich selbst als Person und der anderen Welt, zwischen seinen Gedanken und seinem Wissen eine Trennungslinie zu ziehen. Das Ich ist geboren. Spielend beginnt es, sich zu erkennen.

Die moderne Pädagogik erhob das geflügelte Wort vom »spielenden Lernen« wieder zum Allgemeingut. Und doch stehen Erwachsene immer wieder staunend vor der Spielwut ihrer Kinder. Die Klagen darüber, daß Kinder nichts anderes als ihre Spiele, schon gar nicht »irgend etwas Gescheites« im Sinne hätten, werden spätestens mit dem Schulbeginn akut. Man vergißt dabei, daß Vierjährige, Sieben- oder Achtjährige das Spiel nicht nur auf eine gewisse Zeit und einen bestimmten Ort reduzieren können.

Das Spiel ist der große und dominierende Lehrmeister dieser Zeit, ein Lehrmeister, der seine Schützlinge den ganzen Tag in Beschlag nimmt. Mit Hilfe des Spieles lernt das Kind die Welt kennen, betrachtet sie durch die Brille der eigenen Phantasie und formt sie in der Vorstellung nach seinen Bedürfnissen.

Wer kann sich nicht an die Zeit erinnern (oder das Phänomen bei den eigenen Sprößlingen mitverfolgen), als ein Tisch und eine darüber gebreitete Decke ein eigenes Haus waren, ein erfundener Tomahawk uns die Macht Winnetous verlieh? Das gellende Indianergeschrei, von Erwachsenen als Belästigung und Verrücktheit empfunden, ist der kindliche Versuch, auch einmal Macht über diese Welt zu erhalten (auch wenn Winnetou sich Minuten später den Fuß verstaucht und ziemlich rauh in die schmerzende Wirklichkeit eines schluchzenden Kindes zurückgeholt wird). Die Wissenschaft nennt diese zwei Arten von Spiel »Phantasiespiel« und »Imitatives Spiel« und gesteht letzterem, dem Nachahmen eines Indianers oder der Eltern, eine wichtige Rolle im Erlernen sozialer Regeln zu.

Und doch ist die These vom spielenden Lernen wohl eher in einem weiten Sinne aufzufassen. Denn nach JEAN PIAGET steht das Spielen nur im Dienst der Intelligenz, befriedigt es die Bedürfnisse des heranwachsenden Kindes. Die Intelligenz wachse, wenn das Kind einem neuen Eindruck oder Ereignis begegne und es in sein Begriffsystem eingliedere. Und weil, wie JOSEPH CHILTON PEARCE schreibt, das Wachstum der Intelligenz kein bewußter Prozeß sein kann, findet das Spiel auch an der Oberfläche statt, während die eigentliche Arbeit in der Tiefe erfolgt. Erst im siebten Lebensjahr verschwindet die Diskrepanz zwischen Spiel und Arbeit. Mit der Wandlung zur kreativen, abstrakten Logik ist die Zeit, die ausschließlich dem Sammeln von Wissen und Erfahrung gewidmet war, endgültig vorüber. Die Arbeit der Intelligenz kann aus der Tiefe des unbewußten Sammelbeckens an die Oberfläche steigen, jetzt wird auch beim Spielen selbst gelernt, Beziehungen zwischen Objekten oder Phänomenen fesseln das Interesse, das abstrakte, logische Denken kündigt sich allmählich an.

Ein Phänomen, das Eltern und Erzieher mangels besseren Wissens oft als Nichtstun und Müßigsein abqualifizieren, ist, daß Kinder aus für Außenstehende meist unerklärlichen Gründen ins Leere zu starren beginnen. Als hätten sie den Drang, ununterbrochen in Bewegung zu sein, plötzlich hinter sich gelassen, sitzen sie still und reglos an einem Ort und starren vor sich hin. Es bedeutet, daß das Gehirn seine Kategorien des Denkens vorbereitet. Schon Säuglinge sehen viel und gerne ins Leere, nicht weil sie zu nichts anderem fähig wären, sondern weil das Gehirn sich darauf einstellt, Eindrücke aus der Umgebung aufzunehmen.

Bevor das Gehirn darangeht, die vielen abstrakten Inhalte des Denkens eines Siebenjährigen oder Achtjährigen aufzunehmen, braucht das Kind ebenfalls viel Ruhe und Verständnis von seiten der Eltern und Lehrer. Gelingt dies, ist die Intelligenz mit ungefähr elf Jahren zu etwa einem Drittel entwickelt.

Alle weiteren großen Erkenntnisse, die von uns so oft

bewunderten »Siebenmeilenschritte« des Geistes, bauen auf dieser Grundlage auf, sind nur das Ergebnis einer weiteren Schulung des Gehirns – einer Schulung und eines Lernens, das im günstigsten Fall wieder dem Spielen des Kindes gleichkommt. Dies bedeutet, wie schon gesagt, sich mit einer Sache um ihrer selbst willen zu befassen, ob es sich nun um Spiel, Lernen oder Arbeit handelt.

Übungen

Nicht nur Kinder starren manchmal still vor sich hin, Stillsein ist ein besonderes Phänomen. Von der Meditation und vom autogenen Training her wissen wir, daß die Stille körperlich und geistig wirkt. Theorien vermuten, daß dabei das komplizierte elektromagnetische System des Menschen erneuert und aufgeladen wird. Folgen wir dem kindlichen Vorbild, das für das Lernen bestimmte Ruheperioden vorsieht.

- *Setzen Sie sich bequem hin, atmen Sie entspannt ein und aus, und versuchen Sie, ebenso in die Leere zu starren wie einst als Kind.*
- *Stellen Sie sich nach etwa fünf Minuten eine Uhr vor, auf der Sie Ihr Alter langsam zurückdrehen. Sehen Sie, wie Sie immer jünger werden – so lange, bis Sie sechs, sieben oder acht sind.*
- *Wenn das Kind in Ihnen auftaucht, sehen Sie zu, daß es sich irgendwo bequem hinlümmeln kann (neben Sie, Ihnen gegenüber oder auch in Ihren Armen oder auf Ihrer Hand).*
- *Beginnen Sie nun ein zwangloses Gespräch (das meist ohne lautes Sprechen verläuft).*

- *Fragen Sie das Kind nach seinen Lieblingsspielen. Lassen Sie sich vom ersten Tier erzählen, das Sie geliebt haben. Unterhalten Sie sich mit dem Kind über einen besonderen Familienausflug. Welcher war der schönste Kindergeburtstag? Wann bekamen Sie den ersten Luftballon? Wie groß waren Ihre Kaugummiblasen? Wie sah die erste Sandburg aus?*
- *Sie können die Fragen nach Lust und Laune erweitern. Wie gut sie Ihnen beantwortet werden, hängt davon ab, wie oft Sie schon den Kontakt zu dem Kind in sich zu schaffen versuchten.*
- *Gelingt Ihnen die Regenbogenbrücke in die Vergangenheit noch nicht, üben Sie sich im Gespräch mit Freunden oder Familienangehörigen darin: Sie sitzen einander entspannt gegenüber und stellen einander kurze, aber prägnante Fragen.*
  »Erzähl mir von alten Menschen in deiner Kindheit!«
  »Erzähl mir von deinen Freunden!«
  »Erzähl mir vom ersten aufgeschundenen Knie!«
  »Wie sah die Katze deines Nachbarn aus, der Hund aus der Umgebung?«
  »Wie schmeckten die Lieblingsbonbons?«
  »Welches war das erste Bilderbuch?«
- *Sie können Ihre Phantasie ausschweifen lassen, wohin Sie wollen, wichtig ist nur, daß die Antworten ebenso kurz und prägnant wie die Fragen ausfallen. Längere Erklärungen fallen meist nostalgisch aus und sind nur eine Erinnerung des »Jetzt«. Spontane Fragen und Antworten sorgen im Gehirn für Erinnerungsblitze, die tatsächlich aus der Vergangenheit kommen.*

Die Ängste des Kindes – Furcht hat viele Gesichter

Ein Kind läuft, als wäre der sprichwörtliche Teufel hinter ihm her – er ist es auch, mit fürchterlichen Grimassen, kettenrasselnd und wilde Schreie ausstoßend.

Wir befinden uns in einer Szene, die Anfang Dezember überall Wirklichkeit wird. Der ehrfurchtgebietende Nikolaus erschrecke, so meinen viele Eltern, die schlimmen Kinder viel zuwenig, der Krampus muß ins Haus. Dieser Krampus ist nur ein etwas überspitztes Beispiel für die vielfältigen Weisen, auf die Kindern Angst eingeflößt wird. Während der umherhüpfende Krampus die Eltern amüsiert und ältere Geschwister, die ihn schon kennen, nur ein wenig verunsichert, löst er bei den jüngsten Kindern panischen Schrecken aus – einen Schrecken, dessen Ausmaß ein Erwachsener kaum begreift. Denn die Furcht, die ein Erwachsener verspürt, und die Furcht, die Kinder erleben, haben eine völlig andere Qualität.

Mehr oder minder gewappnet, tritt der Erwachsene den meisten Schreckenssituationen gegenüber. Wir wissen, daß in dunklen Räumen keine Kobolde auf uns warten, lassen uns nicht durch die neu gefärbten Haare einer Tante und durch modische Riesenbrillen irritieren, sondern ordnen dies höchstens den neuesten Modevorschriften zu. Blitz und Donner sind bei weitem nicht mehr so furchterregend, wenn man den physikalischen Zusammenhang kennt. Schmerzen lassen uns nicht hilflos werden, weil wir um die Wirkung von Heilmitteln und Medikamenten und darum wissen, daß alles vorbeigeht.

Das Kind hat die zwei großen Verbündeten des Erwachsenen, Wissen und Erfahrung, noch nicht gewonnen, es fehlt ihm die »Macht«, auf der das Sicherheitsgefühl der Mutter und des Vaters beruht. Diese Macht, die persönliche Sicherheit, die sich zu all dem im Laufe der Zeit Erlebten gesellt, sieht bei jedem Menschen anders aus. Der eine benutzt seine körperliche Stärke als Panzer gegen möglichen Schrecken, etwaige Furcht und Verunsicherung, der andere hat seinen materiellen Reichtum als Ruhekissen. Dem nächsten gibt sein großes Wissen oder eine bestimmte Ideologie, die er vertritt, das Gefühl von Macht, das im Kampf gegen die Angst hilft – ein Kampf, der übrigens (um auch die positive Seite von Furcht zu zeigen) fast immer gut ausgeht.

Furcht wird dabei zu einem nicht zu unterschätzenden Rädchen in dem Motor, der das Getriebe in unserer Welt in Gang hält. Die Sorge um unser rein körperliches Wohlergehen und die Furcht vor dem Tod, vor dem Vergessenwerden, stehen bis heute an der Wiege menschlichen Fortschritts.

Ohne diesen schöpferischen Aspekt von Furcht zu vergessen, können wir aber auch fragen, inwieweit Kämpfe heute noch notwendig sind. Ebensooft wird Furcht nämlich zur größten Behinderung des Menschen. Wenn sie sich in Angst verwandelt und der äußere Schrecken nicht »verdaut« wird, breitet sie sich im Innersten aus und ist schwer wieder von dort zu vertreiben.

Obwohl unser Sprachgebrauch beide Begriffe als identisch behandelt, bestehen grundsätzliche Unterschiede zwischen Angst und Furcht. Furcht ist, wie es der Kinderpsychologe BENJAMIN B. WOLMAN definiert, eine momentane Reaktion auf Gefahr, Angst dagegen allgemein und dauerhaft. Angst kommt nicht von außen, sondern aus dem Unbewußten, sie signalisiert dem Kind Schwäche, Unvermögen und Hilflosigkeit. Die Furcht des Kindes vor dem Krampus und vor jeder anderen furchteinflößenden Situation ist bald vorüber, wenn das Kind getröstet wird und die Sicherheit erhält, aus der schreckliche Erlebnisse sich mit neuen Augen betrachten lassen (manchmal sogar als eine neue, im nachhinein lustige Erfahrung). Das Kind stützt sich auf die einzige Waffe, die ihm im Kampf gegen die Furcht zur Verfügung steht: die Liebe und das Verständnis von Eltern und Vertrauenspersonen. Nehmen diese ihre Rolle als Beschützer ernst, kann die Furcht verschwinden, und Angst entsteht gar nicht erst.

Auf diese Methode greifen viele Erwachsene ebenfalls zurück. Auch in ihrem Leben treten manchmal Situationen ein, in denen sie der Furcht nur mit Hilfe von Verbündeten begegnen können.

Für das Kind nimmt die Hand, die ihm gereicht wird, doppelte Bedeutung an: Sie beschützt und gibt gleichzeitig die Gewißheit, nicht allein zu sein. Die Hauptursache von Angst in der Kindheit sei die Einsamkeit, erklärte schon der amerikanische Psychologe WILLIAM JAMES und zeigte so den Weg auf, über den die kindliche Furcht zur Angst wird. Das Kind, das vor etwas Schlimmem davonläuft, wird im ungünstigsten Fall etwa von Geschwistern ausgelacht und von den Eltern als »Angsthase« geschimpft. Ohne es zu wissen, lassen Eltern mit diesem Wort ihre Kinder tatsächlich zu »Angsthasen« werden. Dann tragen sie unbewußt dazu bei, daß die Angst sich ausbreitet, daß sich zur Furcht das Gefühl gesellt, im Stich gelassen zu sein.

Wer glaubt, ein eher empfindsames Kind durch Drohungen und Verspotten zu einem mutigen »Hansdampf in allen Gassen« erziehen zu können, sorgt für einen Teufelskreis. Man baut vor dem Kind eine zusätzliche Hürde auf: Nun gilt es nicht nur die Furcht zu besiegen, sondern ebenso die viel schwerer wiegende Forderung zu erfüllen, die Eltern nicht zu enttäuschen. Statt dem Kind Liebe zu geben, mit deren Hilfe es die Furcht überwindet und fähig wird, selbst aus schrecklichen Erlebnissen zu lernen, stürzen sie es in doppelte Unsicherheit.

Diese kindliche Hilflosigkeit und Verzweiflung kann man als Erwachsener vielleicht besser verstehen, wenn man sich ein Beispiel unserer Denkkategorien vor Augen hält. Kaum jemand würde einen Europäer, der im Dschungel Furcht vor Giftschlangen oder anderen uns fremden Gefahren empfindet, einen »Angsthasen« nennen. Denn es handelt sich um Gefahren, denen wir weder Wissen noch Erfahrung entgegensetzen können. Verstehen wir auch die Furcht von Kindern vor kleinen oder größeren Teufelchen, vor laut bellenden Hunden und anderem mehr? Daß es im Dschungel Trost bedeutet, ein zweites menschliches Wesen neben sich zu sehen, ist jedem begreiflich. Am Verständnis dafür, daß auch das Kind einen sicheren Rückhalt braucht, mangelt es uns oft. Dabei ist der Liebesentzug seitens der Eltern das Schlimmste, das einem Kind widerfahren kann.

Angst gedeiht aber auch auf dem gegenteiligen Nährboden: Zuviel und vor allem unvernünftige Liebe, Fürsorge und Sorge lähmen in den meisten Fällen die Selbständigkeit und das Selbstvertrauen des Kindes. Angst entsteht aus Unsicherheit. Gleichfalls bedeutet es angsterzeugende Gefahr, wenn zu hohe Anforderungen gestellt werden, die das Kind nicht zu bewältigen weiß, wenn es hilflos Situationen ausgeliefert ist, die seiner Entwicklung nicht entsprechen.

Einen weiteren Faktor bilden die Probleme der Erwachsenen. Sie übertragen sich stets auf die Kinder und hinterlassen oft feuchte Spuren auf kindlichen Wangen.

Die Tyrannei der Angst entspringt den verschiedensten Ursachen und zeigt sich uns von allen nur möglichen Seiten: in der Angst des Säuglings vor ungewohnten Geräuschen, in der Angst vor Trennung beim Kleinkind, in Schulängsten, später in Identitätsproblemen von Jugendlichen. Eines aber haben sie gemeinsam: Wir nehmen die Ängste von Kindern häufig nicht ernst genug. Unfähig, die Ängste des Kindes zu verstehen, übersehen wir die unausbleiblichen Folgen.

Das Ergebnis muß nicht immer im Griff zur Droge bestehen. Meist bleibt sie still und unbeachtet, bis die Auswirkungen anzeigen, daß es für eine Korrektur zu spät ist. Oder würde jemand unter uns es sehr bedenklich finden, wenn eine Mutter sich besonders um ihre kleine Eva kümmert, ihr jeden Stein aus dem Weg räumt? Es ist noch nicht weiter aufregend, daß Eva sich in der Schule auch dann nicht meldet, wenn sie die richtige Antwort wüßte. Sie ist unsicher, hat Angst, einen Fehler zu begehen. Die Bereitschaft, etwas zu riskieren, sich auf Unbekanntes und Neues einzulassen, fehlt ihr ebenso im späteren Leben. Eva bleibt immer passiv, im Berufsleben und ihrem Mann gegenüber, passiv und damit unzufrieden, nörglerisch und unsicher. Aus dieser Unsicherheit heraus verfällt sie in den Fehler ihrer Mutter, bevormundet ihre Kinder und läßt sie ihre Aggressionen spüren. Sie ist nicht in der Lage, ihnen die Liebe und das Verständnis entgegenzubringen, die für die Kinder schützenden Rückhalt bedeuten könnten. – Eine weitere Generation lernt die Angst kennen.

Oft und gerne ist heute von positiven Gefühlen die Rede. Wir vergessen aber, daß wahre Gefühle oft nicht entstehen, weil das Kind zuviel Angst, Abwehr und Aggression erfährt und ebenso reagiert. Das, was wir dann als »positive Gefühle« bezeichnen, sind nur Situationen, in denen wir frei von Furcht oder Abwehr sind. Lust erleben wir zu oft nur als Fehlen von Unlust. Vor allem sind wir selten fähig, Freude und Spaß für längere Zeit festzuhalten, da wir es als Kind nicht lernten.

Welches Kind wird Freude gelehrt? Im allgemeinen verliert es seine natürliche Freude und lernt nur, was man darf, und vor allem, was man nicht darf.

Erich Kästner meinte einmal, es sei eine unerfüllbare Forderung, zu werden wie die Kinder. Dagegen könnten Erwachsene es verhüten, daß die Kinder wie sie würden.

Wir geben ihm recht: Wieder das verängstigte und verzweifelte Kind zu werden, ist für alle eine unglückliche und unerfüllbare Forderung. Aber mit einem neuen Wissen über die Gefühlswelt des Kindes vermögen wir dem Kind in uns zu erklären, daß Unsicherheit und sogar der beste Wille von Erwachsenen die einst erlebte Angst hervorrief. Wir können dem Kind zeigen, daß Freude vorhanden war – wenn auch oft verdeckt.

Übungen

Gebote gelten zunächst nur für Kinder. Sie sind die »anderen«, die sich den Regeln der Welt der Erwachsenen fügen müssen. Und Kinder sind anders: Sie denken anders, sie fühlen anders (vor allem fühlen sie noch mehr) und sie sehen die Welt mit anderen Augen.

Die folgenden zehn Gebote sind ein einfacher Versuch, anderen Eltern und anderen Kindern den Umgang mitein-

ander zu erleichtern. Lesen Sie die Regeln zuerst einmal mit den Augen eines Erwachsenen.

- *Liebe dein Kind immer, aber niemals wie dich selbst.*
- *Die Logik der Eltern ist nicht die der Kinder.*
- *Achte auf die Fähigkeiten deines Kindes, nicht auf Erfolge.*
- *Erschwere das Lernpensum, das Kinder sich stellen, nicht zusätzlich, es ist groß genug.*
- *Versuche nicht, den Willen deines Kindes zu brechen. Wo es Grenzen geben muß, ist ein einfaches »Nein« oft wirksamer als unkindliche Erklärungen und Verbote.*
- *Flöße deinem Kind keine falschen Ängste ein und hilf, echte Angst zu bewältigen. Mit dem »bösen schwarzen Mann« oder dem »Teufel« zu drohen ist unsinnig. Träumt das Kind von einer Schlange unter dem Bett, so kämpft man gemeinsam mit ihm dagegen an. Furcht will nicht verdrängt, sondern gemeistert werden.*
- *Erkläre nicht zuviel. Denn damit bewertest du die kindliche Welt und zerreißt sie gleichsam in Stücke. Ein Kind soll die Welt ohne »wenn« und »aber« kennenlernen, sonst entsteht nur Furcht.*
- *Überschätze die kindliche Sprachfähigkeit nicht. Sie eilt der Logik voraus, indem das Kind die Sprache der Erwachsenen nachahmt. Einfache Fragen bedürfen einfacher Antworten, erst ältere Kinder verstehen die Welt nicht mehr als »tun«.*
- *Erleichtere deinen Kindern das Leben, indem du Erfolgserlebnisse förderst. Erfolg schafft Erfolg, während Angst das Lernen hemmt.*
- *Bevormunde ein Kind nie; verlasse es nicht; zwinge es in keine Situation, die es fürchtet; verspotte es nicht, und verschone es mit deinen Sorgen.*

Versuchen Sie nun, die Welt mit anderen Augen zu sehen.

Lesen Sie jedes Gebot aus der Sicht des Kindes. Versuchen Sie sich Angst, Überforderung, Verspottung und die Furcht vor dem Verlassenwerden aus dem Blickwinkel eines Siebenjährigen oder einer Sechsjährigen vorzustellen.

Wenn Sie die Gebote für Eltern von der kindlichen Seite her durchgedacht haben, entspannen Sie sich, und empfinden Sie die kindlichen Gefühle bei jedem Gebot nach. Sind Sie schließlich ruhig genug, rufen Sie das Kind in sich herbei. Diesmal geht es nicht allein um freudige Situationen, die Sie gemeinsam wieder lebendig werden lassen, diesmal wird es ernster. Haben Sie gemeinsam über den Gedanken von Geboten für Eltern gelacht, wenden Sie zu zweit die Therapieform der »Überflutung« an. Lassen Sie das Kind in sich erzählen. Legen Sie keinen Wert auf Details, Reihenfolge und Ordnung. Alles, was in Ihnen als Kind Furcht und Angst auslöste, sei ausnahmsweise nicht verschwiegen, sondern so vollständig wie möglich besprochen.

Hören Sie den Geschichten, die das Kind Ihnen berichtet, sehr genau zu. Versuchen Sie, sich vor nichts zu verschließen, alles anzusehen, auch wenn plötzliche Angst Sie überfällt. Die völlige »Überflutung« sorgt dafür, daß sich der zutiefst versteckte emotionale Schmerz zu lockern beginnt, daß Sie manches, das Sie schon als Kind verdrängten, neu und in einem anderen Licht sehen.

Das »Überfluten« verhilft nicht nur zu einer klareren Sicht, sondern dadurch, daß Ihr Geist und der Geist des Kindes in Ihnen die ehemalige Angst bewußt wahrnehmen, beginnt auch in Ihren Körperzellen gleichsam ein Reinigungsprozeß. Abwehr und Angst, die der Körper speicherte, kennen keine Zeitprobleme. Sie lösen sich schneller auf, als man denkt, wenn man die vielen Kindheitsprobleme durchschaut – und vor allem akzeptiert. Weinen Sie also mit dem Kind in sich, seien Sie wütend und ärgerlich, aber nehmen Sie ab-

schließend alles so, wie es ist. (An den ungünstigen Eigenschaften des Prinzips Kindheit leiden wir alle – nicht nur unsere Eltern und Großeltern.)

Vielleicht gelangen Sie im Anschluß an das befreiende »Überfluten« gemeinsam mit dem Kind in Ihnen sogar zu der Ansicht, daß vieles in Ihrer Kindheit, das Sie bis heute innerlich bekämpften, notwendig war. Damit gewinnen Sie beide Kraft – denn Furcht ist immer vergeudete Energie, in Kindern und in Erwachsenen.

Das Kind als Spiegelbild seiner Eltern

»Schließlich soll er es einmal besser haben als wir«, rechtfertigt noch so mancher Vater seine Strenge und will seinen siebenjährigen, eher scheuen und stillen Sohn als starken Mann auf dem Fußballfeld sehen, als Helden und Anführer unter seinen Freunden. Er soll sich durchsetzen können, soll endlich aufhören, der »Hasenfuß« zu sein. Die Tränen passen dazu nicht, die bei dem Kind immer sehr locker sitzen. Auch die Liebe zu Büchern, die lebhafte Phantasie und das viele Grübeln gehören nicht zu dem Bild, das der Vater von einem erfolgreichen Sohn und im späteren Leben vielleicht sogar mächtigen und einflußreichen Mann hat.

»Meine Tochter soll nicht wie ich die abgelegten Kleider der Geschwister auftragen müssen«, begründet eine junge Mutter ihr Faible für modische Kinderbekleidung. Sie freut sich über ihr dreijähriges Mädchen, das aussieht, als sei es gerade einem Modejournal für Kinder entstiegen.

Beide, der Vater, der sich einen starken Sohn wünscht und Tränen nicht schätzt, und die Mutter, deren ganzes Glück die hübsche Tochter ist, lieben ihre Kinder und würden laut protestieren, wollte man hinter ihren Wünschen für das Kind etwas anderes als Liebe vermuten.

Dem geht die Schweizer Psychoanalytikerin ALICE MILLER in Büchern wie *»Das Drama des begabten Kindes«* und *»Die Suche nach dem wahren Selbst«* nach, deren Hauptaussage sich in der Frage zusammenfassen läßt, ob Elternliebe Sünde sein könne. Auf den ersten Blick mag eine solche Formulierung vielleicht etwas überspitzt aussehen. Doch drängt sie sich unwillkürlich auf, wenn man Alice Millers These folgt, daß wir an unseren Kindern – ohne es zu wissen und zu wollen – das vollziehen, was uns in unserer eigenen Kindheit geschah. Wir wollen das Beste für das Kind, hindern es aber gleichzeitig daran, sein wahres, eigenes Selbst zu entwickeln. Der gutgemeinte Elternwunsch: »Mein Kind soll es besser (oder zumindest so gut wie möglich) haben«, ist in all seinen Spielarten eine Aufforderung an das Kind, ein Stück elterliche Vergangenheit zu bewältigen.

Der Sohn soll einmal den Einfluß ausüben, der seinem Vater nicht vergönnt war, die kleine Schönheit soll viele Enttäuschungen der Mutter wiedergutmachen.

Nun sind diese Wünsche (abgesehen davon, daß sie die Kinderwelt unbewußt in die Welten von Mann und Frau einteilen) als solche nicht unbedingt etwas Negatives. Zur Falle werden Wünsche – die nicht nur im Märchen an der Wiege eines jeden Kindes stehen – erst dann, wenn sie Kinder dazu zwingen, zum Schauspieler zu werden, um den Anforderungen zu entsprechen: wenn der Sohn dem Vater zuliebe die Tränen hinunterschluckt, den »großen Mann« spielt, obwohl er lieber in aller Ruhe lesen würde, oder das kleine Mädchen dem Spiel der anderen neidvoll zusieht, ängstlich darauf bedacht, das neue Kleid nicht zu beschmutzen.

Die erste Probe zu einem Theaterspiel, welches das ganze Leben andauern wird, hat begonnen. Das Kind unterdrückt seine wahren Gefühle, entwickelt ein zweites Selbst, ein Spiegelbild von sich, das den Wünschen der Eltern entspricht, manchmal auch deren Unsicherheiten und Nöte widerspiegelt. Denn mit guten Wünschen manipulieren wir Kinder nicht nur, sondern oft sind sie uns ein willkommenes Alibi, manchmal die Feder auf dem Hut unserer Eitelkeiten.

Ihre Abhängigkeit verleitet, Kinder als einen Teil unseres Selbst zu betrachten. Das mit Lehm und Erde beschmierte Kind ist nicht mehr der kleine glückliche Abenteurer, der eben etwas entdeckt und dabei zufällig schmutzig wird – es ist leider oft auch der Fleck auf dem guten Ruf, den Mutter oder Vater in bezug auf Sauberkeit genießen.

Den Vater, der mit seinem Sohn im Autobus fährt, beschleicht ein flaues Gefühl, wenn der Sprößling plötzlich zu weinen beginnt. Was wohl die Leute denken! Das Kind ist für Tränen viel zu groß. Stellt sich, wie bei Kindern üblich, zur Verzweiflung noch Wut ein, verwandeln sich die besten väterlichen Gefühle in Abwehr (die mütterlichen, großelterlichen und die von Tanten und Onkeln natürlich ebenso).

Die Gefühlsausbrüche des Kindes fallen unserer Ansicht nach immer auf die Erwachsenenwelt zurück. Der Vater beginnt sein wütendes Kind mit den Augen der Außenwelt zu betrachten und wird zum Vater, der nicht »Herr« seines Kindes ist. Die persönliche Eitelkeit ist getroffen, und das Kind wird dem Ansehen der Eltern zuliebe in Normen und Wirklichkeiten gepreßt, die nicht die seinen sind, sondern die der Erwachsenenwelt. Diese hat zuwenig Platz für Gefühle – und negative Bekundungen von Gefühlen, Wutausbrüche und verzweifelt weinende Kinder verunsichern sie nur. Schließlich waren wir selbst alle Kinder – Kinder, die ihre Lektion gut gelernt haben, denen beigebracht wurde, Traurigkeit hinunterzuschlucken, die Tränen zu beherrschen und die heftige, ursprüngliche Wut zu unterdrücken.

Wir haben diese Lektion gut gelernt, nicht umsonst beklagen wir Gefühllosigkeit und Einsamkeit, die unsere Gesellschaft kennzeichnen. Wir leiden unter Magengeschwüren als Folge unterdrückten Ärgers, zur Trauer sind wir kaum noch fähig. Gleichzeitig aber programmieren wir dieses Leben unbewußt für die nächste Generation vor.

Zu dem achtjährigen Kind, dessen Großmutter gerade gestorben ist, sagen wir: »Du gehst am besten in dein Zimmer und spielst!« Es scheint die barmherzigste Art, mit Leid und Schmerz fertig zu werden. Bei genauerem Hinsehen aber ist es der einfachste Weg, Gefühle zu meiden. Das Resultat ist ein Erwachsener, der eigene Gefühle und die anderer verlacht, sie möglichst nicht wahrnimmt und größeren Erschütterungen dadurch entgeht, daß er sie mit allen möglichen Zerstreuungen überdeckt.

Die Not der Erwachsenen, ihre Einsamkeit und Verlorenheit zählen zu den Gründen, aus denen Eltern ihre Kinder manipulieren. Nicht nur gutgemeinte Wünsche und vielschichtige Zwänge der Außenwelt stehen hinter der »geistigen Vergewaltigung«, die Kinder zu Komödianten werden läßt. Hinter dem unbewußten Zwang, dem fast jedes Kind ausgesetzt ist, versteckt sich ironischerweise häufig das, was an den Eltern kindlich blieb: Gefühle und

Bedürfnisse, die Erwachsenen einst als Kind verwehrt wurden, die sie nie ausleben durften und die nun auf das Kind warten, das den Gefühlen der Eltern hilflos ausgeliefert ist.

So verunsichert ein wütendes Kind manche Mutter nicht nur deshalb, weil Wutanfälle – nach üblichen Normen – einem Kind abzugewöhnen sind, es ruft auch Zweifel an ihrer Rolle als Mutter wach. Eine Frau, die sich in ihrer Jugend einsam und verlassen fühlte, wird, sobald sie ein Kind hat, versuchen, sich all das, was ihr einst vorenthalten blieb, von ihrem Kind zurückzuholen. Und es geht nicht allein darum, die Einsamkeit auszufüllen – das Kind wird zur lebenden Selbstbestätigung der Mutter. Weinen wird zum Zeichen, das den gesamten, so gut gemeinten erzieherischen Plan in Frage stellt. Unsicherheit und Schrecken beim Kind erwecken bei der Mutter starke Zweifel.

Gleiches gilt für Väter, die durch ihre Berufstätigkeit allerdings häufig nicht so sehr mit dem kindlichen Alltag vertraut sind.

Andere Wunden reißt die kindliche Freude am eigenen Körper bei Eltern und Erwachsenen auf. Plötzlich ist sie wieder da, die alte Scham unserer Kindheit, obwohl wir sie längst logisch bewältigt glaubten. Und trotz besseren Wissens dringt sie auf unbewußte Art zu dem Kind durch, auf das Eltern in bezug auf Sexualität und Körperfreude vergrabene Wünsche und Ängste ebenfalls übertragen.

Kinder reagieren nicht nur auf Zwang, Tadel oder Befehle, die sie veranlassen, ihre Wünsche zu begraben und sich ganz auf die Menschen einzustellen, die sie lieben. Sie hören auch die kleinsten Zwischentöne, haben ein besonderes Gespür für emotionelle Regungen. So wie eine Pflanze sich dem Licht zuwendet, bemerken sie oft die

Bedürfnisse der Mutter und des Vaters und gehen »instinktiv« darauf ein.

Das Kind, das ahnt, daß die Mutter Schwierigkeiten bei der Beantwortung von Fragen nach der Sexualität bekommt, stellt solche Fragen kaum. Der Junge, der die Fußballbegeisterung seines Vaters kennt, wird ihn zum Geburtstag nicht mit einem Gedicht überraschen. Der kleine Wildfang wird sich Kletterpartien in Gegenwart der Mutter, die sich ein hübsches Kind wünscht, schleunigst abgewöhnen.

Aus dem lebhaften Kind wird plötzlich ein verängstigtes, scheues. Allmählich und unauffällig wird es zum Versteckspiel gezwungen, lernt eigene Wünsche und Fragen zu unterdrücken.

Die Zauberformel, die hinter all diesen Täuschungsmanövern steht, heißt Liebe, Liebe in ihrem ursprünglichsten Sinn. Es ist Kinderliebe, die keine Fragen stellt, die ohne die vielen »Wenn«, »Ob« und »Warum« auskommt, welche Eltern ihrer Liebe vorausschicken.

In diesem ungleichen Kampf um die Seele des Kindes sind Kinder immer die Verlierer – Verlierer aus Liebe. Denn für das Kind ist die Liebe der Eltern lebensnotwendig, sie ist das einzige, wofür ein Kind lebt. Liebe hat in diesem Fall allerdings eine kindliche Reichweite. Sie beginnt bei der bloßen Zustimmung und endet für das Kind oft, wenn die Mutter oder der Vater sich abwendet. Die Zustimmung ist so wichtig, daß ein Kind zum Beispiel das einfache Wort »nein« kaum über die Lippen bringt.

Als Antwort auf die vielen Forderungen, die die Welt und die fürsorgliche Liebe der Erwachsenen stellen, liefert das Kind sich völlig aus, verzichtet es auf sein eigenes Selbst. Es bezahlt den Preis der Elternliebe damit, daß es sich den Wünschen der Erwachsenen beugt.

Wieviel in diesem ungleichen Kampf verlorengeht, können wir nachempfinden, wenn wir versuchen, selbst wieder in unsere Kindheit zu schlüpfen, wenn wir unsere Sinne reaktivieren, unseren Körper und unsere Gefühle anders erleben und das Kind in uns wiederentdecken. Es erzählt uns von den großen Gefühlen, die wir einst hatten. Alle diese Gefühle schreiben wir einer unbeschwerten Kindheit zu und vergessen, daß sie nicht nur ein Attribut der Kindheit sind, sondern ebenso zum erwachsenen Menschen gehören könnten, wären sie nicht verschüttet worden.

Alice Miller meint, gerade weil die Gefühle des Kindes so stark seien, könne ihre Unterdrückung nicht ohne Folgen bleiben. Je stärker der Gefangene sei, desto dicker müßten die Gefängnismauern ausfallen, die das spätere emotionale Wachstum erschweren oder gar verhindern.

Die gleichen Gefängnismauern beklagen wir, wenn wir uns eine bessere Gesellschaft wünschen. Aber unbewußt bauen wir sie um unsere eigenen Kinder wieder auf. Wollen wir sie endgültig vergessen und eine Gesellschaft ohne Gefängnisse und ohne Mauern schaffen, müssen wir zuerst die Mauern niederreißen, die in unserer Kindheit um uns errichtet wurden.

Übungen

Ein vielleicht grundlegendes Kennzeichen der modernen Gesellschaft ist jenes, daß sie vielen Nutzlosigkeiten nachläuft und dabei auf Notwendiges verzichtet.

Die These des amerikanischen Psychoanalytikers deutscher Herkunft ERICH FROMM *vom Haben, das das Sein vergesse, trifft auf uns alle mehr oder minder zu, obwohl wir mehr oder minder schuldlos daran sind. Der moderne Mensch lernt Notwendiges kaum mehr kennen. Wir sind Mitglieder einer Gesellschaft, die etwa Freude, Spaß und Spiel um des Spielens willen nicht sehr gut lernten und sie als Erwachsene schnell wieder vergaßen. Geborgenheit, Beschütztwerden, Liebe ersehnen wir, können sie aber selbst nicht weitergeben, weil wir meist schon als Kind zuwenig davon erhielten.*

Der stete Blick in die Zukunft und auf ihre vielen Überflüssigkeiten läßt nicht nur die Erwachsenen den Augenblick versäumen, er gewöhnt ihn auch den Kindern ab. Das Notwendige aber geschieht nur im Augenblick. Und die Zukunft wird nur so hoffnungsvoll sein, wie dieser Augenblick freudig und liebevoll war.

JEAN HOUSTON *hegt den Verdacht, daß wir eine Kultur haben, die zu langanhaltendem Schmerz und kurzer Freude hinstrebt. Sie führt Gegenbeispiele aus verschiedenen Gebieten der Welt an, in denen Feste menschennäher als bei uns gefeiert werden, in denen die Kunst alltagsbezogener ist, wo Wohnstil, Essenssitten und Gebräuche sich am Vergnügen der Menschen orientieren. Und zuletzt meint sie, würde ein Anthropologe vom Mars unsere Vorstellungen von Vergnügen untersuchen; so wie weitverbreitete Zeitschriften sie wiedergeben, müßte er zu dem Schluß gelangen, daß uns entweder eine Vielzahl von Organen fehle oder wir unter einer Übersättigung mit Allgemeinheiten litten.*

Unter diesem Blickwinkel betrachtet, darf man unsere Kultur sicherlich in Frage stellen. Fiel Ihnen nicht selbst schon einmal auf, daß viele unserer Feste weniger eine Gelegenheit zu Spaß, Vergnügen und Kommunikation sind als vielmehr eine für den »Kater« am Tag danach? Und wo findet sich in unseren Büchern, unseren bildenden Künsten, sogar in der Musik mehr Freude und Hoffnung als Klagen?

Gewiß, manchmal sieht nicht alles rosig aus, aber gerade die Schwierigkeiten einer Gesellschaft bergen mitunter ungewöhnliche Möglichkeiten.

Vergessen Sie die vielen überflüssigen »Happenings« rund um sich – welchen modernen Namen sie auch tragen mögen. Schaffen Sie sich Ihre eigenen, spielen Sie einmal völlig ungeniert ein Stück persönliches »Sein«. Erlauben Sie sich zunächst jenes Experiment, das Jean Houston »Vergnügen und noch viel mehr« nannte.

- *Sie benötigen zuerst nichts anderes als eine Viertelstunde Zeit, die Ihnen allein gehört, ein großes Blatt Papier, einen Bleistift oder Kugelschreiber – und viel Phantasie.*
- *Stellen Sie eine möglichst lange Liste von all dem zusammen, was Ihnen Vergnügen bereiten würde – am besten Ausgefallenes, wie*
  mit den Zehen Kreise im sonnenwarmen Sand zeichnen,
  Unkraut jäten und dabei eine MOZART-Sonate hören,
  nackt in einen sommerlichen Regen hineinlaufen,
  während es schneit oder regnet sich in ein Bärenfell hüllen und nie mehr wieder ins Freie gehen wollen,
  mit Kindern ausgelassen wie ein Kind herumbalgen,
  einen ganzen Nachmittag in der Badewanne liegen und das Lieblingsbuch aus Jugendtagen noch einmal mit Genuß lesen,
  mit dem Hund um die Wette laufen,
  vor einem lodernden Kaminfeuer Musik von HECTOR BERLIOZ hören,
  für sich allein ein fünfgängiges Menü kreieren, kochen und genußvoll verspeisen,
  im Schnee spazierengehen und laut alle Lieblingslieder schmettern,

sich zur Musik von MAURICE RAVEL *wie ein Derwisch im Kreis drehen,*
sich von Kindern Geschichten erzählen lassen und später mit ihnen Eis schlecken.

- *Wenn Ihre Liste ebenso lang ausfällt, bemerken Sie bald, warum das Spiel »Vergnügen und noch viel mehr« heißt. Je weiter Sie Ihre Phantasie schweifen lassen, desto angenehmere Erfahrungen fallen Ihnen ein, und das Spiel wird zu einer »Arche Noah des Vergnügens«.*
- *Vergleichen Sie Ihre Liste der Vergnügungen mit den anderen Listen, die Sie sonst anfertigen, und fragen Sie sich, wieviel von Ihrer Zeit dem Überflüssigen, Nutzlosen gewidmet ist und wieviel dem, was für Ihren Körper, Ihre Sinne und Ihre Seele notwendig ist.*

Spaß, Spielen und das Gefühl der Geborgenheit, die Freude am Sein – all dies hat seine Wurzeln in der Kindheit. Nicht umsonst nennen die meisten Teilnehmer an diesem Experiment Wünsche im Zusammenhang mit sinnlichem Erleben. Etwas, das in den Bereich des Habens gehört, ist schwerer zu erringen. Dabei zählt nicht das Loslassen, das Ganz-im-Augenblick-Sein, dafür muß man sich anstrengen und weit in die Zukunft denken. Daran ist nichts Schlechtes, aber auch harte Arbeit gelingt um so besser, je spielerischer man sie bewältigt. Unsere Kultur müßte nicht eine Kultur der kurzen Freuden sein, unser Leben nicht eine Ansammlung von Pflichten und Verpflichtungen, wenn Kinder lernten, an alles mit Vergnügen heranzugehen.

Sehen Sie sich noch einmal Ihre »Arche-Noah-Liste des Vergnügens« an und kehren Sie dann zurück zu dem »Boot der Freiheit«, das Sie sich als Kind schon immer bauen wollten.

- *Vielleicht war es gar kein Boot, vielleicht nur eine Baumhütte, in die Sie sich zurückziehen wollten, die Insel Ro-*

binson Crusoes, ein Indianerwigwam oder ein verwunschenes Dornröschenschloß. Erinnern Sie sich so gut wie möglich an Ihre kindliche Zufluchtstätte, lassen Sie Ihrer Phantasie so freien Lauf wie in Ihren Kindertagen.

- *Wie beschäftigten Sie sich als Kind am liebsten, wenn Sie allein waren? Lagen Sie in einer Wiese und sahen in den Himmel? Stibitzten Sie Schokolade und verschmierten sich den Mund ausgiebig? Kletterten Sie auf alle Möbel, um von möglichst großer Höhe herunterzuhüpfen?*
- *Überlegen Sie sich, was Ihre Sinne als Kind am liebsten hatten. Was versuchten Ihre Augen mit Vorliebe zu entdecken? Wie sehr konnten Sie Ihre Ohren anstrengen, um etwas ganz Besonderes zu erlauschen? Was rochen Sie am liebsten? Wo steckten Sie mit Vorliebe Ihre Zunge hinein und wohin Ihre Finger?*
- *Vergleichen Sie Ihre Erwachsenenliste mit der des Kindes in Ihnen.*

Wie wir zu »Siegern« oder »Verlierern« werden

Welchem Faktor verdanken wir das, was wir sind – unser Sternzeichen, die Familie, in die wir hineingeboren werden, die Vererbung?

Die Frage ist fast so alt wie die Menschheit, aber erst heute scheint es, als kämen wir einer Antwort näher.

Zum allgemeinen sozialen Umfeld und zur genetischen Veranlagung gesellt sich ein weiteres auslösendes Kriterium, nämlich die bestimmte *Prägung*, die in jedem Entwicklungsstadium eines Menschen stattfindet.

Sehen Sie sich um: Vergleichen Sie Menschen, die aus derselben Familie stammen und dennoch völlig verschieden sind. Wählen Sie in Ihrem Bekanntenkreis zwei Personen gleichen Sternzeichens aus und zählen Sie Ähnlichkeiten und Unähnlichkeiten zusammen. Oder besuchen Sie einen Zoo und beobachten Sie eine Löwenfamilie (es kann auch eine andere Säugetierfamilie sein). Stellen Sie der Tierfamilie, vor allem den Tierkindern, die menschliche Familie und besonders Ihre Kinder gegenüber. Hier wie dort werden Sie kleine »Herdenführer« finden, die bereits für Unruhe sorgen, wenn sich die anderen Geschwister noch in den Schutz der Mutter flüchten.

Der Grund dafür ist bei Säugetieren derselbe: Ob man Sieger oder Verlierer wird, liegt an der Art des Fühlens.

Kehren wir noch einmal zum Begriff der Prägung zurück, zu dem KONRAD LORENZ seine Beobachtungen des Tierreichs veranlaßten. Eine Kostprobe von der Wirksamkeit der Prägungen können wir selbst erhalten, wenn wir sogenannte »Siegertypen« nachahmen und dann in die äußere Rolle und die Gestik immerwährender Verlierer schlüpfen. Der Unterschied ist körperlich und gefühlsmäßig spürbar. Die Prägung trägt ebenso wie etwa die Vererbung dazu bei, daß ein bestimmtes Weltbild in uns entsteht.

Prägungen geschehen, wie wir gesehen haben, in Situationen, in denen wir beeinflußbar und sensibel sind. Beim Kind beginnen die ersten und nachhaltigsten Prägungen schon vor der Geburt. Das Alter bis zu vier ist die Zeit der Prägung des Körpers, zwischen vier und acht die Zeit der Gefühlsprägung, und ab acht fängt das »Einschweißen« eines bestimmten Denkprogramms an.

Jedes Prägungsprogramm hat seine Wurzeln in vorangegangenen Zeiten. So lernt das Kleinkind zwar bis zum vierten Lebensjahr seinen Körper und die nähere Umgebung kennen, aber die ersten, wichtigsten Gefühle finden bereits statt, obwohl sie sich erst später weiterentwickeln und differenzieren werden. Das Kind beginnt sich aufzurichten, Hindernisse zu überwinden – es lernt, mit der Umwelt umzugehen.

Es ist der erste große Berührungspunkt zwischen Körperdenken und Gefühlsdenken. Noch ist nicht von Gefühlen, wie wir sie kennen, die Rede, noch lernt das Kind nichts anderes, als seine Muskeln mehr oder weniger erfolgreich zu gebrauchen. (Bezeichnenderweise trifft man unter Mitmenschen, die in dieser Phase steckengeblieben sind – in einer Gefühlswelt, die vom Körper bestimmt wird –, oft sogenannte »Muskelprotze« an.) Eine andere Art, auf das Verteidigungs- oder Angriffssystem der Muskeln zurückzugreifen, zeigt sich beim Öffnen von Flaschen, beim Heben von schweren Lasten, allgemein bei körperlichen Arbeiten. Die Finger verkrampfen sich entweder schon vorher um einiges mehr als notwendig, oder der Griff ist von vornherein zu weich – unsere Muskeln spielen das Spiel des Siegenmüssens oder des Verlierens auch dann weiter, wenn das Zugreifen nicht ganz so fest und verkrampft, oder wenn es fester sein müßte. Wir nähern uns jedem Ziel nicht dem Ziel entsprechend, sondern analog zu dem, was wir vor langer Zeit einmal als Ziel lernten.

Das ist einer der Gründe, warum sich ein Besuch im Zoo auch dann lohnt, wenn die nächste Umgebung genügend Beispiele für Prägungen bietet. Ein solcher Besuch zeigt uns, daß der Mensch in vielen Bereichen über das Verhalten der Säugetiere nicht wesentlich hinauskam.

Moderne Bewußtseinsforscher weisen darauf hin, daß der Teil des menschlichen Gehirns, den wir als Sitz unserer Gefühle betrachten, aus einer Zeit stammt, in der das Leben auf der Erde härter war als jetzt.

Die Härte als Mitgift aus dem Tierreich und den Anfängen der Menschheit heute noch in den Umgang miteinander sowie in Erziehungssysteme und Schulen zu übernehmen, ist weder notwendig noch folgenlos. Wenn wir davon ausgehen, daß das Leben sich stets den Erwartungen anpaßt, wird Härte zur Hürde. Die Zukunft wird so, wie die Gegenwart ist, daher wäre es an der Zeit, diese Mitgift in uns zu entschleiern: in unserem Körper, vor allem aber in unseren Gefühlen.

Laut ROBERT ANTON WILSON wird der individuelle Status in einem Rudel oder in einem Stamm auf der Basis von präverbalen Signalen vergeben, bei denen vor allem die ersten Muskelreflexe entscheidend sind. Das Kind lernt seinen Körper nach seinem Antrieb zu gebrauchen. Je erfolgreicher dies an dem Berührungspunkt zwischen Körperdenken und dem Denken in Gefühlen geschieht, desto erfolgreicher und dominierender wird das Kind in seiner Beziehung, die es erst später als Gefühle kennenlernen wird, zur Umwelt.

Hat die Devise im Schaltkreis des Körpers und des Instinkts »Rückzug« oder »Vorstoß« gelautet, so tritt zu dieser Reaktion der soziale Raum dazu, die Welt außerhalb des Ich, auf die es zu antworten gilt. Die Antwort darauf heißt zuerst nur Siegen oder Verlieren. Auf einer zweiten Ebene erfolgt sie aber nach dem, was der Körper zuvor lernte nämlich optimistisch vorzustoßen oder sich pessimistisch zu verkriechen.

Stellt man die beiden Ebenen als Kreuz dar, bei dem auf der waagerechten Linie links der Rückzug steht und rechts der Vorstoß, die Senkrechte vom Siegen gekrönt wird und das Verlieren sich unten, zwischen Rückzug und

Vorstoß befindet, lassen sich beispielsweise die von HIPPOKRATES beziehungsweise GALEN erstmals vorgeschlagenen Menschentypen folgendermaßen ansiedeln:

- der feindselige, tyrannische Choleriker links oben zwischen Siegen und Rückzug,
- der schwache, mißtrauische Melancholiker links unten zwischen Rückzug und Verlieren,
- der freundlich-schwache Phlegmatiker rechts unten zwischen Verlieren und Vorstoß,
- der optimistisch-sanguinische Sieger rechts oben zwischen Vorstoß und Siegen.

Daraus ergeben sich zwei Arten von Siegern und zwei Arten von Verlierern. Ob einer zum Tyrannen oder zum guten, starken Führer wird, entscheidet zunächst das Körperdenken. Ist es positiv eingestellt, beruht das Siegenwollen auf Vertrauen, bei negativen Eindrücken basiert die Stärke auf Aggressivität. Das Siegenwollen selbst kann man als das Ergebnis der Auseinandersetzung der kindlichen Gefühle mit der Umwelt erklären. Wird die Beziehung zur Umwelt etwa durch zu starke Autorität, durch Angst oder eine Prägung gestört, führt dies meist zum Verlierer: zum oft aggressiven Melancholiker oder zum angenehmen, freundlich-schwachen Phlegmatiker.

Natürlich sind nicht alle Menschen ausgeprägte Choleriker, Melancholiker, Phlegmatiker oder Sanguiniker – dennoch lassen die Vertreter von feindseliger Stärke, feindseliger Schwäche, freundlicher Schwäche und freundlicher Stärke sich überall antreffen. Sehen Sie sich in Ihrem Büro, an Ihrem Arbeitsplatz um. Sicherlich finden Sie die Eigenschaften aller Typen in Ihren Mitarbeitern wieder.

Betrachtet man die Begegnung zwischen dem Körperdenken und dem Denken der Gefühle soziologisch, so stößt man auf die These von GORDON R. TAYLOR, daß matriarchalische und patriarchalische Gesellschaft einander für jedes Kind auch heute noch überschneiden. Nach Taylor kennzeichnen sexuelle Freiheit, eine hohe Einschätzung und große Freiheit der Frau, fortschrittliches und gleichberechtigtes Denken, Freude am Körper, Spontaneität und Freude an Neuem mutterrechtlich bestimmte Gemeinschaften. Wird ein Mensch während der ersten Phase seiner Entwicklung im oralen Körperdenken, dem matriarchalischen Bereich, positiv und dauerhaft geprägt, wird er das Gedankengut der matriarchalischen Periode in sein weiteres Leben mitnehmen. Erfolgt die Prägung während der zweiten Phase, der des Gefühlsdenkens, besonders stark, herrschen bei den Gefühlen die territorialen und patriotischen Machtbestrebungen vor, wird ein Kind vom patriarchalischen Denken beeinflußt. Dieses ist konservativ, autoritär, asketisch, meist sexuell gehemmt und ängstlich vor all dem, was außerhalb der eigenen Grenzen liegt. (Eine Folge davon sind eine Einschränkung und Erniedrigung der Frau, eine Betonung der sexuellen Unterschiede und der Ruf nach Führerpersönlichkeiten.) Die Phase, die hier sehr vereinfacht mit dem »Denken der Gefühle« beschrieben wird, ist also jene, in der das sogenannte »Ego« entsteht. Das Ego ist zunächst nichts anderes als der Status, den jeder von uns als Kind in einer Gemeinschaft erlernt. Für viele bleibt es die einzige und dominierende Rolle.

Das Kind in uns in der Theorie wiederzuerkennen, mag manchmal ein wenig schwierig sein. Ihm zu begegnen, wenn Gefühle beteiligt sind, ist ein leichtes.

Beobachten Sie sich, wenn Sie wütend sind – Sie werden erkennen, daß Sie immer in dieselbe Rolle verfallen. Sehen Sie, auf welch leisen Pfoten Trauer und Wehmut sich in Ihr Herz schleichen – es sind dieselben winzigen Pfoten, die Sie vor vielen, vielen Jahren traurig werden ließen.

Oder beobachten Sie bei der nächsten Gelegenheit Menschen, die zuviel Alkohol getrunken haben. Wenn Saugen und Lutschen die Drogen der ersten, oralen Phase sind, so ist Alkohol die Droge, die uns unsere Gefühle wiedergeben soll. Und er löst sie auch aus. An Menschen, die betrunken sind, läßt die Zugehörigkeit zum Typ des Siegers oder des Verlierers, lassen Aggressivität oder Schwäche sich am besten erkennen. Unter dem Einfluß von Alkohol wird fast jeder wieder zum Kind, beginnt sich zu verkriechen oder mit Worten um sich zu schlagen. (Ironischerweise stammen dann viele Wörter aus dem Analbereich. Schimpfwörter wie »Arsch« oder »Scheiße« weisen darauf hin, daß jemand besonders stark in der zweiten Phase geprägt wurde, die SIGMUND FREUD als die anale bezeichnete. Für ihn folgte nach der oralen, der von der Mutter geprägten Saugphase, die anale, vom Vater beeinflußte Zeit, in der Machtansprüche erlernt werden.)

Man kann das Körperdenken und das Denken in Gefühlen natürlich auch anders bezeichnen. So ist die orale Phase bei CARL GUSTAV JUNG die der Empfindung, die Transaktionsanalytiker nennen die Prägungszeit des Körperdenkens die Zeit des natürlichen Kindes. Die anale Phase wird bei Jung zum Gefühl schlechthin, bei dem Transaktionsanalytiker ERIC BERNE wird im zweiten Abschnitt aus dem natürlichen das angepaßte Kind.

Was geschieht nun in der Kindheit, das die Sicht der Menschen, ihre Selbsteinschätzung und ihr Selbstwertgefühl so unterschiedlich werden läßt?

Eines der ersten großen Hindernisse bei der Entwicklung von Selbstvertrauen ist die Angst. Wir haben sie bereits erwähnt, sie drückt sich in vielen unbekannten Variationen aus. Für Eltern gilt daher als erstes Gebot, Kindern in allen Lebenslagen einen sicheren Rückhalt zu geben. Der Kinderpsychologe BRUNO BETTELHEIM betont, wie bedeutsam es für Kinder sei, zu spüren, daß Eltern wissen, was richtig oder falsch ist. Denn daraus könnten die Kinder Sicherheit gewinnen.

Dies widerspricht der These des Prinzips Kindheit durchaus nicht, daß Kindheit aufgrund zu vieler Erklärungen und Einschränkungen nicht richtig ausgelebt werden dürfe. Im Gegenteil – Eltern, die wissen, daß ein Kind seinen Körper und seine Umwelt zu einer bestimmten Zeit erleben und erforschen muß, werden nicht in Versuchung geraten, das Kind mit ihrem Wissen zu manipulieren.

Manipulation erzeugt Unsicherheit und Angst, und jede Form von Angst beschneidet die Intelligenz. Das Kind wird ein wenig zurückhaltender, die Welt außerhalb etwas schmerzhafter, und das Kind beginnt sich unterzuordnen oder innerlich aufzulehnen.

Siegen oder Verlieren, Rückzug oder Vorstoß erlernt man aber nicht nur durch Manipulation, sondern vor allem auch beim Spiel. Dieser Lehrmeister trägt seinen Namen eigentlich zu Unrecht. Spiel sollte etwas ohne Zweck und Ziel sein, es sollte Vergnügen bereiten, nicht ernst werden. Dies wäre, wie schon gesagt, die einfachste Art, Neues zu lernen und dabei Selbstsicherheit zu erwerben.

Aber gerade beim Spiel lernen Kinder unter der Anleitung von Erwachsenen meist ihre ursprüngliche Spontaneität zu verlieren. Spiele, die Erwachsene den Kindern zeigen, kennen strenge Regeln und einen ungewohnten Konkurrenzdruck.

Die ernste Welt der Erwachsenen lehrt das Kind zu bald Begriffe wie »Gewinn« und »Verlust«, »Siegen« und

»Verlieren«. Doch sollten Kinder durch das Spiel die Fähigkeit erlangen, sich jeder Situation leicht anzupassen. (Vielleicht entstünden so weniger »Gewinner« und »Verlierer« oder »Sieger« und »Besiegte«.) Denn dies, in der Jugend ohne Konkurrenzdruck erlernt, wird auch im Alter nicht zur Belastung. Ebenso lernt das Kind, alles zu sein: stark, schwach und im Notfall auch feindselig. Im Idealfall könnte eine ausgeglichene Person sich flexibel in jeden der zuvor erläuterten Typen hineinbewegen und bräuchte keine starren Verhaltensmuster aufzubauen.

Eine der besten Übungen, eine solche Beweglichkeit noch als Erwachsener zu erreichen, ist die Kunst, sich in andere einzufühlen. (Das Einfühlungsvermögen verlernen wir als Kinder meist dadurch, daß wir überfordert werden, Angst auftaucht oder wir unseren Antrieb nicht ausleben dürfen und gleichberechtigten Umgang mit der Welt nicht kennen. Lange bevor das Kind sein Selbst im Körper und in den Gefühlen für die Welt um sich erlebt, lernt es, ob man sich vor dieser Welt zurückziehen soll, oder ob man sie bekämpfen muß, weil diese äußere Welt Schmerz zufügt. Das »verkapselte« Ich, an dem wir alle in kleinerem oder größerem Ausmaß leiden, hat seine Wurzeln in dem Kind, das seine Rolle gegenüber der Gesellschaft lernt.)

Wir würden unser Selbstwertgefühl aus dem herleiten, was wir nicht sind, beklagt PETER RUSSELL in seinem Buch *»Die erwachende Erde«* und illustriert die Entstehung unserer sogenannten »Identität« aus dem Nichts durch einen Hinweis auf die Analogie DANIEL COWANS, der uns mit dem Loch in einem Holzbrett vergleicht. Das Loch steht für jenes Selbst, das wir als Kind nie kennenlernen können, das Prinzip Kindheit, das immer gestört wird und sich nur an dem es umgebenden Holz orientiert. Um das Loch ist die Zusammensetzung des Holzes mit Pfeilen gekennzeichnet, die lautet: Status, Mode, Besitz, Rollen, Erfolgserlebnisse, Anerkennung, Überzeugungen, Zugehörigkeit. All dies, das Holz um ein Loch, das sich zwar »Selbst« nennt, aber mit vielen Fragezeichen versehen ist, bestimmt die Färbung des Loches.

Wenn wir von Kindern sprechen, berücksichtigen wir meist nur Kriterien wie die des Holzes und vergessen die Einzigartigkeit des Individuums inmitten der es umgebenden Welt. So ist jede Art von Ego in einem gewissen Sinne eine Luftblase, sind wir alle viel mehr das, was wir als Kind nicht werden durften, als das, was wir hätten werden können. Und daran sind nicht nur Ängste, alte genetische Muster und oft sehr moderne Spielregeln beteiligt, sondern häufig ebenso das beste aller Gefühle, die Liebe. Auf das Dilemma, das elterliche Liebe erzeugen kann, und den Preis, den ein Kind für die notwendige Geborgenheit zahlt, gingen wir bereits ein.

Die Brücke, die jedes Kind aus einer alten Welt in eine neue schlagen muß, hat immer zwei Enden. Und auf der einen Seite steht als Ausgangsbasis das, was das Kind schon mehr oder minder gut lernte, und die Atmosphäre, mit der Mutter und Vater ihr Kind umgeben. Das Kind kann also nicht vorbehaltlos auf Neues losstürmen, es muß stets Rücksicht auf die Eltern nehmen, die ja Ursache und Grund des kleinen Lebens sind. Als eine fleischgewordene »conditio sine qua non«, als notwendige Bedingung, ohne die das Kind ein Nichts ist, halten sie es an mehr oder minder festen Ketten. Es müssen keine Eisenringe aus strengen Vorschriften sein, es kann der zarte Faden elterlicher Erpressung sein, der nur lautet: »Wenn du mich nicht liebst« – was in der Erwachsenensprache »gehorchen« bedeutet –, »bin ich traurig.«

Die von dem Anthropologen GREGORY BATESON aufgestellte *Doppelbindungshypothese* wird üblicherweise als Ausgangsbasis bei der Untersuchung von Schizophrenen verwendet. In einem sehr ernsten Sinn ist sie jedoch ebenfalls auf die Brückenschläge des Kindes anwendbar. Wir alle sind mehr oder minder Gespaltene, weil sogar dem Kind, das in der besten familiären Atmosphäre aufwächst, manchmal nichts anderes übrigbleibt, als sich selbst zu betrügen. Zwischen den Forderungen der Mutter oder beider Eltern, die man liebt, und den eigenen Wünschen ersteht oft nur ein Signal: »Man kann nicht gewinnen.« Das Kind entschlüpft den Anforderungen der doppelten Bindung dadurch, daß es für die unerträgliche Situation Strategien erfindet, mit denen es auch sich selbst zu belügen beginnt. Das unausgesprochene Signal aus der Elternwelt: »Ohne mich kannst du nicht leben«, wird zum obersten Gebot, an dem sich alles orientiert – die spätere Partnerwahl, der Verbleib an einem ungeliebten Arbeitsplatz, die Bewertung der Sicherheit, die Geld verleiht.

Die kindliche Brücke mit zwei Enden wirkt ein ganzes Leben weiter, spaltet uns mehr oder weniger und schmerzt – wir fürchten uns vor den Ansprüchen, denen wir ausgesetzt sein könnten, weil wir nie ganz über die Brücke in unsere eigene Welt gelangten.

Glücklicherweise aber führt ein Weg von dieser Brücke ab. Nach Bateson ist er auf der individuellen Ebene meist ein Weg in die Kreativität. Manche Kinder führen uns diesen Weg vor, wenn sie sich scheinbar unbeirrt von der Außenwelt in ihre Welt zurückziehen und es ihnen gelingt, diese Welt spielerisch in das Erwachsenenleben mitzunehmen. Unter jenen, die sie verhältnismäßig unbeschadet überqueren, findet man häufig Künstler oder andere kreative Menschen, bei denen das Kindsein nicht den Bedingungen der Liebe unterworfen war.

Die beste Liebe ist jene, die das Kind nie seine Hilflosigkeit spüren läßt und die Arme weit öffnet, um es in seine Welt hinauszulassen.

Für das Prinzip Kindheit und für das Kind in uns allen nimmt die Doppelbindung jedoch besondere Bedeutung ein. Bei Versuchen mit Tieren wies Bateson nach, daß es bei Überforderung von Gehirn und Gefühlswelt manchmal zu einem »Quantensprung« des Denkens kommen kann. Tiere, die mit Kunststücken überfordert wurden, zeigten zuerst Zeichen extremer Frustration. Denjenigen, die auf die hohen Anforderungen jedoch nicht mit Resignation antworteten, gelangen später völlig neue, anders geartete Tricks. Vielleicht gleicht dieses Verhalten dem mancher Kinder, die den Anforderungen der unbewußten elterlichen »Ketten« dadurch entgehen, daß sie die übliche Welt und das übliche Lernen hinter sich zurücklassen und sich ihre eigene Welt schaffen. Der Wunsch, über die Brücke und trotz aller Hindernisse in eine eigene Welt zu gehen, scheint zu signalisieren, daß alles bisher Erlernte ungültig wird, und führt offenbar zu neuem Lernen. Nach Bateson gelingt es dem Individuum bei diesem neuen Lernen, alle früheren Erfahrungen zu durchschauen und neu zu steuern. Schöpferische Kinder führen dies ganz unbewußt durch. Sie beschreiten gleichsam den einzigen Weg über die Brücke, indem sie alte Muster hinter sich zurücklassen.

Durchblicken wir die Brücken und Fesseln der Kindheit, erkennen wir, wie leicht aus Brücken Fesseln, aber auch Fesseln zu Brücken werden, so steht uns der Weg zu neuem Lernen offen.

Das neue Lernen zeigt uns viel über das Kind in uns, über unseren Charakter – möglicherweise gelingt es ihm auch, uns von den Eigenschaften dieses Kindes zu befreien, die wir ablegen möchten, und es noch einmal über die Brücke in eine offenere und fröhlichere Welt gehen zu lassen.

Übungen

Ein sechsjähriger Junge, der gefragt wurde, was er werden wolle, soll erstaunlich weise geantwortet haben: »Ich will ich selbst sein. Ich wollte schon oft so werden wie andere, aber es hat nie geklappt!«

Es gelingt nie, so zu werden wie die anderen, dennoch versuchen wir es immer wieder, ein Leben lang – leben gleichsam in einer geliehenen Welt, die uns in der Kindheit anerzogen wurde. Die Welt der Erwachsenen beeinflußt Kinder sehr, und das Kind in uns vergißt im Grunde seiner Seele nie, was ihm Schmerzhaftes geschah.

Die folgenden Imaginationsübungen sind daher ein Spiel der Versöhnung zwischen Vergangenheit und Gegenwart, zwischen dem unwissenden Kind in Ihren Eltern und Erziehern und dem Kind in Ihnen.

- *Setzen oder legen Sie sich bequem hin und tun Sie es den Kindern gleich: Starren Sie fünf Minuten ins Leere, denken Sie dabei an nichts, und entspannen Sie sich.*
- *Laden Sie dann das Kind in Ihnen zu einer ungewöhnlichen Reise ein. Versprechen Sie sich und dem Kind, daß es im Laufe dieser Versöhnungsreise all das darf, was ihm als Kind verwehrt war.*
- *Dann begeben Sie sich gemeinsam auf die Reise. Das Ziel kann einer Ihrer Wünsche der Gegenwart, aber auch ein Traumausflug des Kindes sein. Stellen Sie sich den Weg sehr genau vor, sehen Sie ihn deutlich vor sich, und regen*

Sie das Kind in und neben Ihnen ebenfalls dazu an. Bemerken Sie nun aber, daß Sie nicht mehr mit den Augen des Kindes sehen und das Kind seine ursprüngliche Unschuld ebenfalls verloren hat. Sie sehen die Gräser am Wegesrand durch eine dicke Glasscheibe. Sie hören die Vögel durch einen Vorhang vor Ihrem Ohr, Sie riechen nichts von dem besonderen Duft Ihres Traumzieles, und Sie spüren die Sonne und den Wind auf Ihrer Haut kaum noch.

- *Die Glasscheiben, die zwischen uns und dem Traumziel stehen, sind verschmutzt, manchmal blenden sie sogar. Suchen Sie sich gemeinsam ein Lieblingswerkzeug, mit dem Sie die vielen Scheiben zerbrechen. Lassen Sie sich dabei von dem Kind helfen. Es bereitet ihm Vergnügen, wieder ohne Verbote ins hohe Gras hineinlaufen zu können. Lassen Sie es einen Schmetterling verfolgen, solange es Lust dazu hat – vor allem aber: Laufen Sie mit!*
- *Wenn Sie an Ihrem Traumziel angekommen sind und bereits Übung im Zerstören von Barrieren haben, überlegen Sie, welche hinderlichen Gewohnheiten und Begriffe in Ihrem Leben noch zerschlagen werden könnten. Denken Sie nicht zuviel darüber nach. Schlagen Sie einfach auf das los, was sich in Ihrem Leben schon immer als Barriere aufbaute. Ihr Unterbewußtsein wird das Symbol ebenso verstehen, wie sich das Kind freut, wenn alte Ängste verschwinden, überflüssige Verbote fallen.*
- *Haben Sie genug Glaswände zerstört, Vorhänge heruntergerissen und alte Idole von ihrem Podest geholt, werfen Sie einen letzten Blick auf diesen alten, jetzt nicht mehr nötigen »Misthaufen«.*
- *Nun gehen Sie in Gedanken in eine nahe gelegene Höhle, die Sie für sich und das Kind sicher und bequem ausstatten. Wenn Sie sich wohl und geborgen darin füh-*

len, rufen Sie jene Gesichter in Ihre Vorstellung, die Ihnen als Kind Angst einflößten, die Sie mit ihrer Autorität einengten oder Sie in ihrer unwissenden Liebe behinderten. Sie fühlen sich ganz sicher in Ihrer Höhle. Niemand kann Sie bedrohen, also brauchen Sie keine Angst davor zu haben, die geliebten Feinde Ihrer Kindheit auftauchen zu lassen. Wenn die Bilder aus der Vergangenheit zurückkommen, entdecken Sie vielleicht, daß Sie nicht von den Mächten eingeengt und gehemmt werden, die Sie vermuten. Manchmal wirken winzige Geschehnisse ein Leben lang weiter und nicht die großen, tragischen Ereignisse, denen wir die Schuld geben. Zählen Sie alles auf, was Sie heute an einem glücklichen Leben hindert, und alles das, was einstmals Ursache war. Sehen Sie sich Gesichter und Begebenheiten genau an und erkennen Sie, daß in den seltensten Fällen schlechter Wille hinter allem stand.

- *Unterhalten Sie sich mit dem Kind in Ihnen beziehungsweise neben Ihnen darüber. Erklären Sie ihm, daß vieles aus Unwissenheit geschah und es jetzt, nachdem Angst, Macht, alte Idole und Symbole am Boden vor der Höhle liegen, ein freier Mensch und ein freies Kind ist.*
- *Mit diesem Gefühl treten Sie aus der Höhle. Nach einem letzten Blick auf den Abfallhaufen lassen Sie alles zurück: die Höhle, den Abfallhaufen und das Traumziel. Sie wissen jetzt, daß Sie viele Hindernisse zerschlagen haben und daß in Zukunft alles Ihr Traumziel sein kann, so wie Sie die schützende Höhle immer wieder in sich selbst finden.*

Wenn Sie Ihrer Imagination nicht besonders trauen oder noch ein übriges dazu tun wollen, um das »Gigo«-Programm in Ihrem Gehirncomputer zu löschen, hier noch einige andere Übungen:

- *Überlegen Sie, was »gigo« in bezug auf die in Ihrem Kopf gespeicherten Gefühle bedeutet. In der Computersprach-eist es die Abkürzung für »garbage in, garbage out« und heißt soviel wie »Abfall herein, Abfall heraus« . . .*
  Für einen Programmierer bedeutet »gigo« nichts anderes, als daß der Computer wegen falscher Informationen falsch oder zumindest unzureichend arbeitet.
- *Wenden Sie dieses Beispiel auf jenes bekannte menschliche Verhalten an, das die Schuld an allem immer in der Außenwelt sucht.*
- *Verbringen Sie ein Wochenende damit, möglichst alle Tierfilme und Kindersendungen im Fernsehen zu sehen. Beachten Sie die Rolle von Spaß und Spielen dabei besonders.*
- *Wenn Sie sich am Montag wieder unter (möglichst) vielen Erwachsenen befinden, vergleichen Sie deren Verhalten, nehmen Sie es aber nicht zu ernst. Behalten Sie Ihren Humor vom Wochenende, und fangen Sie an, alle zwischenmenschlichen Beziehungen als Spiele zu sehen.*
- *Lernen Sie dadurch, stets ein wenig besser zu spielen. Dies gelingt leichter, wenn Sie an das Loch namens Selbst im Holzbrett denken. Versuchen Sie spielend die vielen Fragezeichen um das kindliche Nicht-Ich zu entfernen, entdecken Sie das wirkliche Kind in sich.*
  Denken Sie in Krisenfällen an Ihr ganz persönliches »Gigo«-Programm und programmieren Sie Ihren Kopfcomputer lachend ein wenig um.

Lernen Sie die Macht innerer Bilder kennen

Ungefähr bis zum neunten Lebensjahr denken wir alle in Bildern. Kinder erlernen das Denken mit Hilfe von Bildern, erst sehr spät löst die Logik die Welt der Bilder ab. Alle diese Vorstellungen von der Welt seien in einem Bereich des Gehirns gespeichert und ließen sich mit Worten und abstraktem Denken nicht abrufen.

Dennoch scheint eine Möglichkeit zu bestehen, die bildlichen Informationen in den ältesten Teilen unseres Gehirns zu erreichen und diese Informationen auch logisch zu begreifen. Falls Sie in der Zwischenzeit schon ein wenig Freundschaft mit dem Kind in Ihnen schlossen, kennen Sie die Möglichkeit bereits. Die Macht der inneren Bilder, die Kunst der Imagination, wird von manchen Menschen intuitiv verstanden. Denen das nicht so schnell gelingt, helfen vielleicht Tips aus der Imaginationstherapie:

- Die Macht innerer Bilder beruht darauf, daß jedes innere Bild die Tendenz hat, in Handlung umgesetzt zu werden. Wenn Sie sich also Bilder aus Ihrer Kindheit vorstellen oder das Kind in sich herbeirufen, findet immer ein innerseelischer Prozeß statt.
- Diesen Prozeß können Sie nützen, indem Sie sowohl positive als auch negative Gefühle bildlich noch einmal erleben und so aufarbeiten.
- Versuchen Sie aber nicht, krampfhaft an die Bil-

der zu gelangen oder sie allzu intensiv zu beschwören, üben Sie sich in der Kunst des passiven Gehenlassens.

- Dieses passive Wollen kennen Sie am besten von der Erfahrung her, daß man nicht einschlafen kann, wenn man den Schlaf herbeizwingen will, dieser sich aber sehr schnell einfindet, wenn man selbst gleichsam einen Schritt zurücktritt und irgend etwas in sich zurücknimmt.
- Lassen Sie daher die Bilder einfach von selbst kommen.
- Bewerten Sie sie nicht zu früh. Das Imaginieren will, wie alles andere, erlernt sein. Je mehr Erfahrung Sie darin haben, desto mehr erzählen die Bilder Ihnen von selbst.
- Werden Sie sich darüber klar, daß Sie durch die Macht der Bilder einen besonderen Reifungsprozeß durchlaufen (der allerdings nicht gelingt, wenn man mit allzu großen Erwartungen darangeht. Auf diese reagiert das Unbewußte mit Widerstand.)
- Andere Hindernisse, wie das völlige Vermeiden von Bildern oder eine innere Hemmung, über die Bilder nachzudenken, deuten auf innere Ängste vor bestimmten Situationen hin und auf die Angst, die Kontrolle zu verlieren.
- In einem solchen Fall vergessen Sie die Imaginationen vorerst und konzentrieren Sie sich auf die Übungen, die kein Bilderdenken erfordern.
- Je weiter Sie in Ihre Vergangenheit vordringen, desto selbstverständlicher und möglicherweise

auch leichter wird die Imagination, und Sie lernen, Ihre Phantasie spielen zu lassen und alle festen Vorstellungen von Bildern aufzugeben.

- Die Belohnung ist eine (langsame) Umwandlung Ihres seelischen Kraftfeldes von altem zu neuem.

Sechstes Kapitel

Das Denken

Eines der letzten großen Rätsel der Menschheit liegt in uns selbst: Es ist unser Gehirn und die Art und Weise, wie es funktioniert – unser Denken.

Die Kraft unserer Gedanken ist in vielfacher Hinsicht geheimnisvoll – nicht nur, weil wir uns mit dem Denken über das Denken völlig neue Dimensionen eröffnen, sondern vor allem deshalb, weil Gedanken zwei Gegensätzlichkeiten vereinen: Einerseits kennen sie keine Grenzen, andererseits schließt altes und falsches Denken uns in wahre »Gedankenburgen« ein.

So, wie wir die Welt kennen, ist sie das Ergebnis verschiedenster Gedankenformen – und sie blieb nicht die beste aller Welten. Soll sie sich verändern, müssen wir also alle Festungsmauern niederreißen, die uns am schnelleren und besseren Denken hindern.

Daß dies gelingen kann, legen neueste Erkenntnisse über das Gehirn nahe, ebenso die verschiedensten Formen von Superlearning, vor allem aber die magische Welt jedes Kindes, die größte Hoffnung auf ein neues Bewußtsein.

Kindliches Denken in seiner besten Form zeigt uns, daß Lernen in jedem Alter vergnüglich sein und ungeahnte Möglichkeiten eröffnen kann.

Kinder als Grenzgänger zwischen den Welten

Bali: Ein neunjähriges Mädchen wandelt unter den staunenden Augen von Zuschauern aus aller Welt über glühende Kohlen.

Deutschland: In einem mit modernsten Geräten ausgestatteten Versuchsraum für neue Bewußtseinstechniken in der Medizin versucht ein junger Mann vor einem Biofeedback-Gerät, mehr über sich und seine Körperfunktionen zu erfahren und sich tief zu entspannen.

Uralte »Zauberei« dort, moderne medizinische Techniken hier? Oder handelt es sich nur um die beiden Seiten ein und desselben Spiegels? Für die kleine Feuertänzerin (ebenso wie für ihre modernen Imitatoren) neigen zwei Welten sich einander zu, ebenso für den modernen Erkunder seines Körpers. Diese zwei Welten, die Welt der Materie und das Universum des Geistes, sind es auch, die zwei so verschiedene Ereignisse an zwei sehr verschiedenen Orten verbinden. »Zauberei« oder parapsychologisches Phänomen auf Bali, medizinisch-technisches Verbinden von Körper und Geist in Deutschland. Beide Ereignisse haben eines gemeinsam: Geist ist nicht ausschließlich Geist und Materie nicht nur Materie. Das eine beeinflußt das andere in einer Art »Urprozeß«, in dem alles miteinander in Verbindung zu stehen scheint.

Einst nannte man diese wechselseitige Beeinflussung Magie. Heute spricht man besser von einer »magischen Welt«, weil Magie eigentlich immer nur das Wissen um die tatsächlichen Gesetze der Natur war, um das Wirken innerhalb der Dinge.

Wenn sich die Verfechter eines neuen Bewußtseins und

eines nichtdualistischen Weltbildes die Welt als eine Art Hologramm vorstellen, so praktizieren sie modernes magisches Denken. Es gilt aber nicht nur, dieses neue Gedankengut in alten und modernen Bewußtseinstechniken wiederzufinden, vielversprechend ist vor allem die magischste aller Welten: die Welt des Kindes. Sie ist die einzige, die auf natürliche Weise nicht zwischen Geist und Materie unterscheidet. Hier werden Energien noch ungehindert ausgetauscht, Fühlen und Denken nicht getrennt, kommt die Phantasie der Wirklichkeit gleich, besteht die Zeitlosigkeit des ewigen »Nun«. Das Mädchen auf Bali und der junge Mann, der sich am Biofeedback-Gerät übt, haben überall auf der Welt Kolleginnen und Kollegen. Manchmal können sie ein wenig »zaubern« . . ., aber bleiben wir zuerst im eigenen Wohnzimmer oder in dem der Nachbarin.

Welches Kind mit aufgeschlagenen Knien flüchtet sich nicht zur Mutter oder zum Vater? Und dort, getröstet und gestreichelt, wird bei den Worten »Es ist ja schon alles gut, es blutet nicht mehr!« wirklich alles sehr schnell wieder gut, sogar das Blut scheint unglaublich rasch zu stocken. Das Vertrauen zu den Eltern, die Suggestion des Nichtschmerzens haben Tränen, Blut, Angst und Verzweiflung besiegt. Die Welt ist wieder in Ordnung – so wie die des jungen Mannes, der am Biofeedback-Gerät rhythmisches Atmen lernt und damit sein inneres Universum in Ordnung bringt, und so wie es die normale Alltagswelt der neunjährigen Balinesin wohl ist. – Beim Spiel mit den Kameraden würde ihr niemand den Gang über glühende Kohlen glauben. Dieses Kunststück ist auch nicht zu allen Zeiten möglich. Es ist ein ganz besonderes Ritual, das das kleine Mädchen älteren Freundinnen und Lehrerinnen sehr genau abgeschaut hat. Das Kind lebt noch nicht in einer getrennten Welt, es unterscheidet nicht zwischen dem Gehen über glühende Kohlen und der Möglichkeit des Verbrennens, es ahmt einfach vertrauensvoll das nach, was es jahrelang bewunderte. Denken ist bei ihm noch Handeln und Nachahmen, es besteht keine Trennungslinie zwischen Geist und Materie.

In gewissem Sinn ist dies bei allen Kindern so. Sie leben in einer anderen, einer fast »magischen« Welt. Kinder sind Zauberer, wenn sie spielend wahre Wunderwelten erschaffen, wenn sie Baumhäuser zu fliegenden Untertassen umwandeln oder selbst in die Rolle von Schauspielern schlüpfen und sich auf verschiedene Weise eine ganz besondere Welt zusammenbasteln.

Kinder lassen sich aber auch in einem anderen Sinn als »Zauberer« bezeichnen, etwa wenn sie in einer Zeit völligen Einsseins mit der Welt plötzlich rote Gesichter oder Farbblitze um eine wütende Tante erblicken. Kinder sehen vieles, das Erwachsene nicht mehr erkennen können, aber sie verlernen die Fähigkeit dazu wieder, weil sie als Phantasterei abgetan wird.

Das Kind hat noch nicht gelernt, seine Sinne einzuschränken und zu kanalisieren, es sieht mehr – und vielleicht könnte es als Erwachsener ebenfalls mehr sehen, wenn es die Verbundenheit mit der Welt ungestörter erlebte.

Die Gehirnforschung vermutet unermeßliche Kapazitäten des menschlichen Gehirns und, daß wir vielleicht sogar mehr Sinne als nur fünf haben. Doch wären wir wohl schon zufrieden, wenn wir wenigstens diese fünf als Kinder – und als Erwachsener – besser zu gebrauchen lernten.

Die Augen von Kindern sehen mehr, ihre Ohren hören differenzierter – wie schon erwähnt, verfügen viele Kinder bis zum vierten, fünften und sechsten Lebensjahr über ein absolutes Gehör. (Meist verlieren sie es erst, wenn das spielerische Musizieren in ein Lernen als Pflicht übergeht.)

Während kleinere Kinder eine intensivere Welt der Sinne erleben, als man allgemein annimmt, ist das Alter zwischen acht, neun, zehn und manchmal auch noch zwölf Jahren das der parapsychologischen Phänomene rund um Kinder. Es ist die Zeit, in der jedes Kind in zwei Welten steht: in unserer konkreten Wirklichkeit und in jenem Urprozeß, den man als Unbewußtes sehen mag, als Verbindung zum Hologramm oder zu jenem Ganzen, das in allem waltet.

An dieser Schwelle tanzt das balinesische Mädchen über das Feuer. Es konzentriert sich auf Schritte und Gesten und darauf, seinen Vorbildern möglichst genau zu folgen. Es denkt nicht an Brandblasen, nicht daran, daß Feuer schmerzt, sondern nur an den Tanz.

Und an dieser Stelle finden sich kindliche »Poltergeister«, über die der Physiker und Nobelpreisträger BRIAN JOSEPHSON nach längerer Beobachtung eines Elfjährigen schrieb, wir hätten es hier mit einer neuen Art von Energie zu tun . . . Vielleicht ist es keine neue Art von Energie, sondern nur die Möglichkeit des Gehirns, auf verschiedene Weise zu reagieren und dabei auch die Außenwelt mit einzubeziehen. (Statistiken über das Verbiegen von Löffeln oder Gabeln zeigen an, daß die Verursacher durchwegs zwischen sieben und vierzehn Jahren alt waren, stark aber traten die Neunjährigen hervor.)

Das Zauberwort dabei heißt »Suggestion«. Und eigentlich gilt es längst nicht mehr als Zauberwort. Ähnlich wie das Biofeedback gehört die Suggestion heute zu den modernen Bewußtseinstechniken. In manchen Arztpraxen begegnet man ihr, wenn unter leiser Musik Angst abgebaut wird mit berieselnder Musik und eigenen Suggestionsformeln gelingen Entspannungsübungen besser, beim Superlearning erinnert man sich etwa der natürlichen Sprachbegabung von Kindern und schaltet auf suggestive Art das bewußte Ich aus.

Kinder praktizieren dies unbewußt. Auch die Feuertänzerin schaltet ihr Wissen darüber aus, daß Feuer am Herd und beim Kochen Brandblasen verursachen kann. Bei Versuchen haben Kinder bewiesen, daß sie sich über die Festigkeit von Messer und Gabeln hinwegsetzen (und diese durch Gedanken verbiegen) können, ebenso flochten sie aus Metallstäben in versiegelten Gläsern eine Art gordischen Knotens.

Josephson sprach von einer neuen Art von Energie und forderte eine neue Definition des Realen und Nichtrealen für die Physik. Die Gehirnforschung sieht darin verschiedene Möglichkeiten des Bewußtseins, die Daten im Gehirncomputer abzurufen. Aus kindlicher Sicht würde man sagen, der Löffel, die Gabel, das Messer, der gordische Knoten im verschlossenen Glas und die glühende Kohle passen sich dem Weltbild des Kindes an. Indem Kinder nicht zwischen Geist und Materie, Fühlen und Denken, Phantasie und Wirklichkeit unterscheiden, lassen sie die Welt zu der ihren werden. Zwei Welten neigen sich einander zu . . .

Oder vielleicht besser: Für Kinder bestehen noch keine Trennungslinien. Der große Computer, das Gehirn, ist noch nicht so genau aufgeteilt und eingeteilt wie bei Erwachsenen. So übersiedeln das Körperwissen und die Beziehung zur Umwelt und zur Erde erst gegen Ende der ersten sieben Jahre langsam ausschließlich in das ältere Gehirnsystem. Gleichfalls beginnt die Trennung zwischen der linken Gehirnhälfte, dem Sitz logischen Denkens, das auch die Welt der späteren Beziehungen zu regeln scheint, und der rechten Gehirnhälfte, dem wahrscheinlichen Sitz des kollektiven Bewußtseins, sich erst ab vier langsam abzuzeichnen. Lange Zeit befinden beide sich in einem lebhaften Dialog beziehungsweise Austausch.

Denken in seiner höchsten Form wäre ein Denken in allen Möglichkeiten und nicht das trennende Denken einer dualistischen Logik. Diese Logik, unser rationales Denken, entbehrt nicht eines gewissen Paradoxons: Es hält zwar nicht viel von der Welt als Materie, mißt aber alle Vorschriften und Regeln an der festgeprägten Form dieser Welt. Unsere Logik rief zwar den menschlichen Geist zum Herrscher über die Natur aus, wird aber gleichzeitig mißtrauisch, sobald es um die Möglichkeiten dieses Geistes geht.

Der heutige Stand in Wissenschaft und Forschung gäbe durchaus Anlaß zu glauben, daß nun auch im Bereich des Denkens ein nächster Schritt möglich sein müßte: der Schritt zu einem integrierenden Denken. Kinder verfügen über dieses Denken – und vielleicht braucht die Physik sich nicht mehr nach einer neuen Definition des Realen und Nichtrealen umzusehen, wenn man Kinder als Grenzgänger zwischen den Welten und das Prinzip Kindheit als Verbindung zwischen der Welt des Geistes und jener der Materie entdeckt.

Übungen

Der Hauptzweck des Lebens auf dieser Erde und der Zweck jedes Lebens überhaupt scheine die evolutionäre Steigerung der Intelligenz zu sein. Dieser These schließen Wissenschaftler aus den verschiedensten Gebieten sich an. Was für die Biologie oder die Gehirnforschung noch verhältnismäßig neu ist, wird jedoch schon seit längerem für den Hauptzweck zumindest der Kindheit eines Menschen gehalten. Wir haben ausgeführt, daß jeder Erwachsene dazu tendiert, so zu denken, wie er es als Kind lernte. Erproben Sie es selbst:

- *Wenn Sie zu der Gruppe von Menschen gehören, die man »Jasager« nennt, versuchen Sie bei der nächsten Gelegenheit, nein zu sagen. Sind Sie ein »Neinsager«, bekunden Sie Ihre Zustimmung in Zukunft möglichst oft mit einem Ja.*
- *Führen Sie dieses Experiment aber nicht unbedingt in Situationen durch, in denen es wesentlich ist, ob Sie ja oder nein sagen, aber versuchen Sie einmal das Gegenteil von dem, was Sie gewohnt sind. Falls Sie zu den großen »Schweigern« zählen, beteiligen Sie sich eifrig an der nächsten Diskussion, in die Sie geraten. Und wenn viel zu reden Ihr besonderes Merkmal ist, hören Sie einmal eine Stunde nur zu.*
- *Beobachten Sie sich dabei genau und versuchen Sie zu entdecken, was zuerst da ist, das Denken oder das Gefühl – vielleicht sogar der Körper.*
- *Nehmen Sie sich eine Stunde Zeit und untersuchen Sie Ihre Denkgewohnheiten darauf, was an Ihnen Denken ist und wo es sich um Gefühle und alte Denkgewohnheiten handelt.*
- *Beginnen Sie Gewohnheiten über Bord zu werfen. Lassen Sie sich zuerst einen triftigen Grund dafür einfallen, warum Sie eine Gewohnheit nun nicht zur Kenntnis nehmen, sie für einige Zeit ändern oder ganz aufgeben. Beobachten Sie, wie das Gefühl gegen das Denken ankämpft und wie gut es ihm meist gelingt, neue Ausreden*

zu erfinden, um das Bisherige beibehalten zu dürfen. (Natürlich klingen die Ausreden völlig logisch!)
Wenn Sie Ihr Denken ein wenig zu durchschauen anfangen, kehren Sie dorthin zurück, wo es entstand: in Ihre Kindheit. Wenn Sie schon nicht Messer und Gabel verbiegen können, so vermögen Sie doch das Kind in sich selbst zurückzuzaubern. Lassen Sie sich von Ihrem Kind in die magische Welt aller Kinder zurückführen und dabei Ihre und die Phantasie des Kindes spielen.

- *Bitten Sie das Kind in einer ruhigen Stunde, zu erzählen, wie es einst die Jahreszeiten erlebte. Stapfen Sie mit dem Kind durch den Schnee, hören Sie ihn knirschen. Reiben Sie sich die kalten Daumen. Plötzlich entdecken Sie im Schnee eine halb zugeschneite Schneerose. Wünschen Sie sich gemeinsam von der Schneerose eine Geschichte.*
- *Riechen Sie den Duft des Frühlings. Laufen Sie zum erstenmal seit langer Zeit barfuß über eine Wiese, pflücken Sie die ersten Blumen. Bei einer Blüte sammelt eine Biene eifrig Pollen. Die Biene berichtet Ihnen und dem Kind neben Ihnen, wie Bienen sich fühlen, was ihnen Vergnügen bereitet und was schmerzt.*
- *Erleben Sie gemeinsam ein heftiges Sommergewitter, spüren Sie die dampfende Hitze, fürchten Sie sich gemeinsam vor dem Blitz und dem Donner, und während Sie auf einen geschützten Platz zulaufen, entdecken Sie dort einen jungen Feldhasen. Er beginnt Ihnen und dem Kind Geschichten von seinem Leben zu erzählen, von Füchsen und von Rehen und davon, wie man sich als Hase zwischen den anderen, größeren Tieren fühlt.*
- *Im Herbst entführt Ihr Kind Sie vielleicht zu einem Erntedankfest. Riechen Sie an den köstlichen Früchten, spüren Sie die prallen Ähren, und lassen Sie sich und dem Kind von einer alten Bäuerin erklären, was mit der Ernte*

geschieht. Stellen Sie sich gemeinsam vor, wie die Samen der eben geernteten Getreideähren im Frühjahr wieder in den Boden gelegt werden und dort austreiben.

Wenn Sie von Ihrer Reise durch die Jahreszeiten zurückgekehrt sind, stellen Sie sich die vielen kleinen »Samen«, aus denen unser Denken besteht, bildlich vor. Unzählige Samen sind es, weil jede Information in unserem Gehirn viele neurologische Prozesse durchläuft, ehe sie zu dem wird, was wir schließlich »Denken« nennen.

Vergleichen Sie die zwei Arten zu denken: Was sagt Ihnen zu, logisches Denken oder das Erleben der Welt mit Hilfe der Sinne? Haben Sie jetzt eine Entscheidung getroffen, so ist dies ein Rückfall in das teilende dualistische Denken, selbst wenn Sie die Welt der Sinne wählten.

Wenn wir anerkennen, daß jede Art zu denken zuerst einmal von der Chemie unseres Körpers, vom Körperdenken und von unseren Gefühlen geprägt wird, können wir bewußt in die magische Gefühlswelt zurückkehren. Sie gibt uns immer wieder neue Kraft für die Welt des logischen Denkens und kann uns zu jenem integrierenden Denken hinführen, das Logik und Gefühl nicht mehr trennt.

Superlearning und noch mehr – neue Lernmethoden lösen Blockaden aus der Kindheit auf

»Wir beginnen eben erst zu lernen, wie man lernt«, sagen die Anhänger neuer Lernmethoden, etwa des *Superlear-*

nings. Von Intelligenzsteigerung hört man und davon, daß neues Lernen nicht nur Wissensvermittlung bedeute, sondern auch einen neuen »möglichen Menschen«.

ROBERT ANTON WILSON weist darauf hin, daß eine Intelligenzsteigerung schon deshalb dringend notwendig sei, weil alle Probleme durch die Unempfindlichkeit und Uneinsichtigkeit der Menschheit verursacht oder verschlimmert würden. Selbstironisch vergleicht er unsere Spezies mit schlecht eingestellten Robotern, die alle durcheinandertaumelten und einander verstümmelten oder gar vernichteten. – Die Geschichte der Beziehungen zwischen den Völkern gibt ihm recht.

Betrachten wir zunächst das Lernen.

Stellen Sie sich vor, Sie könnten in einer einzigen Fremdsprachensitzung fünfhundert neue Wörter lernen und diese noch nach Tagen alle im Gedächtnis haben. – Kehren wir zu (sehr gutem) »altem« Lernen zurück: Bei diesem gelten zweihundert Wörter nach dreißig Stunden und vielen Übungen als ausgezeichnetes Ergebnis.

SHEILA OSTRANDER und LYNN SCHROEDER berichten von dreimonatigen Sprachkursen, die einem üblichen Sprachunterricht von zwei bis drei Jahren entsprachen, und von ähnlichen Versuchen in Mathematik, Physik und Biologie. Den Bewußtseinsforschern ROBERT MASTERS und JEAN HOUSTON gelang es, Versuchspersonen in Trance beizubringen, wie sich frühere Sprachkenntnisse oder Klavierspielen wieder so aktivieren lassen, daß sie den in der Jugend erlernten Fähigkeiten gleichkommen. Die Sprachwissenschaftlerin JANE BANCROFT schaffte es mit Hilfe ihrer Supergedächtnismethode, das Lesevermögen von geistig zurückgebliebenen und behinderten Kindern innerhalb weniger Wochen um den Lernzuwachs von beinahe einem Jahr zu steigern.

Wie lassen sich die Phänomene von Supergedächtnissen, Superlearning oder Neulernen in Trance erklären?

Die Methoden jeder Art von Superlearning sind möglicherweise nichts anderes als der Versuch, das Prinzip Kindheit abzuwandeln, Körper, Gefühlen und Geist wieder das zurückzugeben, was ihnen während der Kindheit genommen wurde.

Der Quantensprung des Lernens, das Lernen über das Lernen, hat seine Wurzeln in den heute schon dreißig Jahre alten Versuchen des bulgarischen Psychiaters GEORGI LOZANOW. Er wollte ein Programm erfinden, das den Menschen Ängste und Schuldgefühle nimmt, und stieß dabei auf die neue Art zu lernen. In gewissem Sinn bedeutet Superlearning, ohne Angst und ohne schlechtes Gewissen zu lernen. Es ist sozusagen ein befreites Eintauchen in die Möglichkeiten unseres Gehirns, ohne daß dieses von dem behindert wird, was in ihm selbst als unmöglich gespeichert ist.

Daher geht es bei der neuen Art des Lernens zuerst darum, Blockaden abzubauen. Dazu werden zunächst die Körperabläufe des Lernenden verlangsamt. Übungen zur Tiefenentspannung, Musik und ein bestimmter Rhythmus in der Stimme des Vortragenden beruhigen den Körper, und der Geist wird leistungsfähiger. Die Vorgänge scheinen nicht nur Hemmungen im Körper abzubauen, sondern auch das Gehirn beginnt sich zu entspannen. Die gleichmäßigen Alpha-Wellen lösen die Beta-Wellen ab, dies gewährleistet eine bessere Zusammenarbeit von rechter und linker Gehirnhälfte und daher ein effektiveres Lernen. – Normalerweise denken wir nur links und hauptsächlich mit Hilfe der schnellen Beta-Wellen. Dies liefert zwar genaue und logische Information, aber die Muster des Denkens werden nach Meinung mancher Gehirnforscher von der rechten Seite beziehungsweise von den langsameren Alpha-Wellen zusammengestellt.

Unsere übliche Art zu lernen bedeutet also die Beschäftigung mit der »Faktenfabrik« der linken Gehirnhälfte, neues Lernen umfaßt hingegen das ganze Körper-Geist-Kontinuum Mensch.

So führt etwa das rhythmische Atmen bei jeder Form von Superlearning nicht nur zu einem besseren Zusammenspiel innerhalb des Gehirns, sondern vor allem zu einer effektiveren Sauerstoffversorgung unseres »Denkcomputers«, der üblicherweise dreimal soviel Sauerstoff wie der Körper benötigt.

Alle Voraussetzungen für das Superlearning, die der Erwachsene bewußt schafft, finden sich beim Kind noch in natürlicher Weise.

- Das rhythmische Atmen: Sehen Sie sich ein Baby oder ein spielendes Kleinkind an, beobachten Sie, wie tief es in den Bauch hinein atmet, und fragen Sie sich, warum Erwachsene so oft den Atem anhalten oder unrhythmisch atmen.
- Der entspannte Körper: Kinder sind immer entspannt. Betrachten Sie Kinder nach einem langen Flug und daneben Erwachsene. Kinder kennen keinen Widerstand, keine Konkurrenz, kein Ziel und anfangs nur wenig Angst. Sie leben in ihrem eigenen Augenblick und haben darin reichlich Energie.
- Das Zusammenspiel des ganzen Gehirns: Alle Möglichkeiten werden in Erwägung gezogen, es bestehen noch keine Entweder-oder-Grenzen. Wir bräuchten also nicht unbedingt einen Sprung in der Evolution, wenn wir Kinder Kinder sein ließen.

Ein Beispiel dafür sind Versuche in Bulgarien, die vor allem mit der Tatsache aufwarten, daß es keine »Versager«

gibt. »Durchfallen« in der Schule wird zum Fremdwort, wenn auf die gesamte Persönlichkeit des Kindes eingegangen wird und jeder Schüler Freude am Lernen hat. Diese Art von pädagogischer Suggestion zeigt einen weiteren Vorteil: Die unterschwellige Erwartung des Lehrers, daß ein bestimmtes Kind schlechter oder besser abschneide, entfällt. Jedes Kind fühlt die Erwartung anderer, und gemeinsam mit dem Leistungsdruck steht sie gutem Lernen im Weg.

Gerade beim Prinzip Kindheit dürfen wir nicht von unseren Eigenschaften und Fähigkeiten ausgehen, sondern müssen über unsere Mauern hinaussehen zu den Möglichkeiten, die Gehirn und Geist uns bieten. Superlearning ist ein Beispiel dafür – vor allem auch deshalb, weil es sich dabei nicht um unser übliches, engbegrenztes Lernen handelt, sondern um Lernen für den Körper, für Gefühle und um Lernen über das Lernen. Lozanow meinte von seiner Methode, wir könnten damit die Wahrnehmungen, die wir haben wollen, kontrollieren und auswählen, würden gleichsam »Selbstentwickler«.

Denken wir an die Offenheit, die Entspanntheit, die das Kennzeichen all der phantastischen neuen Arten von Lernen sind. Sehen wir Kindern beim Spielen zu, und lassen wir uns auf ihre Art von ihnen Geschichten erzählen. Wenn sie nicht überfordert werden, lernen sie mit Spaß und Freude.

Ein Beispiel für kindgerechtes Lernen liefern etwa die alten brahmanischen Traditionen Indiens. Sie sahen vor, daß ein Kind bis zum zehnten Lebensjahr die Welt spielend erleben durfte, und erst wenn das Kind für die Logik bereit war, der sogenannte »Ernst des Lebens« begann. Die Anthroposophie legt Wert darauf, daß Kinder ihr Wissen ganzheitlich erleben, nicht nur denkend, sondern auch fühlend. Man lernt zum Beispiel Geschichte nicht als abstrakten Stoff, sondern eingebettet in Musik, Literatur und die Lebensgewohnheiten einer Epoche. Außerdem betrachtet man die ersten sieben Lebensjahre als die Zeit der Nachahmung, während der zweiten sieben Jahre werden Kinder zu Zuhörern, die in einem Unterricht, der zwischen Tätigkeit und Spannung und Ruhepausen hin und her pendelt, Gefühle lernen sollen. Dies soll ohne Urteile geschehen und das bildhafte und symbolische Denken schulen. Erst nach der Pubertät geht man zu einem realitätsbezogenen Unterricht über, den Kinder dieses Alters auch selbst fordern.

Das langsame und kontinuierliche Heranreifen der Intelligenz ist eine Erfahrung, die Kulturen lange vor uns sammelten und der auch viele heute übliche Lehr- und Lernmethoden gerecht werden.

Und wenn – weitergedacht – das Gehirn und der menschliche Geist zu einer Art »Superlearning« und zur Selbstentwicklung hin zu einem neuen Menschen fähig sind, so könnte man einen beabsichtigten Plan der Natur darin sehen. Das einzige, was diesem Plan nicht zu folgen scheint, ist das zu früh kommende Wissen des Menschen. Erlaubte man dem Prinzip Kindheit auszureifen, und ließe man Kindern den Spaß und die Entspanntheit des Körpers, entstünden keine Blockaden in Form von Ängsten oder durch zuviel Liebe; würden wir ihr Denken nicht zu früh eingrenzen und mit Zeugnissen versehen, bräuchte niemand einen Kurs in Superlearning. Aus einem neuen Intelligenztest geht hervor, daß die eigene Intelligenz zu wachsen beginnt, wenn einem die Welt täglich geheimnisvoller, spaßiger und größer erscheint, und daß wir uns von den gewohnten Denkmustern fesseln lassen, wenn wir sie beengend und widerwärtig finden.

Übungen

Beginnen wir auch hier gleich damit, das Denken ein wenig in Bewegung zu bringen und Gewohnheiten zu ignorieren. Eine Disziplin, die diese Art zu denken praktiziert, ist die Gestalttherapie. Nach dem Gestalttherapeuten Fritz Perls *etwa führen alle Erfahrungen, die wir in unserem Leben sammelten, in unserem Unbewußten ein Eigenleben, das sich auf unseren Körper, unser Fühlen und Denken auswirkt. Träume zum Beispiel hält die Gestalttherapie für ein Drama, das die vielen Teilpersönlichkeiten in uns gemeinsam aufführen. Der Münchener Psychologe* Jürgen vom Scheidt *geht davon aus, daß wir aus recht wirklichen Teilpersönlichkeiten bestehen. Demzufolge hätte jeder seinen eigenen inneren Arzt, seinen Lehrer – und natürlich sein inneres Kind.*

Nun mag man sich, je nach Vorliebe, im Sinne Sigmund Freuds *an Assoziationsketten halten, also an das Gedächtnis, oder diese in leibhaftige Teilpersönlichkeiten umwandeln – festzustehen scheint, daß wir alle zu bestimmten Situationen bestimmte Einstellungen haben. Daher kann es gerade, wenn es sich um das Lernen und um neue Arten zu lernen handelt, hilfreich sein, auch den einstigen Lernenden in sich, die Schülerin oder den Schüler, wiederzuentdecken.*

- *Suchen Sie sich einen ruhigen Ort, an dem Sie etwa eine Stunde lang ungestört sind. Nehmen Sie Schreibzeug mit.*
- *Schließen Sie die Augen und atmen Sie wiederholt tief und langsam ein und aus. Wenn Sie sich entspannt haben, stellen Sie sich vor, Sie befinden sich in dem Garten Ihrer Kindheit, in Ihrem Lieblingspark oder auf dem Lieblingsspielplatz.*
- *Sie laufen zu der Schaukel, auf der Sie sich immer in die Luft schwangen, oder Sie setzen sich im Geist auf die*

Schaukel, die Sie immer schon besitzen wollten. Beginnen Sie langsam zu schaukeln, atmen Sie beim Zurückschwingen ein und beim Vorwärtsschwingen aus. Ihre Schaukelbewegungen werden stetig höher, Sie fühlen sich leicht und unbeschwert. Jeder Schaukelzug bringt Sie ein wenig weiter aus der Gegenwart zurück in die Vergangenheit. Sie riechen die Bäume Ihrer Kindheit rund um sich, hoch über sich hören Sie einen bekannten Vogel zwitschern, und plötzlich schaukeln Sie ganz leicht in eine andere Welt hinüber.

- *Vorsichtig setzt die Schaukel Sie vor einer Schulbank ab. Es ist Ihre eigene. Sie haben eine Zeitreise unternommen und sitzen wieder in der ersten Klasse.*
- *Erinnern Sie sich noch an den Schulweg, an die Lehrerin? Wie sah Ihr Schulranzen aus? Was für ein Pausenbrot hatte die Mutter Ihnen mitgegeben?*
- *Nehmen Sie jetzt den Kugelschreiber zur Hand und schreiben Sie alles auf, an das Sie sich erinnern. Versuchen Sie es mit der linken Hand, wenn Sie Rechtshänder sind, und umgekehrt. Wahrscheinlich fließen die Erinnerungen dann um einiges schneller.*
- *Begleiten Sie das Kind bei Schulschluß nach Hause. Sehen Sie ihm beim Erledigen der Aufgaben zu. Unterhalten Sie sich mit ihm. Hat das Kind in Ihnen gerne gelernt, wie war das Verhältnis zu den Lehrern? Welche Gegenstände fielen ihm schwer, was bereitete Vergnügen?*
- *Wenn der Schüler in Ihnen sein Lernpensum geschafft hat, gehen Sie gemeinsam mit ihm in den Garten, den Park oder zur Phantasieschaukel. Lassen Sie alle notierten Erinnerungen beiseite, schließen Sie wieder die Augen und beginnen Sie, gemeinsam zu schaukeln.*
- *Mit einem großen, sanften Schaukelzug kehren Sie in die Gegenwart zurück. Fragen Sie sich, warum Sie heute als*

Erwachsener immer noch gerne lernen oder warum Sie jede Art von Lernen verabscheuen. Falls Ihnen der Grund dafür jetzt klar ist, können Sie die Schülerin oder den Schüler in Ihnen von Zeit zu Zeit zu einem ergänzenden Gespräch aufsuchen.

Wie erlebten Sie den Ausflug in die Schulzeit?

Was war es für ein Gefühl, wieder auf der Schulbank zu sitzen, wieder Hausaufgaben zu erledigen?

Auch die Wissenschaft beschäftigte sich mit den Gefühlen von Schülern und Lernenden. Bei Untersuchungen mit Biofeedback-Geräten begannen die Geräte stark auszuschlagen, wenn Erwachsene gebeten wurden, sich an die Schulzeit zu erinnern. Die meisten verbanden traumatische Erlebnisse und eine unerklärliche Angst mit dem Begriff »Lernen«, die das Lernen weiterhin als ein sehr negatives Erlebnis einstufte.

Die Furcht vor dem Lernen führt manchmal so weit, daß Erziehungswissenschaftler wie NOEL MCINNIS *meinen, Kinder lernten oft nur eines: die ihnen übertragene Aufgabe nicht zu erledigen. Leider vergessen wir dies als Erwachsene ebenfalls nicht und verwenden einen großen Teil unserer Zeit darauf, in komplizierten inneren Monologen zu begründen, warum wir etwas nicht zu tun brauchen und Anforderungen auszuweichen. Doch entgeht uns dadurch eine Reihe guter Möglichkeiten, unter anderem die Kunst, etwas ganz und sehr gut auszuführen, uns besonderen Anforderungen zu stellen und manch schöne Aufgabe zu bewältigen.*

Das Geheimnis dahinter, ob wir Lernen als Belastung oder als Chance empfinden, erschöpft sich aber nicht in der Frage, ob wir angstvoll oder offen lernen. Wesentlich ist auch der Zusammenhang, sind die Beziehung zwischen Lernendem und Lehrendem, zwischen Wissensdurst und Wissen und die Querverbindungen innerhalb des Wissensstoffs selbst.

Kinder könnten schneller lernen, wenn sie mehr Fragen stellen dürften und so ein Bindeglied zwischen ihnen und der Information entstünde. Eine neue Art des Lernens, das Synetics-Programm, will durch Verbinden Vertrauen schaffen und beide Gehirnhälften beschäftigen. Es zielt auf ganzheitliche Schulung des Gehirns und ganzheitliche Weltsicht ab.

Versuchen Sie sich einmal – in der Vorstellung – mit Schülern einer dritten Grundschulklasse gemeinsam in eine Schulbank zu setzen, der Unterricht erfolgt nach der »Synetics«-Methode.

- *Stellen Sie sich gemeinsam mit den Schülern die Frage, was das Wachstum eines Eies und das Wachsen eines Samens gemeinsam haben.*
- *Notieren Sie sich verschiedenste Antworten.*
- *Vergleichen Sie diese mit den ersten Antworten von Neunjährigen, die noch vom getrennten Denken gekennzeichnet waren und deren Inhalte vor allem darin bestanden, daß Hühner laufen können, Pflanzen keine Federn haben und die Kinder Blumen lieber sahen als Hühner.*
- *Nach William J. J. Gordon beruht unsere Fähigkeit zu lernen auf der Kunst, Verbindungen herzustellen. Überdenken Sie angesichts dieser Lernthese in Ruhe noch einmal alle möglichen Verbindungen zwischen Ei und Samen.*
- *Als Erwachsener antworten Sie sicherlich differenziert und facettenreich, aber überlegen Sie sich, ob die Antworten entfernt so schön wie die eines Kindes sind: »Allein das Ei und das Samenkorn wissen, was sie dereinst sein werden, wenn sie größer werden ... Irgend etwas in ihrem Inneren erzählt es ihnen.«*

Das »Synetics-Programm« lehrt uns die Kunst, nichts mehr isoliert zu betrachten. Wenn wir lernen, Gewohnheiten zu ändern, bemerken wir, wie sehr Denken von Gefühlen abhängt, und mit Hilfe des Zusammenhangs kommen wir unseren falschen und trennenden Denkkategorien auf die Spur.

- *Wenn Sie Probleme haben, mit gewissen Situationen nicht fertig werden, Angewohnheiten zeigen, die Ihnen mißfallen, ziehen Sie sich für eine Stunde mit dem Kind in Ihnen zurück und beginnen Sie, Zusammenhänge zwischen dem Heute und dem Gestern zu sehen. Betrachten Sie diese, ohne sie zu beurteilen, schauen Sie alten Ängsten, alten Hemmungen, Barrieren und Gewohnheiten einfach nur zu. Überlegen Sie dann gemeinsam, ob aus heutiger Sicht nicht längst andere Verbindungen geschaffen werden könnten. Lassen Sie sich zum Beispiel von dem Schüler in Ihnen alle Gründe erklären, warum er ungern, gar nicht oder sehr eifrig gelernt hat (auch das kann verdächtig sein, weil öfter die Angst als die Freude am Lernen dahinter steht). Verbinden Sie diese Gründe mit den vielen positiven Aspekten, die Vergnügen versprechen und dazu anregen, täglich mehr zu lernen.*
- *Falls Ihnen die Methode, Ideen zu verbinden, nicht sehr liegt, greifen Sie zu einer anderen List, um Ihrem Denken vom Inhalt her auf die Spur zu kommen: Zerstreuen Sie es. Legen Sie sich eine Liste von Ideen an, an die Sie besonders fest glauben. Schreiben Sie neben jede Idee alle möglichen Gründe, warum sie für andere Menschen, andere Situationen, andere Zeiten nicht unbedingt stichhaltig sein muß. Notieren Sie zuletzt, warum die Idee auch für Sie selbst eigentlich nicht unbedingt verbindlich sein muß. Seien Sie nicht erstaunt, wenn Sie sogar hinter der logischsten Idee irgendwo auf das Kind in Ihnen stoßen.*
- *Wenn Ihnen jetzt auffällt, daß dieses Kind von vornherein hinter der verbindenden Art des optimistischen Denkens und der skeptisch-zerstreuenden Methode stand, kön-*

nen Sie beide Denkspiele nach Lust und Laune kombinieren. Wenn Sie Menschen begegnen, die Ihnen nicht sympathisch sind, zählen Sie gedanklich rasch alle möglichen Gemeinsamkeiten zusammen und versuchen Sie dann, sich hinter der Mimik, den Gesten und der Handlungsweise Ihres Gegenübers das Kind in ihm vorzustellen. Wenn Sie von etwas oder von jemandem sehr schnell begeistert sind, erfinden Sie Gegengründe, betrachten Sie den Gegenstand, die Angelegenheit oder die Person mit den Augen des Kindes in Ihnen. Oder versuchen Sie sich die Person, die Sie so einnimmt, als aufmüpfigen, braven, abenteuerlustigen oder schüchternen Jugendlichen zu sehen.

- *Wenn Sie sich lange genug im Verbinden und Zerstreuen von Ideen, Glaubenssätzen und Überzeugungen geübt haben, unterhalten Sie sich bei nächster Gelegenheit mit einem Kind zwischen acht und zwölf. Falls Sie nun schon gelernt haben, das Denken ebenso ernst wie unernst zu nehmen, ziehen Sie großen Gewinn daraus.*

Das Rätsel Erkenntnis – das Kind zeigt uns den Weg

»Ohne das Tor zu verlassen, kannst du das Erdreich fassen«, sangen die BEATLES in einem ihrer größten Schlager, in dem sie sich eines Ausspruchs des chinesischen Philosophen LAOTSE bedienten. In unserem Zusammenhang erinnert das Wort Laotses an die phantastischen Möglichkeiten des menschlichen Gehirns, das sich immer wieder neue Welten schaffen kann, wenn es sich erst einmal selbst durchschaut hat. Es trägt die Fähigkeit dazu in sich selbst. Es vermag Luftballon und Schöpfer zugleich zu sein, alles und nichts, und ist der Bewahrer eines der letzten großen Geheimnisse der Welt: der menschlichen Erkenntnis.

»Ohne das Tor zu verlassen ...« – auf wen trifft dies zuallererst zu, wenn nicht auf das Kind. Der Wachstumsplan für das Heranreifen der Intelligenz trägt alles in sich, um das Erdreich tatsächlich zu fassen.

Die Kindheit ist jene Zeit, in der sich der Geist überwiegend selbst genügt. Jedes in sein Spiel versunkene Kind beweist uns, daß seine Welt anfangs eine sehr verschlossene ist, die nicht zu viele Tore zur Außenwelt braucht. Das Kind schreitet von einer Erfahrung zur nächsten fort und lernt so langsam die Welt zu begreifen.

Wenn wir uns in diesem Kapitel auf die Suche nach einer Lösung des Rätsels begeben, die alle anderen Geheimnisse aufdeckt, so scheint die menschliche Erkenntnis stets mit einem genauen Wachstumsplan für das Denken verbunden zu sein, für das Denken des Körpers und das Gefühlsdenken.

Es ist zweifellos eine aufregende und schwierige Expedition, weil wir uns dabei über die bereits bekannten Gebiete der Kindheit hinaus in Bereiche wagen, in denen es oft nicht leicht ist, einen Schritt dem anderen folgen zu lassen. Das Gehirn hat zwar Analogien geschaffen, will man den Analogien des Gehirns aber auf die Spur kommen, so entdeckt man, daß die Gleichartigkeiten, die Entsprechungen, das Entweder-oder-Schema, in dem der Denker denkt, keineswegs die Landkarte des Denkens bestimmen.

Vielleicht verlassen wir gerade deswegen die geradlinige Marschroute und versuchen, uns dem Ziel auf Umwegen zu nähern, indem wir das Gehirn umkreisen. Moderne Physiker versuchen uns zu erklären, daß Sucher und Gesuchtes nicht voneinander zu trennen sind, sondern der Sucher das Gesuchte beeinflußt. Auf das Prinzip Kindheit angewandt, bedeutet dies, wie wir sahen, daß die Welt der Erwachsenen die des Kindes beeinflußt und die Welt des Kindes die der Erwachsenen. Das Gehirn teilt LEONARD ORR demzufolge funktionell in zwei Bereiche ein: in den des Denkers und den des Beweisführers. Diese eher symbolische Einteilung des Gehirns hat eine lange Geschichte: Die Erde war so lange eine Scheibe – und dies galt auch als bewiesen –, bis der erste Denker an eine Kugel zu denken wagte und sein Beweisführer dies ebenfalls als richtig erachtete.

Dieses grundlegende Beispiel für menschliches Denken läßt sich bis heute fortsetzen. ROBERT ANTON WILSON erinnert daran, daß die Menschheit sich heute für sterblich, unsterblich und beides zugleich halten könne. Der Großteil westlicher Denker ist davon überzeugt, daß dieses Leben auf unserer Erde nur einmal stattfindet, ebenso wird aber die These vertreten, daß der Mensch eigentlich unsterblich sein könnte. Der Osten verbindet beide Denkarten zu der uralten Idee der Wiedergeburt.

Wir denken und beweisen uns dasjenige, was wir zu denken gelernt haben. Wir glauben an christliche, buddhistische, marxistische, wissenschaftliche und nihilistische Universen, und zwar in dem Maße, wie wir als Kind daran zu glauben gelernt haben. Also verwundert es nicht, daß das Gehirn und die gesamte Welt für die einen eine Art »Geistesstoff« darstellt, dem alles möglich ist, während für andere das Denken als Reduktionsmechanismus fungiert. Er soll verhindern, daß die Welt in ihrer Vielfalt und Komplexität ungefiltert über den Menschen hereinbricht. Im Spiegel der Entwicklung des kindlichen Denkens ist es beides zugleich: ein Damm, der das Kind und später den Erwachsenen vor dem reißenden Strom der Wirklichkeit schützt, und das beste Werkzeug, sich eine schönere Welt zu erschaffen. Und die Kindheit ist die beste Gelegenheit, den schützenden Damm als Sprungbrett für ein besseres und ganzheitliches Denken zu benutzen.

Das Gehirn als Schutzwall

Wer kennt nicht die emotionale oder auch logische Fixierung in einer Situation, die uns einengt, verängstigt und die kein Hinausdenken über den augenblicklichen Horizont erlaubt. Andererseits wundern wir uns, wenn wir entspannt spazierengehen und in einer vertrauten Umgebung plötzlich vieles entdecken, das wir nie zuvor sahen. Die Filter, durch die wir unsere Umgebung sonst sehen, sind offenbar ein wenig beiseite geschoben, und der Damm, mit dem unser Gehirn normalerweise schützt, ist weniger hoch. Wenn längst vergangenes Wissen zu einem geeigneten Zeitpunkt wieder auftaucht und das Gehirn ausnahmsweise ohne Barrieren arbeitet, gehen wir gewissermaßen auf diesem Damm spazieren. Das gleiche gilt, wenn Menschen unter Hypnose von Geschehnissen berichten, an die sie sich im Wachzustand nicht erinnern.

Die schützende Funktion des Gehirns mag manchmal hinderlich sein, aber sie ist entwicklungsgeschichtlich notwendig. Blicken wir zurück auf die Entstehungsgeschichte des Menschen. Die Grundmuster des entstehenden Gehirns paßten sich in der Geschichte der Erde und des Lebens darauf ebenso der Vielfalt der Schöpfung an, wie es das einzelne Gehirn jedes Fötus vollzieht. Denken und

Wahrnehmen sind am Anfang kaum mehr als Anpassung an das, was geschieht.

So wie Naturvölker und Kinder zuerst mit der Natur leben und diese gleichsam mit deren Augen wahrnehmen, sie als eine Welt der Farben, Töne und Empfindungen erleben, so war und ist Denken im ursprünglichsten Sinn reines Miterleben.

Um die Fähigkeit des Denkens, so wie wir Denken üblicherweise begreifen, zu entwickeln, um die Fähigkeit der Abstraktion und Kombination zu erlernen, mußte das Gehirn sich, bildhaft ausgedrückt, gegen die dauernde Überflutung von Sinneseindrücken wehren. Das Blickfeld mußte begrenzt, die Wirklichkeit gefiltert und Wesentliches von Unwesentlichem getrennt werden.

Zweifellos hat das zuvor so benannte »logische Denken« eine ähnliche Filterfunktion und als solche die Aufgabe, die für das Überleben der Menschheit notwendige Wirklichkeit zu schaffen. Die entsprechende Wirklichkeit gelingt aber kaum je, weil wir schon in den Kindern den unbewußten und nützlichen Dammbau des Gehirns zu früh auslösen und zu bald auf einteilendem und urteilendem Denken bestehen. Das Gehirn des Kindes muß sich dann nicht nur gegen die natürliche Überforderung durch eine vielfältige Welt schützen, sondern auch gegen die unnatürliche Überforderung der Kinderwelt durch die Welt der Erwachsenen, die auf diese Weise jede ganzheitliche Weiterentwicklung hemmt.

Das Gehirn in unserem Körper

Über das »Gehirn im Körper« führt, wie wir bereits sahen, wohl einer der interessantesten Pfade zum Endziel namens Erkenntnis. Dieses Informations- und Kommunikationssystem reagiert schneller als die »grauen Zellen« in unserem Kopf. Jeder weiß von gewissen Situationen, in denen das Körperbewußtsein lange vor dem Gehirn antwortet. Der »Instinkt« scheint unser schnellstes »Denken« zu sein, über die Chemie in den Körperzellen zu funktionieren und auch dann beteiligt zu sein, wenn wir meinen, logisch zu denken.

Moderne Psychotherapien lassen den Schluß zu, daß nicht nur das Gehirn die Körperfunktionen beeinflußt, sondern es vor allem über den Körper beeinflußt wird. So vermittelt die Entspannung der Muskeln auch dem Gehirn das Gefühl des Dahinfließens. Mit Hilfe von Techniken wie »Rolfing« oder der Gestalttherapie erleben viele Menschen eine neue, körperlich-geistige Sicht der Welt. Anhand einer gezielten Behandlung bestimmter Körperteile werden dabei Kindheitserinnerungen, verdrängte Schocks, Ängste und Abwehrhaltungen gleichsam aus dem Körper befreit.

Dieser übernimmt ja gerade in der Kindheit oft die Rolle des »Abfalleimers« für die überquellende Seele. Aber nicht nur als Kind gibt der Mensch seelische und geistige Verrenkungen an diese oder jene Muskelgruppe weiter, auch später begegnen wir Streßsituationen, wie schon gesagt, mit der in der Kindheit erworbenen Körperhaltung.

Entläßt man beim Rolfing oder anderen Methoden der Körperbefreiung die vielen aufgestauten, in der Erinnerung des Körpers festgehaltenen »Blitze«, massiert man Verspannungen weg, so sieht man die Welt mit anderen, vielfach aggressionsfreieren Augen.

Manche Schatzsucher deuten den Pfad des Körperwissens als den Weg des Unbewußten. Ihnen zufolge ist all das, was dem Menschen an Wissen von Generationen vor ihm mitgegeben wurde und was er an eigener vergessener Erfahrung besitzt, in jeder einzelnen Zelle des Körpers gespeichert. Dieser Körper denkt gewissermaßen sinnlich, denkt in Gerüchen, Geräuschen, denkt tastend. Er denkt schon als Embryo im Mutterleib. Selten aber wird dem Kind erlaubt, die Wirklichkeit mit dem Körper zu ertasten, zu erfühlen und erschmecken. Darum blieb das Körperwissen bisher ein ziemlich unbekannter, »verwilderter« und schwer begehbarer Seitenweg zu den Geheimnissen des Gehirns. Und deshalb sind das Unbewußte und der Körper gleichermaßen verspannt und verhärtet und können dem Gehirn nicht mehr die friedvolle Botschaft einer Welt vermitteln, in der wenigstens die Sinne ganz »denken« dürfen. Und dieser Grund ist es wohl auch, aus dem das Denken später die Beziehung zur Umwelt leugnet und das einseitig logische Denken meint, sich diese Welt nach Belieben anpassen zu können.

Vielleicht sind es gerade die verwilderten Seitenpfade, die uns dem Ziel am ehesten näher bringen.

Vermittler zwischen dem Körperdenken und dem logischen Denken ist, wie wir schon ausführten, das emotionale Denken; es sind die Gefühle, die das Kind kennenlernt. Wie ein Kind bis zum zwölften Lebensjahr mit diesen Gefühlen umzugehen lernt, wie offen und angstfrei es die Umwelt erleben darf, bestimmt die Breite dieser Verbindungsstraße, die zum abstrakten Denken führt. Dieser vereinende Weg der Gefühle scheint, das erwähnten wir bereits, auch der Schlüssel zu Krankheit und Gesundheit zu sein. Euphorie und Wut, Entzücken, Forscherdrang und Sattheit, Lust und Gewalttätigkeit entstehen im emotionalen Zentrum. Und wenn wir mit Hilfe der Imagination in die Kindheit zurückgehen, geschieht es anhand des Gefühlsdenkens.

Unser Gehirn als Denkapparat

Es mag paradox klingen, und doch ist unser geschmähter Denkapparat das beste Mittel, zum Ziel zu gelangen. Die Wege mögen verschieden sein, aber Erkenntnis über die Erkenntnis erhalten wir zunächst nur durch sehr logisches Denken. Dies erfolgt vor allem in der linken Hälfte der Großhirnrinde.

Der Kampf der Geschlechter brachte es mit sich, daß die Zweiteilung des Gehirns sich nicht nur auf logisches und intuitives Denken, Bewußtes und Unbewußtes bezieht, sondern der Beigeschmack von einer Art männlichen und einer Art weiblichen Gehirns hinzutrat. Nach manchen Interpretationen sei die rechte Hälfte die Domäne der Frauen – dort darf ganzheitlich gedacht werden (wobei »ganzheitlich« manchmal mit »unlogisch« gleichgesetzt wird). Diesem intuitiven Denken der rechten Hälfte schreibt das logische Denken der linken Hälfte es zu, daß man vergleichsweise wenige Wissenschaftlerinnen, wenige Politikerinnen und kaum Nobelpreisträgerinnen findet.

Über diesem Denkergebnis vergißt man, daß das verantwortliche Programm zuvor gleichsam von einem gespaltenen Denken in den Computer namens Mensch eingespeichert wurde. Handeln erzeugt Denken, Denken schafft Bewußtsein, Bewußtsein führt wiederum zum Handeln. Frauen, die schon als Mädchen keine entsprechende Schulung im Denken hatten, die in »Puppenwelt-Gefühlen« steckenblieben und nie wie ihre Brüder die Welt erobern durften, verharren auch später in einer Gefühlswelt und denken unbewußt mehr in der rechten Hälfte des Gehirns. Und Männer, die als Kinder nie gelernt haben, alle Gefühle auszuleben, denken so einseitig logisch, daß manchmal die linke Gehirnhälfte sogar die natürlichen, ein Gesamtmuster bildenden Funktionen der rechten Hemisphäre übernimmt. Beides ließe sich als Mißbrauch der Möglichkeiten unseres Gehirns betrachten, der in der Kindheit harmlos einprogrammiert wird und später Gesellschaften mit den verschiedensten Hackordnungen hervorbringt: den unterschwelligen der Frauenwelt und den recht offensichtlichen der Männer. Meist sind wir stolz darauf, entweder streng logisch oder nur mit Hilfe der Gefühle zu denken. Doch darf man davon ausgehen, daß die eine Hemisphäre des Gehirns die andere unterstützt. Wie gut dies gelingt, zeigt die Tatsache, daß nach Unfällen eine Seite des Gehirns oft die entsprechenden Aufgaben der anderen Seite übernehmen kann.

Das, was wir normalerweise unseren »Verstand« nennen, das geschäftige, sehr präzise linke Hirn, vermag zwar einzuteilen, zu ordnen und zu benennen, aber es sieht nur durch die relativ kleinen Linsen des rationalen Ego. Die rechte Hälfte dagegen erlebt anscheinend unmittelbar, ohne störende Gedanken und in einem viel größeren Zusammenhang. Nach Meinung von Gehirnforschern scheint in dieser Hemisphäre Zeit eine andere Rolle zu spielen als die lineare Zeit der linken Hälfte. Vielleicht verdanken wir der rechten jene ganz besonderen Augenblicke, in der wir uns zeitlos und völlig mit uns selbst vereint fühlen. Sie erinnern an die Zeit der Kindheit, in der unser Gehirn die Welt noch in Bildern sah.

Wie schon gesagt, gelangt das Kind aus dem sinnlichen, die Welt umschlingenden Wir-Denken in die intuitive magische Bilderwelt der Gefühle, die erst sehr spät von der logischen Welt der linken Gehirnhälfte abgelöst wird. Geschieht dies zu früh, so bleibt das Denken gleichsam in der linken Hemisphäre hängen. Die intuitiven Fähigkeiten der rechten Gehirnhälfte sind bei Mädchen und Jungen so gut ausgeprägt, so gut sie alle diese Entwicklungsstadien erleben durften. Die noch immer verschiedene Behandlung von Kindern ließ die zwei Gehirnhälften zu einer »männlichen« und einer »weiblichen« werden. Die Entwicklung zu einem integrierenden, ganzheitlichen Denken, das alle Teile unseres Gehirns gemeinsam benützt, ist vielleicht entwicklungsgeschichtlich vorgesehen. Die Natur scheint für uns alle ein umfassenderes und freudigeres Denken geplant zu haben, so wie das Prinzip Kindheit es erahnen läßt.

Übungen

Sind Sie kreativ? Phantasievoll? Haben Sie manchmal viele »Geistesblitze« gleichzeitig? Dann gehören Sie zu der glücklichen Gruppe von Menschen, die intuitiv die Reserven des Gehirns anzuzapfen wissen. Vielleicht aber haben Sie auch gelernt, daß die in jüngerer Zeit so begehrte Kreativität aus dem Unbewußten, aus der Stille kommt. Nicht nur sogenannte »Genies« bestätigen, daß ihre Einfälle in Denkpausen entstehen. Wohl jeder hat erfahren, daß etwa verlegte Gegenstände sich dann selten finden, wenn man intensiv nach ihnen sucht, sondern meist ein spontaner Einfall in einem ruhigen Moment zum Ziel führt.

Es scheint so, als könnten Geistesblitze, gute Einfälle und alle Formen von Phantasie nur einem entspannten Bewußtsein entspringen. Die Vorgänge gleichen denen, die wir bereits vom Superlearning her kennen. Entspannungsübungen oder Meditation versetzen uns unter dem Einfluß des Alpha-

Rhythmus in einen harmonischen und friedlichen, schlafähnlichen Zustand. Eine ähnliche Situation ruft das Genießen von Musik hervor. Musik spricht eher die rechte Hälfte des Gehirns an. Beim Zuhören ruht das Denken sich gleichsam aus, während es in der linken Hälfte sofort zur Stelle ist, sobald es Musik zu beurteilen hat.

Das Denken wird besonders kreativ und phantasievoll, wenn es gelingt, beide Seiten miteinander zu verbinden.

Eine gute Übung schlägt der Bewußtseinsforscher ROBERT MASTERS vor, die getrennte Bereiche des Gehirns, vielerlei Tätigkeiten, Worte, Bilder und Gefühle zusammenführt.

Erstes Ziel der »Linkshirn-Rechtshirn-Übung« ist es, sich von Kopf bis Fuß zu entspannen. Besondere Sorgfalt gilt der Lockerung der Augenpartie. Dazu läßt man die Augen in verschiedenen Richtungen kreisen, auf den Boden blicken und in die Höhe, nach links und nach rechts.

- *Richten Sie Ihre Aufmerksamkeit auf die linke Gehirnhälfte, später auf die rechte. Versuchen Sie einen Unterschied zwischen den beiden Teilen herauszufinden und konzentrieren Sie sich ganz auf die beiden Gehirnhälften.*
- *Schließen Sie die Augen (falls dies noch nicht geschehen ist), konzentrieren Sie sich auf die linke Seite Ihres Gehirns und stellen Sie sich dort die Zahl 1 vor.*
- *Wechseln Sie zur rechten Seite und sehen Sie dort den Buchstaben A so bildlich wie möglich vor sich.*
- *Aus der Zahl 1 wird auf der linken Seite die Zahl 2, dann rechts aus dem Buchstaben A der Buchstabe B. Der 2 folgt links die 3, rechts dem B der Buchstabe C.*
- *Fahren Sie so fort, bis Sie bei der Zahl 26 und dem Buchstaben Z angelangt sind.*
- *Ruhen Sie sich einen Augenblick lang aus, bringen Sie Ihre Augen völlig zur Ruhe. Kehren Sie nun die Übung um:*

- *Stellen Sie sich links das A vor und rechts die Zahl 1, dann auf der linken Seite die 2, rechts das B. Vollenden Sie links das Alphabet bis zum Z und rechts die Zahlenreihe bis 26.*
- *Auf welcher Seite kamen Buchstaben und Zahlen schneller, auf welcher fiel es Ihnen schwerer, ein genaues und klares Bild zu erhalten?*

Man kann diese Übung so lange wiederholen, bis die Aufgabe bei beiden Gehirnseiten gleich leichtfällt. Der Erfolg ist ein doppelter: Durch die Konzentration gelangt mehr Sauerstoff in alle Gehirnteile, und ein größerer Teil des Gehirns wird zugänglich. Dies führt nach längerer Übungszeit nicht nur zu einer Einbeziehung der rechten Hemisphäre in das logische Denken, sondern allgemein zu einer Schärfung des Verstandes.

Außerdem lernen wir das Gehirn als den besten Verbündeten des Menschen kennen, als ein sehr vergnügliches Werkzeug, mit dem wir uns selbst auf die Schliche kommen können. Ein amüsanter Versuch in dieser Hinsicht ist es, das Kind in sich im eigenen Gehirn zu entdecken. Dafür wird die »Linkshirn-Rechtshirn-Übung« einfach in eine »Kind-Erwachsenen-Übung« umgewandelt.

- *Entspannen Sie sich völlig. Ahmen Sie die Kinder nach und starren Sie möglichst lange gedankenlos ins Leere.*
- *Blicken Sie dann zur rechten Gehirnhälfte hoch. Sehen Sie sich dort als Erwachsenen in einer bestimmten Situation. Sie fahren in einem Boot, spielen Tennis, Sie beißen in Ihr Lieblingsobst oder riechen an Ihrer Lieblingsblume.*
- *Schauen Sie nun zur linken Gehirnhälfte hoch und lassen Sie dort das Kind in Ihnen dasselbe ausführen.*
- *Mit ein wenig Übung können Sie auch schwierigere Situationen eintreten lassen. Lösen Sie als Erwachsener ein*

augenblickliches Problem, oder planen Sie ein Wochenende, einen Urlaub. Beobachten Sie dann das Kind in den gleichen Situationen.

- *Sie können die Reihenfolge auch ändern. Lassen Sie das Kind zuerst auf eine schwierige Frage antworten, und horchen Sie später auf Ihr Erwachsenen-Ich. Spielen Sie das Spiel aber stets nur so lange, wie es Sie nicht anstrengt und Vergnügen bereitet. Beim nächstenmal fallen Ihnen sicherlich viele neue Bilder und Fragen ein, und Ihre Kreativität und Phantasie nimmt auf diese spielerische Art beträchtlich zu.*

Das »Bilderbasteln« im Kopf ist übrigens auch bei kleinen Kindern sehr beliebt. Wenn sie beim Schreiben oder beim Vorstellen von Buchstaben Schwierigkeiten haben, können sie sich einen Zauberstab vorstellen, der die Buchstaben umzuändern vermag, umgedrehte Zahlen wieder richtigstellt oder ein falsch geschriebenes Wort auf der anderen Seite des Gehirns korrigiert.

Ein Zauberkasten im Kopf, der beim Schreibenlernen mehr nützt als angestrengtes Denken, hilft nicht nur bei der Bewegung von links nach rechts und von rechts nach links, er schafft ebenso eine neue Art der Wahrnehmung.

Wandeln Sie negative Gefühle in Kreativität um

Im Laufe dieses Buches haben Sie eine Art psychischen Radars für sich als Erwachsener und für das Kind in Ihnen entwickelt. Dieses Radar hilft uns dabei, viele der negativen Gefühle, die wir seit langem mit uns herumtragen, in positive umzuwandeln und so kreativer zu werden.

- Betrachten Sie negative Gefühle ausnahmsweise einmal ganz wertfrei. Wir haben gelernt, gegen Zorn, Ärger, Gier und vieles andere Negative anzukämpfen, und vermeiden daher auch, sie in uns zu sehen.
- Werden Sie sich noch einmal darüber klar, daß wir an gewissen negativen Gefühlen in uns hängen, weil sie vor sehr langer Zeit als eine Art Abwehrsystem in unserem Körper gespeichert wurden.
- Diese Programmierung können Sie mit Hilfe des Kindes in Ihnen umwandeln.
- Stellen Sie sich dazu das Kind in Ihnen weit weg von jeder Theorie vor. Es ist ganz einfach. Sein Leben besteht vorerst nur aus drei Dingen: Wünschen – das Erhalten von Wünschen – Glücklichsein.
- Versuchen Sie diese alte Programmierung auf sich als Erwachsenen zu übertragen. Erinnern Sie sich mit Ihrem ganzen Körper daran, wie Sie sich fühlen, wenn Ihnen ein Wunsch erfüllt wird.

- Stellen Sie sich dann die andere, üblichere Variante vor: Ein Kind wünscht sich etwas – erhält nichts (weil wir kindliche Wünsche oft mißverstehen) –, es wird zornig, ärgerlich, unglücklich. Übertragen Sie diese Situation auf sich als Erwachsener und erinnern Sie sich Ihres augenblicklichen Gefühls immer dann, wenn es in negativer Form auftritt. Es ist das Gefühl des Kindes in Ihnen.
- Wenn wir die erworbene Neigung zur Negativität durchschauen lernen, bieten sich verschiedene Wege, ihr zu entkommen.
- Sind Sie wieder einmal zornig oder auch deprimiert, versuchen Sie, sich als eine Art Zeuge neben sich selbst zu stellen. Betrachten Sie Ihren Körper völlig objektiv und empfinden Sie den Ärger, die Wut oder die Niedergeschlagenheit. Sehen Sie Ihren Gedanken zu und betrachten Sie Ihre Gefühle urteilsfrei.
- Gelingt es Ihnen, in diesem Augenblick weder der Erwachsene zu sein, der Sie sonst sind, noch das Kind, in dem die Wurzeln des Erwachsenen liegen, werden Sie verstehen, daß Sie dieses alte Programm nicht länger beibehalten müssen.
- Sie können über Ihren eigenen Schatten springen und so den alten »Seher«, das Kind in Ihnen, und das »alte Gesehene«, Ihr Steckenbleiben in kindlichen Verhaltensformen, zugleich überblicken.
- Ihre neue Art zu sehen hängt nun von Ihrem Temperament und von der jeweiligen Gelegenheit ab.
- Manchmal und in gewissen Situationen genügt es zu erkennen, daß alle Wünsche unserer Kindheit

als tiefste Ursache nur Wünsche nach Liebe und Wohlbefinden hatten – auch wenn es sich vordergründig um ein neues Spielzeug handelte. Dem Erwachsenen und dem Kind in uns können wir aber gerecht werden, wenn wir innehalten und begreifen, wie viel Schaden wir uns mit jeder Art von Negativität zufügen, und wenn wir einsehen, daß auch das Wohlbefinden unseres Körpers und unserer Gefühle sehr von positivem Denken und der Liebe zu uns selbst abhängt.

- In Fällen, in denen es nicht gelingt, negative Gefühle durch sehr viel angenehmere, positive zu ersetzen, wehren Sie sich nicht gegen die Negativität in Ihnen. Bleiben Sie Zeuge, sehen Sie sich bei einem Wutanfall einfach zu. Wenn Sie depressiv sind, versuchen Sie, sich nur zu beobachten. Sie werden bemerken, wie Sie und Ihre alten Gefühle sich allein durch Ihr Beobachten ändern.
- Strecken Sie Ihr psychisches Radar aus, und versuchen Sie selbst herauszufinden, was für Sie gut ist. Alte Denkgewohnheiten lassen sich zwar durch neue ersetzen, aber manchmal nützt das positivste Denken nichts, solange man zuvor nicht die negativen Räume in sich akzeptiert und durchquert hat.
- Ob Sie nun verschiedenes in Ihrem Inneren umgruppieren oder versuchen, neue Räume zu schaffen, vergessen Sie nicht, dabei mehr Platz für Lebensfreude, Kreativität und Ihr Dasein als wahrer Erwachsener vorzusehen. Das Ziel lohnt sich, auch wenn es manchmal schwerfällt, die Negativität in sich anzunehmen.

SIEBTES KAPITEL

Der soziosexuelle Bereich

Nach ERICH FROMM hängt unsere Fähigkeit zu lieben von unserer Fähigkeit ab, erwachsen zu werden. Gleiches gilt sicherlich für die Sexualität als eine der meistbeachteten Facetten der Liebe und für jede Art gesellschaftlichen Verhaltens.

Nirgendwo scheint die Abhängigkeit des Erwachsenen von dem sehr lebendigen Kind in ihm sich so deutlich zu zeigen wie im Bereich der Sexualität. Wir sind nicht mehr das körperliche Lustbündel, das wir als Baby waren, nicht mehr das ungehemmte hedonistische Kleinkind, das seinen Körper genießt. Aber wir haben uns eine Ahnung von all diesen Fähigkeiten bewahrt und versuchen sie zumindest in unsere Sexualität hinüberzuretten. Wie erfolgreich dies geschieht, richtet sich danach, in welchem Maß, es uns gelang, die Leidenschaft, die jedem Kind von der Natur mitgegeben wird, inmitten von Sitten, Tabus und liebesgeschädigten Erwachsenen zu bewahren. Wenn wir uns selbst als solche erkennen, lohnt sich eine Reise ins Unbewußte. Sie zeigt uns, daß wir besser lieben und schöpferischer leben können, wenn wir gerade die Sexualität als jenes Gebiet begreifen, in dem das Erwachsenwerden oft deshalb nicht glückt, weil wir zuvor nie ganz Kind sein dürfen.

Zu Liebenden werden wir geformt

Über Liebe, Eros, Erotik und Sexualität zu sprechen, ist gleichsam ein zweischneidiges Schwert. Denn es bestehen wohl ebenso viele Vorstellungen davon, wie wir Menschen zählen. Aber gerade dieser Reichtum an Nuancen in bezug auf Liebe und Erotik ließe auf ein weltumschlingendes und alles bestimmendes Prinzip schließen.

Wir, unser Empfinden, Fühlen und Denken, sind zu einem großen Teil das Ergebnis einer mehr oder minder liebevollen und erotisch-freudigen Weltsicht. Denn der Einfluß der Erwachsenen und ihrer Haltung in unserer Kindheit trägt wesentlich dazu bei, ob wir zu Liebenden werden oder zu jenen Erwachsenen zählen, die mit Gefühlen nicht umgehen können und für die »Sinnlichkeit« und »erotische Lust« stets Fremdwörter bleiben.

Betrachten wir die Erotik zunächst als besonderes Gefühl, das in der Sexualität erst seine entferntesten Auswirkungen erlebt: Dann ließe es sich als Kunst bezeichnen, Empfinden, Fühlen und Denken zu einer harmonischen Sicht der Welt zu verbinden. Die Liebe zu anderen Menschen und zur Umwelt hat nur das Maß, in dem wir die Liebe zu uns selbst erlernten.

Kinder lieben ihren Körper, sie lieben die Natur und ihre Umwelt, erst mit zunehmendem Alter geht aus einem kleinen Hedonisten ein in seinem Lustempfinden meist gestörter Erwachsener hervor. Nicht umsonst beschleicht uns ein eigenartiges Gefühl, wenn von »Eros« und »Erotik« die Rede ist. »Liebe« wirkt noch etwas neutraler, denn dabei denken wir an eine hehre Liebe, wie die Mutterliebe oder Gottesliebe, oder an romantische Liebe. Wenn die Liebe sich aber zur Erotik wandelt und Sexualität einbezieht (in einem anderen Zusammenhang kennen wir Eros kaum), reagieren wir unsicher.

Stellen Sie sich einen denkenden Menschen vor, am besten einen geistvollen Gelehrten, dem es Vergnügen bereitet, in seinen Büchern neue Entdeckungen und Gedankengänge vorführen. Diese Abenteuer im Reich des Geistes müssen nicht jedem liegen, dennoch vermögen wir uns gut in ihn hineinzufühlen. Versuchen Sie sich nun einen stark erotisch orientierten Menschen vorzustellen, den Inbegriff eines Menschen, der sich selbst, seine Tätigkeit, seine Mitmenschen und seine Beziehungen zu ihnen zu genießen weiß. Bei dieser Vorstellung läßt uns die Phantasie im allgemeinen bald im Stich.

Wir haben uns so sehr daran gewöhnt, daß die Erotik meist, wie ihr Namensgeber Eros, gleichsam mit Pfeil und Bogen unterwegs ist. Und wir folgen dem griechischen Gott der Liebe und glauben, Eros und Erotik sei etwas, das man erkämpfen müsse. Natürlich benutzen wir dazu nicht Pfeil und Bogen, sondern bedienen uns raffinierter Methoden, um die geschlechtliche Liebe auf diese oder jene Art zu manipulieren. Oft vergessen wir dabei, das Erotik vor allem eine geistige Beziehung ist, die ihre Wurzeln in unseren Sinnen hat. Die Reichweite des Pfeiles von Aphrodites Sohn richtet sich danach, wie der Bogen gespannt ist.

Erotik ist zunächst die lustvolle Art und Weise, mit dem eigenen Körper umzugehen. Wir erkennen sie daran, wie sich ein Mensch bewegt; Eros ist dabei, wenn wir lustvoll und genießerisch zu speisen wissen. Die Art, sich zu kleiden, kann ebenfalls erotisch oder unerotisch sein, so wie unsere Wohnungen es sind, unsere Weise zu feiern und sogar unsere Methoden, mit Problemen fertig zu werden. Der Blick, mit dem wir eine Blume betrachten, hat viel Ähnlichkeit mit den Blicken, die wir dem anderen Geschlecht zuwerfen. Die Hand, die liebevoll-neugierig über die Oberfläche eines schönen Apfels streicht, bewegt sich ebenso kundig, wenn es um Sexualität geht.

Als Kennzeichen einer vierten Form des menschlichen Denkens faßt Erotik die bereits bekannten drei zusammen beziehungsweise beruht auf ihnen: dem Körper- und Gefühlsdenken und dem Denken als folgerichtigem Umgang mit Informationen.

Unsere Beziehungen zum anderen Geschlecht, unsere Kommunikationsformen, unsere gesamte Weltsicht ist gleichzeitig Produkt und Folge der ersten drei »Schaltkreise«. Der vierte integriert das, was wir mit unseren Sinnen, unseren Gefühlen und mit Hilfe erlernter Denkkategorien zu unserer Wirklichkeit formten.

Für eine neue, umfassendere Erotik (wobei der Begriff »Eros« weit über die Sexualität hinausgeht) benötigen wir also zuerst mehr Spaß am Körper. Dies gelingt mit Hilfe der verschiedensten sportlichen Disziplinen, mit einem neuen Körperbewußtsein, durch eine sehr bewußte Aktivierung unserer »verstaubten« Sinne. Ein neuer Weg führt in die Zukunft, holt die Vergangenheit jedoch in diese hinein. – Rufen Sie doch wieder einmal das Kind in sich herbei und lassen Sie es in Gedanken all das ausführen, was es möchte: tanzen, Purzelbäume schlagen, kreiseln . . . Wichtig ist nur, daß der Körper Spaß daran empfindet. Wählen Sie eine der Übungen für die Sinne aus den vorangegangenen Kapiteln, oder blättern Sie weiter und suchen Sie sich dort einige Beispiele. Sie werden Ihnen vermitteln, wie sehr das Kind in uns weiterlebt.

SIGMUND FREUD sprach von der alles bestimmenden »Libido« als einer Art psychischer Energie, die wir normalerweise nur als Sexualität erleben.

Die moderne Psychologie, die den Menschen zunächst als eine Art chemisch-physikalischen Bio-Computer sieht und erst in der Folge mit eigener Psyche ausstattet, bezeichnet den soziosexuellen Bereich als denjenen, der als Eros latent vorhanden ist, aber erst während der Pubertät geprägt wird. Aus dieser Prägung zwischen zwölf und vierzehn – einer Zeit, die viele alte Völker nicht ohne Grund mit bestimmten Einweihungsriten für Mädchen und Jungen umgeben – entsteht dann, was eine Kultur als ihre *Moral* bezeichnet.

Das erotische (und auch das sexuelle) Denken eines Menschen kann also als Verwirklichung einer Art Antriebskraft, die Freud als »Libido« ansah, als sexuelle Vorstellungswelt, die ein Jugendlicher kennenlernt, und als die Art und Weise, wie Gesellschaften mit der Sexualität umgehen, gelten.

Das erotische Empfinden im Alltag und die Liebesfähigkeit entstehen zu einer Zeit, in der ein Kind nur seinen Antrieb verwirklichen will. Bei Versuchen mit Affen entdeckte man, daß ein zuwenig stimuliertes Bewegungszentrum im Kleinhirn ein schlecht entwickeltes limbisches System zur Folge hat. Die Vermutung, daß Kinder, die im Säuglingsalter zuwenig liebkost und umsorgt werden, es später schwer haben, mit ihren Gefühlen umzugehen, erfuhr einen biologischen Hinweis. Ein unzureichendes Körperdenken mündet meist in unzulängliches Gefühlsdenken und, so könnte man annehmen, vielleicht auch in ein allgemein mangelhaftes Denken.

Sam Keen, der in seinem Buch *»Die Lust an der Liebe«* die Leidenschaft als eine Lebensform beschreibt, meint dazu, das Fehlen von Bindung verursache erotische Armut, erotische Armut erzeuge Gewalt, und Gewalt hemme den Eros noch weiter. Er stellt dem hedonistischen Kind die »anhedonia«, die Unfähigkeit, Lust zu empfinden und glücklich zu sein, gegenüber und siedelt den Ursprung unserer bindungsarmen Gesellschaft schon in der Zeit während der Schwangerschaft an, vor allem aber betrachtet er auch unsere Geburtspraktiken als mitverantwortlich.

Um wieviel mehr pränatale Zeiten unsere Beziehungen vielleicht prägen, als wir allgemein annehmen, zeigen neue Untersuchungen über die Homosexualität. Gehirnforscher nehmen an, daß diese durch Streß während der Schwangerschaft entstehen könnte. So liegt die Anzahl an Homosexuellen unter den Jahrgängen, die nach den turbulenten Kriegszeiten geboren wurden, um einiges höher als unter den während Friedenszeiten Geborenen. Man vermutet, daß es sich dabei um bleibende Hormonanomalien handelt, die die nachgeburtlichen Erfahrungen eines Kindes dadurch mitbestimmen, daß die entsprechende Gehirninformation pränatal fixiert wird. Männliche Homosexuelle könnten ein »weiblich« dominiertes Gehirn haben, während weibliche schon im Mutterleib »männlich« zu »denken« beginnen.

Diese Angleichung müßte allerdings nicht nur biologische Ursachen haben. Könnte man das Prinzip Kindheit auch in dieser Richtung völlig durchschauen, wäre eine Angleichung im Sinne einer Integration von männlich und weiblich in allen Bereichen vielleicht ebenso denkbar. Das neue Körperbewußtsein, eine neue, offenere Sicht der Sexualität und ein neues ganzheitliches Denken würden Moral und Tabus, die Folgen und die umgebenden Mauern jeder Art von Eros ändern.

Dazu aber sei noch einmal auf das Bild von der Sexualität eingegangen. Für Freud war die sexuelle Energie der Kern aller Erfahrungen, und er sah die ödipale Phase zwischen vier und sechs als die wichtigste für die sexuelle

Entwicklung an. Wenn wir die sexuelle Kraft als die Antriebskraft des Lebens schlechthin annehmen, dann ist sie für das Kind zuerst einmal die Antriebskraft, die es sofort nach der Geburt an der Mutterbrust saugen läßt und die weitere Entwicklung – das Ertasten der umgebenden Welt, das Entstehen von Gefühlen und schließlich des Denkens – vorantreibt. Aus all dem, aus den vielen verschiedenen Variationen des Eros als verbindendem Prinzip, das schon in der Kindheit angelegt wird, entsteht als Resultat erst jene Sexualität, die wir meinen, wenn wir von Erotik und Sex sprechen.

Lassen wir einmal alle kindlichen Körpererkundigungen außer acht, und sehen wir uns an, was wir nur verliebten Jugendlichen oder Erwachsenen zugestehen: das Werben um Liebe.

Jedes Kind braucht vor allem Liebe. Diese wird aber zum größten Hemmschuh, wenn der Umworbene das kindliche Bitten um Zuneigung nicht kindgerecht versteht. Liebe ist für Kinder etwas anderes als für Erwachsene, Liebe – das sind zuerst die Arme, die ein Kind festhalten, sich dann aber öffnen, um es seinen Weg gehen zu lassen. Oft binden unbefriedigte Mütter ihre Kinder an sich, und Liebe bedeutet nicht Offenheit, sondern Abhängigkeit. Da das Kind aber Liebe benötigt, nimmt es sogar Abhängigkeit in Kauf und bemäntelt sie. Es entsteht die bereits beschriebene Doppelbindung, die eine freie Persönlichkeitsentfaltung hemmt oder sogar zu psychischen Störungen führen kann. Wir alle suchen Liebe und Zärtlichkeit, und die abartigsten erotischen Befriedigungen sind nur eine Variante dieser Suche und der Widersprüchlichkeit, die jedes Kind erlebt, wenn es in den Zwiespalt zwischen seinem Werben um Liebe und dem Trieb, nach eigenem Gutdünken zu handeln, gerät.

Unsere Gesellschaft neigt noch immer dazu, das offene Umgehen mit der Welt, das allen Kindern eigen ist, als boshaftes und »aufmüpfiges« Verhalten zu sehen. Ein Kind, das schmutzig und zu spät nach Hause kommt, stellt die Liebe zwischen Eltern und Kindern jeden Abend aufs neue in Frage. Ein Kind, das in sein Spiel versunken ist, hört nicht immer gleich, und die manchmal sehr direkten Fragen von Kindern empfinden wir vielleicht als unangenehm. Liebe steht also immer mit Bedingungen in Zusammenhang. Und da dies die Art von Liebe ist, die sich uns nicht nur in Worten mitteilt, sondern vor allem unterschwellig in Gesten oder Gesichtsausdrücken, vergessen wir sie unbewußt nie. Stets begleitet uns die Angst, zurückgewiesen oder zurechtgewiesen zu werden.

Das Gegenteil von Liebe ist weniger der Haß als vielmehr die Angst, die uns daran hindert, vertrauensvoll auf die Außenwelt zuzugehen. Die Situation der Doppelbindung wirkt ein Leben lang weiter, wir befinden uns stets in einem Gewissenskonflikt zwischen dem, was wir tun wollen, und dem, was wir tun sollten (und sei es nur nach unserer Meinung). Vor allem beeinträchtigt dies aber jene sexuelle Energie, die nach Sigmund Freud der Kern aller Erfahrungen ist. Wir können sie vielleicht »kindliche Antriebsenergie« nennen oder eine Art »Psychoenergie«, ein erotisches Prinzip, das allem zugrunde liegt. Dem entspricht auch die These von WILHELM REICH, daß alle Neurosen auf einer Unterdrückung des Sex beruhten und wiederum Ursachen für Rassismus, Krieg, falsches Denken und Gesundheitsprobleme seien.

Das Prinzip Kindheit beeinflußt die Sexualität, unsere Sexualität beeinflußt unser Denken und Handeln – und dieses beeinflußt die Sexualität von Kindern. Aber Sexualität bedeutet in der Kindheit ebenso etwas völlig anderes als für Erwachsene. Zunächst bedeutet Sexualität nur, seinen Trieben und Instinkten nachzukommen. Der Triebverzicht (den Freud als Ursache des ausweglosen Kulturpessimismus, die unerotische Weltsicht, betrachtet), der sich wie ein Faden durch die Geschichte der Menschheit zieht, ließe sich in diesem Sinn als Ergebnis des Zusammenstoßes von natürlichem Lernen und dem Lernen der Kultur in bezug auf Sexualität bezeichnen. Meist ist dieses notwendige Zusammentreffen ein verfrühtes und daher ein unnatürliches. Wir verbieten Kindern auf die eine oder andere, oft unbewußte Art, den Körper lustvoll kennenzulernen, und unterbinden damit das angstfreie Erlernen von Erotik. Andererseits stellen wir der Leugnung unseres Körpers eine für Kinder unverständliche Körperakrobatik gegenüber, wenn wir sie über Bildschirm und Zeitungen zu früh mit bloßer Sexualität konfrontieren. Das abstrakte Lernen bricht zu bald über die konkrete Erfahrung von Körper und Gefühl herein, das Kind begegnet der Sexualität, ehe es die mannigfaltigen Arten der Erotik zu empfinden lernt.

In einer Zeit, in der es modern ist, auf den gleichen Rechten und auf einer Freiheit für Kinder zu beharren, klingt es wahrscheinlich »veraltet«, die Notwendigkeit einer kindgerechten Behandlung zu betonen und darauf hinzuweisen, daß inmitten aller Freiheit auch Kindergeheimnisse ihren Raum benötigen. Gleiche Rechte und die Freiheit müssen sich am Denken des Kindes orientieren, und dies ist (und bleibt es hoffentlich) nun einmal ein anderes als Erwachsenendenken.

Darum erscheint es angebracht, vor allem auch im Hinblick auf das Schamgefühl umzudenken. Jahrtausendelang wurde es dazu eingesetzt, die Menschen zur Askese zu erziehen und jeden sexuellen Aspekt als

»schlecht« zu verdammen. Heute haben wir die Freiheit zu sehen, daß ein fehlgeleitetes Schamgefühl zu jenem gegensätzlichen Denken verführt, das nicht nur Abartigkeiten im sexuellen Bereich hervorbringt, sondern uns in einem viel weiteren Sinn im täglichen Leben immer wieder einholt. Alles, dessen wir uns als Kind schämten, sucht sich später auf andere Weise eine Ausdrucksmöglichkeit.

Dennoch brauchen wir das Schamempfinden – nicht, um etwas zu leugnen, das Vergnügen bereiten kann, sondern um Kinder nicht mit Gegebenheiten zu konfrontieren, die sie nicht verstehen. Sie den Gewalttätigkeiten und den Darstellungen von Sexualität im Fernsehen auszusetzen, ist ebenso »schamlos«, wie sie zu früh mit Krankheit, Tod oder anderen Problemen zu belasten, die Kinder nicht nachvollziehen können.

Kinder lieben Geheimnisse, und jedes Kind ist an dem geheimnisvollen Geflüster über Sexualität, Schwangerschaft und Geburt interessiert. Manche Kindergeheimnisse müssen jedoch erst »errungen« werden. Die heutigen Klagen über zu frühen Sex unter Kindern und Jugendlichen, den Drogenmißbrauch und sogar den Selbstmord unter Jugendlichen fänden vielleicht weniger Nahrung, wenn Kinder lernen dürften, Geheimnisse zu entschlüsseln, die ihrem Wissensstand entsprächen. So könnten sie das eigene Wissen selbst vervollständigen und sich selbst Antworten geben. (Aber welches Kind darf etwa in der Schule so interessante Fragen kindgerecht lösen wie, warum ein Regenbogen ein solcher ist, warum es blitzt, bevor es donnert, und wie man es schafft, eine fröhliche Zukunft zu gestalten . . ?)

In dem Alter, in dem Kinder Rätsel lösen wollen, präsentieren wir ihnen die Welt als eine auswendig zu lernende Tatsache. Wissen wird nie wirklich »er-langt«, sondern nur »ver-langt«. Darum muß ein Kind sich andere Geheimnisse suchen. Vordergründig findet es sie meist im Fernsehen – lange vor jeder Diskussion um Aufklärung. Und die unbewußten Geheimnisse von Liebe und Eros hat die Natur längst vorher gelüftet. Das unbewußte genetische Wissen um die Sexualität, das jedes Kind auf die Welt mitbringt, erhält von einem kindlichen Körper, der der Welt mit Offenheit, Spaß und Freude begegnen darf, Unterstützung. Oder es wird von einem Körperwissen und Gefühlswissen beeinflußt, das auf Rückzug und Verlieren eingestellt ist.

Jener evolutionäre Knick, der viel Leid im Leben des Menschen verursacht, sorgt dann ein wenig später für jene kindliche Scham, die wir als naturbedingt betrachten. Irgendwann beginnt jedes Kind – auch das freiest aufgewachsene – sich seines Körpers zu schämen. Das Alter variiert, auch die Art des Schamempfindens ist von Kind zu Kind verschieden, aber es scheint so, als würde jedes Kind die Bibelworte »und plötzlich erkannten sie, daß sie nackt waren« neu an sich erleben.

Sigmund Freud sprach davon, daß Kinder, um Erwachsene zu werden, lernen müßten, ihre Triebe zu überwinden und zu sublimieren. Es scheint, als wäre die Menschheit diesen Weg bereits gegangen, als sie aus ihrer frühesten Zeit in die Welt der Mythen überwechselte und aus dieser in die moderne Welt des rationalen Denkens. Und stets bedeutete der Kulturzuwachs eine Abnahme des natürlichen Eros. Wenn wir das Zitat von SIR KARL POPPER, dem britischen Philosophen österreichischer Herkunft, daß 99 Prozent alles Wissens evolutionäres Wissen sei, auf das Prinzip Kindheit anwenden, so zeigt es uns, daß der Antrieb des Kindes alles beinhaltet bis auf die sichere Umgebung, in der dieser Antrieb ausgelebt werden darf. Jedes Kind erwirbt sich sein Körperwissen, sein Wissen von der Erde und der Umwelt und sogar das Lernen selbst – sofern man es läßt. Ähnliches gilt für die Erotik, die überall beteiligt ist, beim Krabbeln ebenso wie beim Schmusen und beim Herumtollen. Die Geheimnisse um das Kind sind um so aufregender (und daher ebenfalls ein wenig erotisch), je mehr Vergnügen das Lernen bereitet. Die Liebe zum Leben in seinen verschiedenen Formen entwickelt sich langsam und gleichmäßig. Das Wissen um die Sexualität ist ein evolutionäres Wissen, das später um so natürlicher eingestzt wird, je selbstverständlicher, freier und »erotischer« die Phasen der Kindheit ablaufen durften. Kann Sexualität nicht natürlich wachsen, bleibt der Mensch in irgendeiner Phase seiner erotischen Entwicklung gleichsam »stecken«. Bis zum vierten Jahr bestimmt das Körperdenken, ob der Körper jene Ängste und Abwehrmechanismen kennenlernt, die später ebenso unser Sexualleben beeinträchtigen. Die gegenüber dieser mütterlich geprägten ersten (Freuds oralen) Phase patriarchal ausgerichtete zweite (Freuds anale) Phase entspricht dem Denken der Gefühle, das ein Kind bis zur Pubertät erlernt. Dieses Denken bestimmt schließlich Freuds genitale Phase, den soziosexuellen Bereich.

Das abstrakte, logische Denken bezieht Freud nicht ein. Carl Gustav Jung wiederum berücksichtigt neben Empfinden und dem Fühlen zwar auch die Fähigkeit zur Vernunft, siedelt den Eros und alles damit Zusammenhängende aber unter einer Art von höherer Intuition an.

Etwas Ähnliches ist die Erotik wohl. Man kann sie als eine Art integrierender Ebene sehen, als ein Muster, das alles verbindet. Auch wenn Freud es vergaß, gehört das Denken ebenfalls zu unserer Art von Erotik. Die Art und Weise, wie das Kind zu denken gelernt hat, wie sicher es mit Fragen und Antworten umzugehen weiß, ist gewiß mitbestimmend, wenn das Hormonsystem des Jugendlichen sich während der Pubertät umstellt, wenn aus unbeschwerten Kindern unsichere Mädchen und Jungen werden, die sich zum erstenmal verlieben. Es ist die Zeit der letzten tiefen Prägung, sie entscheidet zu einem Teil darüber, was wir später als erotisierend empfinden: enge Jeans oder üppige Ausschnitte, heftiges Werben oder zarte Berührungen. Bezeichnend ist das von WILLIAM MASTERS und VIRGINIA JOHNSON beschriebene Beispiel eines jungen Mannes, der beim Geschlechtsverkehr im Auto von einem Polizisten überrascht wurde und seit dem Moment impotent war. Erst den beiden Sexualforschern gelang es, den sexuellen Bereich neu zu prägen und dem Mann ein anderes Verständnis von Sexualität zu geben, als er es als Jugendlicher erlebt hatte.

Der französiche Schriftsteller HENRI STENDHAL verglich Liebe und Verliebtheit einmal mit einem Zweig, den Bergleute in einer Saline in die Sole legen, um Monate später vor den Augen der Besucher wunderschöne Salzgebilde herauszufischen – kunstvoll überzogen die Salzkristalle den ursprünglichen Zweig. Das ist das Schöne an echter Liebe, echter Erotik und Sexualität: das Öffnen individueller Grenzen, das Ineinanderfließen und das Ergänzen des Äußeren durch das Innere.

In seinem Buch *»Einander lieben«* nennt LEO F. BUSCAGLIA als das hervorragendste Zeichen von Liebe jenes, sich einander mitteilen zu können. An zweiter Stelle folgt die Zuneigung, dann Mitgefühl und Versöhnlichkeit, im weiteren Ehrlichkeit, gegenseitige Anerkennung, Humor und die Achtung vor der Freiheit des anderen. Die Fähigkeit, sich mitteilen zu können, oder es nicht zu können, führt die Liste der Gründe an, warum Menschen einander nicht zu lieben vermögen. Unsere Fähigkeit zur Liebe liegt also zunächst in uns selbst beziehungsweise in unserer Kindheit. Eine der Ursachen, warum diese Fähigkeit oft so schlecht ausgebildet ist, sieht Buscaglia darin, daß alle Kinder zur Lüge erzogen werden. Bei einer Befragung in einem Kindergarten erhielt er von Fünf- und Sechsjährigen auf die Frage, ob sie es ihren Müttern erzählten, wenn sie etwas angestellt hätten, die Antwort: »Bist du verrückt? Natürlich ist es besser, zu lügen!«

Wie wir es alle in unserer Kindheit erfuhren, lügen Kinder aber nicht nur, wenn sie etwas angestellt haben, sondern unbewußt ebenso dann, wenn sie spüren, daß ihre natürlichen Wünsche mit den Ansprüchen der Eltern in Konflikt geraten. Sie handelten so, weil die Psyche kein Liebesvakuum dulden könne, wie SAM KEEN es erklärt. Und er meint, in unserer Kultur würden bei der Durchschnittsperson, die nur einen »normalen« Liebesentzug erlitt, Angst und eine unersättliche Besitzgier den fehlenden Eros ersetzen. Diese Besitzgier läßt uns zu den »Hamsterern« werden. Den Ausdruck bezieht ERICH FROMM auf Personen, die in der Kindheit nicht wie gleichberechtigte Menschen, sondern wie Gegenstände behandelt wurden. Das Denken in Objekten hält ein Leben lang an, wir verwechseln Menschen mit ihnen, erlernen selten die Kunst des Liebens und halten krampfhaft an einem Lebensstil fest, der viel vom Haben, aber wenig von einem erotischen Sein weiß.

Übungen

Gewiß, die Kunst der Erotik ist schwer zu erlernen (vor allem in einer Gesellschaft, bei der sich an der Stelle des Liebens oft Lügen finden: Körperlügen, Gefühlslügen, die Lügen, zu denen uns unser Denken verführt). Versuchen Sie es mit einer erotischen Reise durch die Zeit.

- *Stellen Sie sich die Erotik Ihrer Großeltern vor. Erinnern Sie sich dann an alles, was Ihnen Ihre Eltern über Sex und Sexualität erzählt haben.*
- *Gehen Sie noch einen Schritt weiter zurück in die Vergangenheit und überlegen Sie sich, was Sex bei Ihren Urgroßeltern und deren Eltern bedeutet hat.*
- *Reisen Sie weit in die Geschichte der Menschheit. Wie könnte das Paarungsverhalten der ersten Menschen ausgesehen haben? Wie hat sich der Eros im Laufe der Entwicklung bis heute gewandelt? Welche Auswirkungen haben Ideologien und Religionen auf die Sexualität? Stellen Sie sich die Sexualität in »unzivilisierten« Gemeinschaften vor und jene, die im Jahre dreitausend auf uns wartet.*
- *Wenn Sie den Eros zwar als weltantreibendes Prinzip sehen, gleichzeitig aber die Einschränkungen, denen er unterliegt, versuchen Sie sich der Gefühle zu entsinnen, die Sie als Kind empfanden, wenn das Gespräch auf die Sexualität kam.*

Haben Sie den gedanklichen Teil über Erotik und Sexualität ausgeschöpft, so gehen Sie zum Fühlen über. Versuchen Sie zu erfühlen, was Liebe für Sie bedeutet. Malen Sie sich die vielen Facetten der Liebe aus. Stellen Sie sich Liebe ohne Erotik und Erotik ohne Liebe vor.

Betrachten Sie nun den Bereich der Lust. Gehen Sie zurück in Ihre Kindheit. Schließen Sie die Augen und stellen

Sie sich als kleines Kind vor, das auf einem hohen Berg sitzt. Langsam beginnen Sie hinunterzuklettern. Während Sie durch Büsche und hohe Farne nach unten kriechen, gönnen Sie sich all das, was einem kleinen Kind Lust und Freude bereitet: herumzukollern, sich unter großen Blättern zu verstecken, Erde zu Figuren zusammenkneten, unbekannte Beeren zu probieren und sich alle Zeit der Welt zu lassen. Am Fuß des Berges angekommen, sind Sie um einiges älter geworden. Sie sind zwölf oder dreizehn, und vor Ihnen öffnet sich eine bis dahin versteckte Tür im Berg, durch die Sie in Ihre eigene, ganz besondere »Lusthöhle« gelangen. Sie schließen die Tür hinter sich und erkunden die Höhle, die immer tiefer in den Berg führt. Am Ende eines langen Ganges erweitert sich die Höhle zu einer Art Kuppel. Dieser eigenartig geheimnisvolle Platz gehört Ihnen. Beginnen Sie, ihn sich phantasievoll einzurichten. Lassen Sie bunte Seidenkissen durch die Luft in die Höhle einfliegen, dicke Teppiche, große weiche Sitzgelegenheiten und Betten. Ali Baba dürfte vor Neid erblassen, würde er Ihre Phantasiehöhle mit der reichen Ausstattung für jegliche Sinnesfreude darin erblicken: Musikinstrumente, die die herrlichsten Töne von sich geben, Tischleindeckdichs, die von Ihren Lieblingsspeisen geradezu überquellen, Farbsymphonien auf den Bildern an den Wänden und Stoffe, über die die Hände ständig streichen möchten. Legen Sie sich in Ihrer zauberhaften Höhle dann auf eines der riesigen Betten und stellen Sie sich vor, die Lusthöhle würde Ihnen nicht nur alle sexuellen, sondern auch alle sinnlichen Wünsche erfüllen. Beginnen Sie mit den Wünschen Ihrer Pubertät, und reisen Sie vorwärts in die Zeit. Lassen Sie sich jeden Wunsch erfüllen – so lange, bis Sie in der Gegenwart angekommen sind. Sehen Sie zurück auf die Lust in der Vergangenheit und vorwärts zu dem, was Lust in Zukunft für Sie bedeuten könnte.

Bevor Sie Ihre ganz private Lustkuppel verlassen, denken

Sie daran, daß Sie jederzeit zu ihr zurückkehren können – nicht nur in bezug auf die Lust, sondern ebenso, wenn Sie Angst empfinden oder über ein Problem nachdenken wollen.

Sind Sie aus dem Reich der Imagination wieder in den mehr oder minder erotischen Alltag zurückgekehrt, beantworten Sie für sich folgende Fragen:

- *Wie kam mein erster Orgasmus zustande, und wie sehr glichen ihm alle folgenden?*
- *Wie sieht meine sexuelle Prägung aus, und wie könnte ich sie – gegebenenfalls – verändern?*
- *Versuchen Sie das nächste Mal, beim Geschlechtsverkehr auf eine völlig neue und ungewohnte Art zum Orgasmus zu gelangen.*

Die unerzählten Geschichten aus unserer Kindheit

Die vielen Geschichten, die uns die Kindheit zu erzählen weiß, sind beinahe an ihrem Ende angelangt. Wir haben den Schatten gesehen, den jede Kindheit auf die Entwicklung des Erwachsenen wirft, nun ist es an der Zeit, diesen Schatten genauer zu betrachten. Wir erzählen gerne amüsante oder rührende Episoden aus unserer Kindheit, vergessen darüber aber jene Geschichten, deren Echo aus der fremden Welt des Unbewußten dennoch zu uns herüberklingt.

Bevor wir uns aber zu jenem Schatten aus unterdrückten Ängsten und Gefühlen, die wir uns nicht eingestehen, auf den Weg begeben, zeichnen wir das Idealbild eines Jugendlichen, dem es gelungen ist, dem Schatten zu entkommen. Mit fünfzehn Jahren erfolgt der letzte große Schritt hin zum Erwachsensein. Ab zwölf hat das Kind gelernt, die spielerische Weise, mit der Welt umzugehen, in symbolisches und in logisches Denken umzuwandeln. Der Schritt zur abstrakten Logik und zum Reversibilitätsdenken, das alle Gesichtspunkte berücksichtigt, bedeutet den letzten großen Wachstumsschub im Gehirn. Gleichzeitig nimmt der Körper seine endgültige Form an, und die Jugendlichen lernen die Sexualität näher kennen. Nach JOSEPH CHILTON PEARCE kennt die treibende innere Kraft jetzt zwei Hauptrichtungen: all das, was mit der Sexualität zusammenhängt, und die Reise in die Weite des Geistes.

Im günstigen Fall wurden die Kindheit des Fünfzehnjährigen und seine bisherige Entwicklung als ein Anwachsen dieser inneren Kraft von der Körpererfahrung hin zu einer noch ungeahnten Kapazität des Gehirns verstanden. Sexualität und Liebesfähigkeit sind dann ebenso offen wie das Denken, und dieses ist ebenso phantasievoll wie die erotische Weltsicht des künftigen Erwachsenen. Alles sei wirklich, und alles sei Spiel, meint Pearce und weist darauf hin, daß unsere Wirklichkeit nur so gut sei, wie wir sie zu erspielen gelernt hätten. Gleiches gilt für die Sexualität.

Die Art unserer Erotik und die Art unseres Denkens sind mit fünfzehn mehr oder minder festgelegt. Alles, was wir später noch dazulernen, sind nur Ausschmückungen und Differenzierungen des jugendlichen Erwachsenen, der wir mit fünfzehn waren.

Die ersten sexuellen Erfahrungen und das abstrakte Denken als Möglichkeit, die Welt genau einzuteilen, runden das bisherige Bekannte ab. Die Lehrzeit Kindheit ist abgeschlossen, der Jugendliche entscheidet unbewußt, was als gut und praktisch im Bewußtsein und in der Erinnerung verbleiben darf und was als schmerzhaft und irritierend endgültig in die Schatztruhe des Unbewußten geräumt wird. – Vordergründig gesehen verdient diese Truhe ihren Namen nicht, denn manches von dem, das sich darin verbirgt, ließ uns und läßt uns noch immer leiden. Andererseits kann das Akzeptieren der vielen Kindheitsschatten diese schließlich doch noch in Gold verwandeln und dem Unbewußten seine ursprünglich positiven Gaben wiedergeben.

In den Gewölben des Unbewußten wohnen ungezählte »Parasiten«, die an unserer Liebesfähigkeit, an unserem Denken und an unserer Erotik saugen. Angst ist der größte Feind der Liebe, ein größerer noch als Haß. Und es scheint, als seien all die negativen Gefühle, die als »Geistesparasiten« in uns hausen, Nachkommen unserer kindlichen Ängste. Wir können noch einen Schritt weitergehen und einen Großteil des Leidens dieser Welt nicht nur der Angst, sondern falsch verstandener Liebe zuschreiben.

Liebe und Erotik in all ihren Schattierungen öffnen sich nach außen, wollen sich den anderen und der Welt mitteilen – wollen von den anderen aufgenommen und akzeptiert werden. Dies versucht ein Kind vom Augenblick seiner Geburt an bis zu dem Zeitpunkt, an dem es zum erstenmal die Angst kennenlernt, sich selbst verkriecht und Türen und Fenster seines Inneren verschließt.

Angst kann auch zu den verschiedensten Arten von Aggression werden, die uns persönlich belasten, ebenso aber die Geschichte kennzeichnen.

Das Unbewußte ist nicht nur gleichsam Ablagerungsstätte von Ängsten, es bietet nicht nur die Möglichkeit, den Schatten zu entdecken und frei zu werden, sondern bildet zunächst den größten Verteidigungswall jedes Kindes. Wenn es aus seiner magischen Welt in die bewußte Welt hineinwächst, schafft es sich eine besondere Art der

Verteidigung. Das Wir-Denken heranwachsender Kinder benötigt noch keine allzu großen Barrieren. Erst im Laufe der Zeit, wenn der Mensch beginnt, seine Unschuld (und Unwissenheit) zu verlieren, wenn er entdeckt, daß in der Welt eingeteilt, beurteilt und Schmerz zugefügt wird, beginnt er das, von dem er nichts wissen will, in das Unbewußte zu verstoßen.

Das Prinzip Kindheit zeigt, daß der Grund dafür, den kindlichen Antrieb nicht verwirklichen zu können, nicht mehr so rätselhaft sein muß, daß nicht nur versteckte und zu unterdrückende Triebe die Ursache dafür sind, sondern in erster Linie die Angst dies bewirkt.

Das Unbewußte wird von der Kindheit geprägt und ist mit der Sexualität und dem Denken zutiefst verbunden. Vor allem die Erotik ist untrennbar an all das gekettet, was wir längst als vergessen wähnen. Indem wir sie nur als geheimnisvolle und verbotene Sexualität kennenlernen, trägt sie zunächst das große Schild der Scham vor sich her. Erotik ist noch immer etwas, das wir hinter verschlossene Türen und in dunkle Nächte verbannen – kein Wunder also, daß sie dazu verführt, all das hinter die verschlossenen Türen mitzunehmen, was ansonsten in der verschlossenen Truhe des Unbewußten ruht. Noch immer ist die Sexualität, wenn schon nicht ein verbotenes Terrain, so doch zumindest ein Gebiet, auf dem man sich äußerst vorsichtig bewegen muß. Dies verleiht ihr ihren Reiz, birgt aber auch die Gefahr, in das ungewohnte Land alte Ängste und Aggressionen mitzunehmen. Die Doppelgesichtigkeit der Sexualität als befreiendes und als versklavendes Element, Sexualität als eine der wenigen Möglichkeiten, persönliche Macht und Haß ganz auszuleben, hat ihre Wurzeln im Unbewußten.

In den seltensten Fällen ist unsere Sexualität das, was

sie sein könnte: nämlich ein vergeistigtes Spiel mit dem Körper. Im allgemeinen erfüllt sie eher die Funktion eines Blitzableiters – der Körper dient dazu, unterdrückte Triebe wenigstens für kurze Zeit zu befriedigen. Ohne die zahlreichen pervertierten Formen von Sexualität zu beachten, zeigt meist schon der gewöhnliche Geschlechtsakt, wie sehr unser Unbewußtes die Sexualität beeinflußt. Eine Ahnung davon erhalten wir, wenn wir uns sexuelles Zusammensein in verschiedenen Situationen vorstellen: nach einem erholsamen Bad mit schöner Musik, nach einem delikaten Mahl oder nach einem anstrengenden Arbeitstag. Den Einfluß der Umgebung, der Ausstattung und der »Umrahmung« kennen wir, indem wir oft erfuhren, daß ein Glas Wein im Beisein netter Freunde, unter denen man sich wohl fühlt, anders schmeckt, als wenn man es ärgerlich hinunterstürzt. Und in den verschiedensten Ratgebern für Sexualpraktiken findet sich stets der Hinweis auf eine entspannend wirkende Umgebung.

Daß eine viel tiefer reichende »Ausstattung« sich schon viele Jahre in uns etablierte, vergessen wir meist. Es ist das Unbewußte, das in Form von Verspanntheit und Verkrampftheit in unserem Körper sitzt und unsere Erotik nur in Ausnahmefällen freigibt.

Wenn der fünfzehnjährige Jugendliche als letzte Stufe zum Erwachsensein in uns allen und vor allem in unserem erotischen Gefühl steckt, so verbirgt sich wie bei den bekannten russischen Holzpuppen mit den immer kleineren Ausgaben unter dem siebzehnjährigen der vierzehn- und dreizehnjährige Jugendliche und so fort – bis hin zu den kleinsten Puppen, dem Säugling und dem Embryo, die die eigentlichen Mütter und Väter unseres Eros sind.

Jene Eigenschaften, die wir spontan der Liebe und der Angst zuschreiben, das Sichöffnen und das Sichverschließen, entstehen in unserem Körper, wenn wir uns vertrauensvoll zu etwas hinneigen oder etwas ablehnen.

WILHELM REICH vermutet, daß von Sympathikus und Parasympathikus, den beiden Komponenten der gegensätzlichen Wirkungen des vegetativen Nervensystems auf den Körper, der Sympathikus einen Bezug zu Angst und bewußtem Erkennen der Wirklichkeit und ihrer Gefahren hat. Dafür spricht, daß dieses System den Herzschlag beschleunigt, die Blutzufuhr hemmen kann, ebenso die Tätigkeit der Verdauungsdrüsen, daß es für einen erhöhten Blutdruck und für Schweißausbrüche verantwortlich ist. Der Sympathikus steht mit den verschiedenen Arten von Abwehr in Zusammenhang. Anscheinend ist es das Alarmsystem, das zur Flucht vor der Außenwelt aufruft. Der Parasympathikus dagegen beruhigt den Puls, senkt den Blutdruck, entspannt das Körperzentrum, regt die Tätigkeit der Verdauungsdrüsen an, die Blutzufuhr wird verstärkt, und die Haut bleibt trocken. Aber nicht nur das Nervensystem reagiert auf eine Situation, auch die Muskeln verkrampfen sich bei Angst und Aggression und entspannen sich in vertrauten Situationen.

Allerdings wäre es falsch, das Unbewußte ausschließlich im Körper anzusiedeln. Es befindet sich zwar darin, ist aber dennoch mehr. Ein Kind, das – um bei dem engen Zusammenhang von Sexualität und Unbewußtem zu bleiben – seine Eltern beim Geschlechtsverkehr entdeckt, kann, je nach seiner Gesamtsituation, verschieden reagieren. Ist es an Liebe, Zärtlichkeit und Körperkontakt gewöhnt, kann es den sexuellen Austausch als ebenso selbstverständlich empfinden wie Kinder weniger hochzivilisierter Kulturen, in denen sie gleichsam in die Sexualität hineinwachsen. Reagieren die Eltern entsetzt und verschreckt, erlebt das Kind die Situation als verängstigend, als etwas

Unerlaubtes, und verbannt sie in das Unbewußte. Jahrzehnte später mag es die für die Eltern unangenehme Situation längst vergessen haben, das Unbewußte reagiert, wenn es sich um Sexuelles handelt, noch immer schamhaft und so, als wäre es etwas Verbotenes.

Der Verstand denkt logisch und folgerichtig, er weiß, daß die Sexualität Vergnügen bereitet und gesund ist, aber das einst Erfahrene lebt unterschwellig weiter: in Form unbewußter emotionaler Assoziationen und Bilder, wenn der Mensch in ähnliche Situationen gerät. Das Unbewußte scheint schnell nachzuforschen, welche Empfindungen und Gefühle eine gewisse Situation einst begleiteten – entsprechend reagiert es dann. Und wir verstehen unsere Gefühle und Reaktionen oft nicht, die unserem Denken widersprechen. Denn wir erinnern uns nicht daran, daß wir vieles bewußt vergessen und mit Hilfe von Worten und unseres Intellekts in die Zukunft agieren. Das Unbewußte »re-agiert«, und zwar mit Empfindungen und Gefühlen aus unserer Vergangenheit.

Marilyn Ferguson bezeichnet den Körper als eine Art wandelbarer Autobiographie, welche die Spuren unseres Lebens als Muster in unserem sensomotorischen System enthält. Und wir selbst erhalten einen spürbaren Einblick in die unbewußte Körperchemie, wenn wir uns plötzlich einer beängstigenden oder freudigen Situation gegenübersehen.

In bezug auf Gefahr und Angst wird die entwicklungsgeschichtliche Notwendigkeit des widersprüchlichen Unbewußten jedoch deutlich. Für jedes Kind ist die Welt lebensbedrohlich. Um zu überleben, um einigermaßen weiterfühlen und weiterdenken zu können, muß Bedrohliches unterdrückt werden.

Das Geist-Körper-Kontinuum Mensch scheint auch

hier vortrefflich zu funktionieren, das Gehirn organisiert und bündelt Botschaften und schiebt unbekannte Botschaften offenbar in das Unbewußte ab, wo sie allerdings als eine Art chemisch verschlüsselter Grunderfahrung immer vorhanden sind. Wie nachhaltig vieles aus dem Unbewußten wirkt, kann man sich vorstellen, wenn man die meisten unserer ersten Gefühle als Notsignale sieht. Werden diese beachtet, so erlernt das Kind unbewußte Sicherheit, und diese bleibt ein Leben lang im Körper und im Gehirn gleichsam gespeichert. Werden sie mißverstanden, so lernt der kleine Mensch Enttäuschung kennen und damit das erste unbewußte Antierotisierungsmuster.

Wir sprechen von Empfindungen und Gefühlen, lassen jedoch außer acht, daß es sich dabei vor allem um chemische Prozesse in unserem Körper handelt, um eine Chemie, die wir zu einem großen Teil als Kinder erlernen.

Eine wichtige Rolle übernehmen die *Endorphine,* die erst in den siebziger Jahren entdeckt wurden und allgemein als das »Morphium« des Gehirns gelten (zumal es sich um dem Morphium ähnliche Substanzen handelt). Sie haben Einfluß darauf, wie wir auf Sexualität, Schmerz, Hunger und vieles andere reagieren. Sie bringen uns nicht nur in Hochstimmung oder helfen uns, Schmerzen zu bekämpfen, sie können auch unsere Gefühle und Empfindungen ausschalten. Bei Versuchen mit Tieren stellte man fest, daß junge Tiere, die von ihren Müttern getrennt wurden, mit einem stark gesenkten Endorphinspiegel reagierten. Andererseits scheinen Endorphine ebenso mit Lust verbunden zu sein, unter anderem werden sie beim Essen ins Verdauungssystem freigesetzt – vielleicht ein Grund dafür, warum die meisten Menschen gerne essen.

Endorphine wirken nicht linear, sondern ähnlich einem Radio, das seine Botschaften in den gesamten Raum verbreitet. Eine Kostprobe von den blitzschnellen Befehlen erhält man, wenn man sich an die Zeit des ersten Verliebtseins erinnert: Beim ersten Kuß stand der Körper »in Flammen«, die von den roten Wangen bis zu kribbelnden Zehen reichten. Als Erwachsene sind wir nicht mehr so leicht beeinflußbar, dennoch verspüren wir, wenn wir uns verlieben, die Wirksamkeit der Endorphine. In Gefahrensituationen können Endorphine unser Denken gleichsam ausschließen. Und vielleicht vermögen diese Helfer des Unbewußten im Gehirn in einem viel allgemeineren Sinn schon in sehr frühen Jahren für eine »Chemie der Verneinung«, für eine Ablehnung von allem, was einmal Angst auslöste, zu sorgen. Das Gehirn scheint die Endorphine nämlich aus einer Art »Lagerstätte« zu beziehen, aus der die Wirkstoffe nur bei Bedarf abgerufen werden. Und das Entscheiden über diese Notwendigkeit, die Art und Weise, die Endorphine einzusetzen, erlernen wir während der Kindheit.

So wie chemische Substanzen gewisse Stimmungen in uns hervorrufen können, vermögen wir mit bestimmten Vorstellungen die Chemie des Gehirns zu verändern. Wie die Endorphine arbeitet das Unbewußte nicht linear mit Hilfe von Gedanken, sondern mit Hilfe von Bildern, die offenbar schneller »reisen« und in von unserem Denken längst vergessene Bereiche vordringen.

Gerade die Kindheit bietet sich in diesem Zusammenhang als besonderes Heilmittel an. Die Muster, die sie in unser Gehirn, unser Nervensystem, unseren Körper zeichnete, ließen unser Unbewußtes entweder zu einer Schatztruhe werden, in der eine weltoffene und sehr erotische Weltsicht den Hintergrund für unser Denken und Handeln bildet. Oder – und dies ist häufig der Fall – es verstecken sich darin die verschiedensten »Gespenster«.

Wenn wir aber die Geistesparasiten Wut, Angst, Leugnen, Ablehnung und Haß als vorerst notwendige Abwehrmechanismen erkennen, sind wir in der Lage, eine mehr oder minder verletzte Kindheit sogar dankbar zurückzulassen und sie neu für uns zu entdecken.

Vielleicht hilft dabei jene alte Weisheit, daß Eltern Kinder nicht mit ihrem Wissen belasten sollten, weil es einst nicht mehr das Wissen der Kinder sein würde. Sie meint zwar den Wissenszuwachs in der Abfolge der Generationen, läßt sich aber auch auf das Prinzip Kindheit beziehen. Die Erfahrung von Erwachsenen ist nicht mit denen von Kindern identisch, und ungeeignet oder zu früh erzählte Geschichten aus der Erwachsenenwelt – auch über Sexualität – gelangen unverstanden in das Unbewußte, aus dem sie später störend hervordrängen.

Obwohl es uns zweifeln läßt, verunsichert und vielleicht sogar mit Zorn erfüllt, wütend und auch ein wenig unsicher macht, hilft es uns trotzdem, wenn wir uns vor Augen halten, daß ein Großteil dessen, was wir sind, nicht unserem Willen und unserem bewußten Denken zuzuschreiben ist, sondern dem Unbewußten, das offenbar das Muster des Teppichs namens »Leben« webt. Haben wir schließlich den Anfang des Musters und in ihm die ersten Schritte, Empfindungen, Gefühle und das erste Denken des heranwachsenden Kindes entdeckt, können wir mit dem Kind in uns und mit unseren Kindern dorthin zurückgehen, um sie und uns von Angst zu befreien.

Übungen

Wenn zwei oder mehrere Menschen miteinander in Kontakt treten, entsteht Kommunikation. Sie umfaßt nicht nur die Wirklichkeit, die wir kennen, sondern auch das Unwirkliche in uns, das wir nur ahnen. Sie stellt eine Verbindung zwischen einem »Sender« und einem »Empfänger« her und beinhaltet Information, eine Beziehung und eine »Schwingung« zwischen beiden. Vor allem diese »Schwingung« ist in der Kindheit ein bestimmendes Element.

Zwischen der Antriebskraft des Kindes und den Vorstellungen von Erziehung von Eltern und Erwachsenen schwingt die unbewußte Art der Kommunikation ebenfalls mit. Ein »Nein« bedeutet für ein Kind, das in einer sicheren und liebevollen Umgebung aufwächst, etwas anderes als für ein Kind, dessen schon unsichere Gesamtsituationen durch ein »Nein« noch in Frage gestellt wird. Wir erfuhren, daß zwischen Menschen verschiedener Kulturen, Religionen oder Rassen Verständigungsschwierigkeiten auftreten können – von Kindern nehmen wir an, daß sie stets auf unserer »Wellenlänge« liegen. Mehrfach wiesen wir bereits darauf hin, daß das logische Denken von Eltern dem Körperdenken von Kindern keineswegs entspricht. Als Verbindungsweg steht die Kommunikation zur Verfügung – als gesprochenes Wort und als unbewußte Botschaft. Diese Botschaft nicht »Angst« lauten zu lassen, kann man verhindern, wenn man als Erwachsener lernt, mit seinen unbewußten Ängsten und Problemen fertig zu werden. Versuchen Sie es auf spielerische Weise.

- *Entspannen Sie sich, und starren Sie wie ein Kind fünf Minuten ins Leere.*
- *Stellen Sie sich dann ein Radio vor – vielleicht das Radio Ihrer Kindheit oder jenes, das Sie sich als Jugendlicher*

immer gewünscht haben –, und zwar so intensiv wie möglich.

- *Wenn Sie es deutlich vor sich sehen, lassen Sie es immer größer werden und sich selbst kleiner. Sie gehen wieder einmal in der Zeit zurück und sind nun ein fünfjähriges Kind, das in dem großen Radio genügend Platz hat.*
- *Suchen Sie sich eine bequeme Öffnung und schlüpfen Sie durch dieses Tor in das Innere des Radios. Dort begeben Sie sich auf einen Inspektionsgang. Sehen Sie sich die Drähte und Knöpfe genau an, ordnen Sie ihnen Funktionen zu.*
- *Überlegen Sie sich jetzt eine besondere Sendung, ein Opernkonzert oder ein Popkonzert, eine literarische Lesung oder einen Volkstumsabend, eine Ratgebersendung oder einen aktuellen Dokumentarbericht über fremde Länder und Völker.*
- *Stellen Sie sich vor, wie Sie als Erwachsener außerhalb des Radios ein Programm einstellen, verfolgen Sie dabei aber, was innen, im unbekannten Reich des Radios, geschieht.*
- *Plötzlich entdecken Sie einen Zauberknopf. Wenn Sie auf ihn drücken, sehen Sie den Erwachsenen draußen inmitten einer Sendung, die Sie schon immer interessierte. Es darf wie in einer Ratgebersendung gefragt werden. Sie können Ihre Vorliebe für Opern und Ihre Abneigung gegenüber Popmusik oder umgekehrt erfragen. Ebenso dürfen Sie fragen, warum Sie mit Ihrem Partner streiten, warum Sie Ihr Kind nicht verstehen, warum Sie Angst vor dem Morgen haben oder oft so handeln, wie Sie es eigentlich nicht wollen. Stellen Sie sich Ihr Selbst draußen vor dem Radio so genau wie möglich in der fraglichen Situation vor. Dann lassen Sie sich von dem Kind im unsichtbaren Inneren die Fragen beantworten. Das*

Kind hat bereits Erfahrung mit den vielen unsichtbaren Knöpfen in einem Radio, die darüber bestimmen, welche Töne aus dem Lautsprecher dringen, es wird Ihnen auch erzählen, welche Bilder aus dem Unbewußten aufsteigen.

- *Atmen Sie zum Abschluß einige Male tief durch und schlüpfen Sie durch das Tor im großen Radio wieder in die Wirklichkeit zurück. Lassen Sie das Radio langsam kleiner werden und sich selbst größer, bis Sie Ihr tatsächliches Alter erreichen. Vielleicht sehen Sie sich nun mit neuen Augen.*

Die Kommunikation zwischen dem Kind in Ihnen und dem Erwachsenen hat Ihnen vielleicht gerade dadurch, daß die Unterhaltung schweigend verlief, gezeigt, welche unterschwelligen Signale bei jeder Beziehung zwischen zwei Menschen ausgetauscht werden – auch wenn es sich, wie hier, nur um eine Person handelt. Wie kompliziert und wie einseitig machtvoll sie zwischen Erwachsenen und kleinen Kindern wirklich abläuft, können wir nur ahnen. Völlige Offenheit und völliges Vertrauen stehen einer festgefügten Vorstellung von der Welt gegenüber – auf die Kinder, als stets Unterlegene, meist nur mit völliger Anpassung reagieren. Diese wirkt sich in der Zukunft ebenso leidvoll und beziehungszerstörend aus wie Widerstand.

Wir mögen also zum Beispiel die Antwort auf viele Probleme, die wir in der Beziehung zu unseren Mitmenschen haben, in der Kindheit entdecken – dennoch bedeutet es meist keine Hilfe, als Antwort darauf genau gegenteilig zum einst Gewohnten zu handeln. Vergessen Sie daher einmal das erwachsene Denken und lassen Sie sich von dem Kind in Ihnen in Zukunft andere Möglichkeiten in das Ohr flüstern. Diese könnten so aussehen:

- *In Zukunft ist nicht mehr Ihr Chef, Ihr Ehepartner, ein*

Freund oder Ihr Kind der »Böse«, auch Sie haben nicht unbedingt einen Fehler begangen, sondern die Kommunikation zwischen Ihnen stimmte nicht.

- *Um sie zu verbessern, stellen Sie sich vor dem nächsten wichtigen Gespräch (mit dem Chef, dem Ehepartner, mit Freunden ...) vor, daß das Kind in Ihnen seinem Kommunikationspartner in seiner Lieblingsumgebung begegnet – in einem Park oder auf einer Wiese, im Sonnenschein. In Ihrer Vorstellung soll das Kind sich wohl fühlen und die zweite Person nicht als Gegner, sondern als Partner mit ähnlichen Gefühlen erleben. Sehen Sie es vor sich, daß Sie zu einer für alle befriedigenden Lösung gelangen – allerdings ohne sie sich schon im voraus auszudenken.*
- *Auf diese Weise sprechen Sie indirekt mit Ihrem Unterbewußtsein, programmieren alte Gefühle um und bleiben trotzdem offen für das tatsächliche Treffen.*
- *Bei diesem stellen Sie sich noch einmal den Park oder die Wiese vor, und das Kind in Ihnen wird die positive Stimmung als unbewußt wirkendes Signal mitnehmen.*

Sexualität und gesellschaftliche Normen

Auch in einer Zeit, die stolz darauf ist, die Sexualität angeblich befreit zu haben, läßt sich nicht verdecken, daß Sexuelles zumindest hintergründig noch überall mit »Schuld« beladen ist.

Wie sehr dies mit dem Kind in jedem Erwachsenen verbunden ist, wird selten berücksichtigt, daher sei es nochmals erörtert. Wie aus den lustvollen kindlichen Geschöpfen nahezu körperfeindliche Erwachsene werden, wenn das Körperdenken gestört ist, aus gefühlvollen Kindern Jugendliche, die alles in das Unbewußte verbannen, was den Gefühlen gefährlich sein könnte, und aus den in der Zeit ihrer ersten sexuellen Begegnungen besonders sensiblen und offenen Jugendlichen im Laufe der Zeit verschlossene Erwachsene mit strengen Sitten und Tabus, verfolgten wir ebenfalls bereits. Und weil wir dennoch manchmal Hedonisten sind, auch negative Gefühle haben und sexuelle Wünsche, die wir nicht zugeben wollen oder dürfen, fühlen wir uns schuldig.

Kein Bereich ist so widersprüchlich und so oft mit »Schuld«, sogenannten »Sünden« und Scham verknüpft wie der soziosexuelle. Die erotische Sicht, die ein Kind erlernt, bestimmt die Sexualität des Erwachsenen, andererseits entstanden Tabus und bestimmte Sitten zum Schutz der Kindheit. Die Ordnungen, die Staaten, Stämme und kleinere Gemeinschaften aufstellten, hatten den Zweck, den geregelten Fortbestand der Gemeinschaft zu sichern. Erstes Anliegen war ursprünglich eine Art unbewußten Schutzes vor genetischen Schädigungen. Alle Gebote, innerhalb eines Stammes nicht zu heiraten, nicht in der nahen Verwandtschaft auf Brautschau zu gehen oder die eigene Schwester zu ehelichen, bedeuteten Tabus zur Sicherung einer gesunden Nachkommenschaft.

Die Verbote oder Gebote in bezug auf die Sexualität berühren also indirekt wiederum die Kindheit. Und jedes Kind spürt diese Gebote dann, wenn es in die genau festgelegte Richtung seiner eigenen Gesellschaft gedrängt wird. Natürlich lassen wir uns nicht gerne drängen und ziehen, nicht als Kind und nicht als Erwachsene. Aufgrund des übermächtigen äußeren Einflusses erweist unser sexuelles Denken sich aber als jenes, das am meisten verdrängt und leugnet wird.

Im soziosexuellen Bereich findet die sexuelle Freiheit sich in strenge gesellschaftliche Normen eingebunden. Auch die modernste Mutter und der fortschrittlichste Vater fallen in das Bio-Überlebensprogramm zurück, wenn ihrem Kind Gefahr droht (oft nur eine vom Denken der Erwachsenen erfundene).

Kinder helfen uns dabei, unsere Gefühle noch einmal und neu zu erfahren – vielleicht auch unbewußte Gefühle, die in jeder Beziehung mit Kindern neu aufleben. Kinder führen uns zu einer anderen Art des Denkens.

Mit fünfzehn denkt jeder Jugendliche nach vorne, in die Zukunft. Seine Zeit ist noch ebenso unbegrenzt, wie die Möglichkeiten seines Denkens es sind. Die ersten Begegnungen mit der Sexualität unterstützen diese Weltsicht. Werden aus Frauen und Männern dann aber Mütter und Väter, wird das Denken vorsichtiger, es gilt, die Nachkommenschaft zu beschützen, und man mißt die Zeit anders. – Transaktionsanalytiker sprechen vom »Eltern-Ich«, und in der Alltagssprache ist die »reife Persönlichkeit« das Ziel dieser Entwicklung. Unter »reif« versteht man dabei aber jemanden, der sich den Sitten und der Moral seiner Umgebung anzupassen weiß, und kaum jemanden, der all seine Fähigkeiten auf spielerisch-erotische Weise einzusetzen in der Lage ist.

Tabus und Moral sollen dafür sorgen, Kinder in eine möglichst ähnliche Zukunft wie die der Erwachsenen zu geleiten. Dies zugunsten einer belastungsfreien Kindheit, in der ein Kind ohne Ziel und Zweck und mit viel Spaß am Leben Kind sein darf, in Frage zu stellen, könnte neue Wege eröffnen, die auch das Leben des Erwachsenen erleichtern und freudvoller gestalten. Kinder, die nicht sofort zu den zukünftigen Frauen und Männern und zu den Eltern der nächsten Generation erzogen würden, brächten eine natürlich erlernte Erotik und Sexualität mit in das Erwachsenenleben, die offizielle Tabus durch eine unbewußt achtsame Haltung ersetzen.

Übungen

Unsere Sichtweise bestimmt unsere Wirklichkeit. Und wohl keine Art des Denkens beeinflußt unsere Sichtweise so sehr wie jener Bereich in uns, den wir an dieser Stelle einmal als »erotisches Denken« bezeichnen wollen. Es gestaltet auch unsere Sexualität wesentlich mit, die mehr ist als die Summe aus erlernter Denkweise und zeitweiliger körperlicher Erregung. Das folgende Übungsbeispiel verdeutlicht dies vielleicht.

- *Gehen Sie in einen Garten oder einen Park, setzen Sie sich auf eine Bank und entspannen Sie sich.*
- *Betrachten Sie die Bäume, Büsche und Blumen rund um sich so wie immer.*
- *Lassen Sie Ihren Blick dann weicher werden, immer weicher; versuchen Sie, keine Details mehr zu unterscheiden, sondern lassen Sie das Grün, den Sonnenschein, die Blüten und Blätter in Sie eindringen. Nicht Sie sind der Seher, ausnahmsweise sind Sie nicht Subjekt, sondern gleichberechtigtes Objekt, das von der Umgebung ebenso ersehen wird, wie Sie diese sonst sehen.*
- *Schließen Sie die Augen und ruhen Sie sich ein wenig aus. Wiederholen Sie nun den Vorgang – bis Sie den Unterschied zwischen »ergreifendem« Sehen und »zulassendem« Sehen im ganzen Körper spüren.*
- *Wenn Sie diese beiden Möglichkeiten des Sehens an sich selbst erlebt haben, beobachten Sie in Ihrem Berufsalltag*

einmal die Menschen um sich, vor allem ihre Augen, und fragen Sie sich, welchen Zusammenhang der Ausdruck ihrer Augen – ihr Lächeln, ihre Strenge, Ängstlichkeit oder ihr ungebrochener Optimismus – zum erotischen Denken eines Menschen hat. Und schauen Sie besonders oft in die Augen von Kindern – Ihre Vorstellungen von Erotik erhalten dadurch eine völlig neue Dimension.

- *Diese neue Art des Sehens, die schließlich zu einer erotischeren Weltsicht führt, bleibt jedoch nicht auf die Augen beschränkt, sondern bezieht auch unseren Körper mit ein. Gerade im Bereich der Sexualität können wir beobachten, welche Möglichkeiten der Änderung in ihm liegen. Sexuelle Lust läßt unseren Blutdruck höher steigen, beeinflußt die Frequenz unseres Herzschlags, Hormone sorgen für besonderes Wohlbefinden. All dies geschieht, weil der Mensch sich zunächst nur etwas vorstellt. Ebenso vermögen wir uns einen »störungsfrei« funktionierenden und ausgeglicheneren Körper vorzustellen, der eine besonders erfüllte Art von Sexualität gewährleisten könnte. Versuchen Sie es einmal:*
- *Vergessen Sie ausnahmsweise alles, was Sie an Ihrem Körper stört, stellen Sie sich gerade und entspannt hin und überlegen Sie sich, wie er sein könnte und sein sollte. (Meist stört uns nur das, was nicht in Mode ist, andererseits erlegt gerade die Mode unserem Körper oft schmerzhafte Zwänge auf.)*
- *Lassen Sie Ihre Empfindungen und Gefühle ein Bild davon erstellen, wie Sie Ihr »Fahrzeug« am besten einsetzen könnten. Dieses geistige Bild von unserem Körper begleitet uns ohnehin unser ganzes Leben – nur ist es oft etwas unregelmäßig. Unser Körper erfüllt seine Leistungen vor allem aufgrund dreier Verbindungspunkte mit dem Leben: durch seine physische Beschaffenheit, dadurch, wie*

wir gelernt haben, ihn einzusetzen, und durch das Bild, das wir, wenn auch unbewußt, von ihm haben.

- *Beobachten Sie diese Punkte einmal einen Tag ohne jede Kritik. Notieren Sie dabei alles, was Ihnen zum geistigen Bild, zu der Vorstellung von Ihrem Körper einfällt, und achten Sie genau darauf, wie Sie sich bewegen, wie Sie sitzen, schlafen, essen und arbeiten.*
- *Am nächsten Tag wandeln Sie das Körperspiel um und beobachten, was Ihrem Körper Vergnügen bereitet und welche Bewegungen und Gewohnheiten ihm unangenehm sind.*
- *Der dritte Tag bietet die Gelegenheit, alle Verbindungspunkte miteinander zu verknüpfen. Halten Sie inne, wenn Ihnen irgend etwas unangenehm erscheint. Denken Sie sich eine andere und angenehmere Vorgangsweise aus und ändern Sie so auch das geistige Bild von Ihrem Körper. Wenn Sie falsch sitzen, suchen Sie sich einen anderen Stuhl, richten Sie sich gerade auf oder stellen Sie Kissen hinter den Rücken. Oder wenn Sie bemerken, daß Sie sich beim Telefonieren verkrampfen, versuchen Sie sich während des Sprechens anders hinzustellen.*

Spielen Sie dieses Spiel einige Wochen bei immer mehr Gelegenheiten: beim Einsteigen ins Auto, bei der Hausarbeit und im Garten, während eines Einkaufsbummels, bei einem Spaziergang. Die physische Beschaffenheit Ihres Körpers wird es Ihnen im Laufe der Zeit danken. Sie werden feststellen, daß Ihr Körper gesünder und stärker wird, und die Freude an Ihrem Körper wird sich auf Ihr Denken, vor allem aber auf Ihre Sexualität auswirken.

Zeichnen Sie ein Mandala Ihres »Selbst«

Jeder von uns kennt verschiedene Arten, sich zu erleben: Manchmal sind wir zerstreut, passiv und unkonzentriert, ein andermal fühlen wir uns ausgeglichen und geistig in Höchstform. Dies hängt auch damit zusammen, daß wir bei gewissen Gelegenheiten einfach »abschalten«, während uns andere Situationen herausfordern. Die verschiedenen Formen geistigen Angeregtseins hängen vielfach damit zusammen, wie wir einst als Kinder auf Herausforderungen reagiert haben.

Folgende Skizze zeigt die einfachsten und grundlegendsten Möglichkeiten, wie das menschliche Denken sich entwickeln kann. Das Körperdenken kann Geborgenheit, aber auch Angst kennenlernen. In Sicherheit vermögen Gefühle sich zu Liebe zu entwickeln, oder als Reaktion auf Unsicherheit können Wut und Resignation entstehen. Das Denken wiederum zeichnet sich durch Offenheit oder durch Verschlossenheit aus.

- Bauen Sie diese grundsätzliche Skizze zu einem Mandala Ihres »Selbst« aus (zu einem Bild, das die Imagination erleichtert).
- Schreiben Sie Ihre eigenen Abwehrmechanismen hinzu, versuchen Sie sich noch einmal darüber klarzuwerden, wie Sie manche Gefühle umgehen oder überspielen.

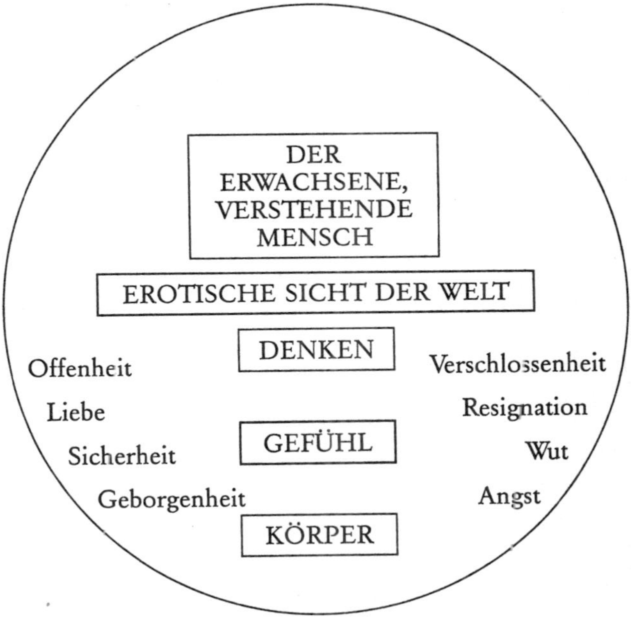

- Wenn Ihr Mandala groß genug ist, stellen all Ihre Stichwörter zusammen den psychosexuellen Bereich, Ihre erotische Sicht von der Welt dar. Diese Sicht ist manchmal klarer, manchmal unklarer. Sie können sie aber dauerhaft verbessern, indem Sie mit Hilfe Ihres Mandalas immer mehr verstehen, wie sehr geistiges Angeregtsein und unsere Beziehung zur Welt davon abhängen, ob wir »anschalten« oder »abschalten«.
- Vor allem drei Arten des Erlebens sind es, die Sie bewußt kennenlernen:

- ein passives, das uns völlig den Einflüssen unserer Kindheit aussetzt,
- eine gewisse geistige Beweglichkeit, die in dem Augenblick beginnt, in dem wir über uns nachzudenken beginnen,
- das Gefühl, sich selbst zu erkennen und eine größtmögliche Kontrolle über sich zu haben.

- Die dritte Stufe des Erlebens, eine besondere Form von geistiger Wachheit und von Gefühlsintensität, gelingt uns in außergewöhnlichen Situationen.
- Sie läßt sich aber auch als Ziel ansehen, das uns immer mehr zur Gewohnheit wird, wenn wir zu unserer eigentlichen Identität vordringen. So gelingt uns nicht nur der Schritt zu wahrhaft erwachsenen, sich selbst (und andere) verstehenden Menschen, sondern bedeutet – auf eine breite Allgemeinheit erweitert – vielleicht sogar einen evolutionären Anstoß zu einer positiven Weiterentwicklung unseres Menschseins.

Achtes Kapitel

Mit Hilfe der Vergangenheit in die Zukunft

Hoffnung Kindheit

Eltern mögen vieles sein: gut oder streng, anspruchsvoll, liebevoll, eines aber sind sie sicherlich – die Sündenböcke im Hinblick auf die Erziehung. Ihnen lastet man es an, wenn etwas unerwünscht verläuft. Oft leiden sie ein Leben lang unter Gewissensbissen, werden von Erziehungsrichtungen und pädagogischen Moden verunsichert und vergessen darüber das einzige, das Eltern sein sollten: echt. Der Begriff der Echtheit enthält alles, was eine gute Beziehung zwischen Eltern und Kindern beinhaltet. Echtheit bedeutet die Übereinstimmung von Sein und Schein, von Anspruch und Sein, Erwartung und Sein.

»Echt« auf ein Kind zu reagieren, würde also bedeuten, sich nicht nur der kindlichen Situation bewußt zu sein, sondern vor allem auch der eigenen Gefühle, der erwachsenen Denkschablonen und der Erwartungen, die man als Erwachsener in Kinder setzt. Wie sollten wir Geduld mit unseren Kindern haben, wenn nicht grundsätzlich ein Gefühl der Geduld da sei, das sich auch in allen anderen Lebenssituationen bewährt, fragt Ulli Olvedi in seinem Buch *»Evolution im Alltag«*. Die Art und Weise, wie wir Kinder behandeln, entspricht dem Umgehen mit unserem Alltag. Lassen wir ihn aus festgefügten Verhaltensmustern bestehen, berauben wir uns der lebendigen Erfahrungen. Die lebendige Erfahrung der Eltern und Erwachsenen aber ist es, die darüber entscheidet, ob sich der genetische Plan für die Entwicklung des Geistes im Kind ganz entfalten kann oder nicht.

Stellen Sie sich vor, das Kind in Ihnen wäre wieder fünf, sechs oder sieben Jahre alt, und Sie sagen zu ihm gedankenlos manches, das Kinder dieses Alters oft zu hören bekommen: »Putz dir gefälligst die Nase!«, »Geh schleunigst von meinem Stuhl herunter!«, »Du siehst wieder einmal wie ein Ferkel aus . . .« Wenn Sie sich Zeit nehmen und eine noch ausführlichere Liste von gedankenlosen Bemerkungen der Erwachsenen gegenüber Kindern aufstellen, entdecken Sie, daß eine geglückte Erziehung weniger auf Theorien und Methoden beruht, sondern vor allem auf der Achtung vor einem Kind, dem Respekt und der Toleranz seinen Gefühlen gegenüber und auf der Bereitschaft, von einem Kind lernen zu können.

Aber diese offene Haltung ist nur möglich, wenn Erwachsene bereit sind, sich selbst ins Angesicht zu sehen und in allem, was sie selbst tun, das Kind in sich zu entdecken. Für die Echtheit in jeder Art von Beziehungen und besonders in der sehr zarten Beziehung zu Kindern ist eine gewisse Art der Selbstanalyse unumgänglich. Erziehung ist nur so erfolgreich, wie es zuerst die Entwicklung des Selbst im Erwachsenen ist. Diese gelingt aber nicht nur durch »richtiges« Denken. Die Gefühle unserer Kindheit erreichen wir dadurch nicht. Dazu bedarf es der Reise in die Vergangenheit, der Suche nach dem verlorenen Kind in uns. Sie hilft uns, die Außenwelt ohne alte Ängste und Hemmungen zu erleben, die in unserer Kindheit vorgenommene Einstellung des Linsensystems, durch das wir die Welt sehen, ein wenig zu korrigieren, um diese Welt mit offeneren Augen zu betrachten.

Wenn wir lernen, dem Kind in uns zuzuschauen, es zu akzeptieren und ihm die Sicherheit zu geben, die es einst vermißte, programmieren wir gleichzeitig unseren Körper, unsere Gefühle und unser Denken neu. Entführen Sie zum Beispiel das Kind in Ihnen von Zeit zu Zeit in seine Lieblingsumgebung, in einen Wald, auf eine bunte Wiese oder in seine Lieblingshöhle, geben Sie damit auch sich als Erwachsenem ein Stück Lebenslust zurück. Wenn Sie in der Lieblingsumgebung mit dem Kind ein zu lösendes Problem besprechen, so wandeln Sie mit Hilfe der Imagination und der Phantasie des Kindes alte Gefühle zu neuen. Als nächsten Schritt lernen Sie dann, das Kind in Ihnen auch in realen Situationen zu entdecken. Hat es mit Hilfe der Imagination Sicherheit und Vertrauen gelernt, wird es Ihnen auch im Alltag manch guten Ratschlag zuflüstern. Oder Sie können es so formulieren, daß die Vorstellungen Ihrem Gehirn neue Bilder eingeben, die Muskeln sich dabei entspannen und das Nervensystem und die Körperchemie programmiert werden. Ein offener Körper und spielerische Gefühle sorgen für ein spielerisches Denken.

Wie auch immer, vergessen Sie nicht, daß es ein Spiel ist, das eigene Weltbild mit Hilfe des Kindes in sich zu verändern. Sie müssen nichts erreichen, vor allem aber müssen Sie nichts ändern, das Sie nicht ändern möchten. Sagen Sie nie: »Ich will dies (oder jenes) nicht mehr sein«, sondern ersetzen Sie die Verneinung durch den positiven Wunsch. Das Kind in Ihnen will nicht »nie mehr wieder zornig« sein, sondern es will »so oft wie möglich fröhlich und unbeschwert« sein. Die Zeit für den Zorn nimmt dann von selbst ab, so wie es für Ängste und Befürchtungen geschieht.

Das Kind in Ihnen weiß um die Möglichkeiten, anders zu denken. Man kann es »Intuition«, »Unbewußtes« oder eine Art »Ahnung« nennen. Stets handelt es sich um den nicht meßbaren Teil im Menschen, der um einiges größer ist als der äußerlich sichtbare, meßbare. Dieses Nichtmeßbare, das Verbindungsglied zwischen Geist und Materie, der Welt der Vorstellungen und dem, was wir als »Wirklichkeit« betrachten, entsteht in der Kindheit. Man kann es auch als »Seele«, »Kraft« oder »Psychoenergie« bezeichnen – ungeahnte Möglichkeiten scheinen offenzustehen, wenn wir die Kindheit befreien: zuerst das Kind in uns und mit dessen Hilfe die Kinder um uns.

Gewiß, die »Befreiung der Kinder« und eine »Revolution der menschlichen Seele« klingen wie eine Utopie. Zwischen zutiefst verunsicherten Eltern und den modernen elektronischen Medien als neuen Erziehungshilfen stellt sie sich so dar. Doch vergessen wir, daß Erziehung bisher selten von kindlichen Möglichkeiten, sondern von kindlichem Fehlverhalten ausging – Fehlverhalten in den Augen von Erwachsenen. Eine Utopie, die einseitig gestaltet ist, wird immer eine solche bleiben. Wenn wir aber beginnen, nicht nur an zukünftige Wirkungen zu denken, sondern die Ursachen dieser Wirkungen ebenfalls zu berücksichtigen, könnte die Zukunft vielleicht anders aussehen.

Zukunft ereignet sich nicht morgen, sondern in der Gegenwart, hier werden die Weichen gestellt. Vor allem aber lebt die Zukunft von der Vergangenheit, die unsere Gegenwart bestimmt.

Um wirklich Neues zu lernen, um anders und vielgestaltiger zu denken, ist es nötig, zuerst die körperlichen und gefühlsmäßigen Panzer unseres Denkens abzulegen und, wie schon besprochen, in jene Zeiten zurückkehren, in denen diese Panzer entstanden. So lernen wir, uns und unsere Kinder besser zu verstehen, die die Hoffnung für eine bessere Zukunft sind.

Im Umgang mit Kindern ist Humor in allen Situationen die beste Medizin. Ein herzhaftes Lachen hilft ebenso, sobald wir entdecken, daß das Kind in uns wieder einmal besonders boshaft, gierig, ängstlich oder aggressiv reagiert. Wenn wir das »Schlachtfeld« zwischen unserer Vergangenheit und unserer Zukunft als solches entlarvt haben, unser Bewußtsein sich selbst beobachtet und entdeckt, daß der vorwärtsschreitende Erwachsene immer wieder von dem Kind in sich in ein kindliches Gefühlsmeer zurückgezogen wird, braucht es nicht länger ein Schlachtfeld zu sein. Wir können es zu einem vergnüglichen Spielfeld zwischen dem Gestern und dem Morgen umwandeln und die Utopie von einem besseren und umfassenderen Denken Wirklichkeit werden lassen, indem wir »fühlend denken« und »denkend fühlen«.

Die Schwierigkeiten, ein unserer Situation entsprechendes Denken zu erreichen, sah KONRAD LORENZ voraus, als er auf die Gefahren der zu schnellen Entwicklung des menschlichen Geistes hinwies. Inzwischen haben diese Gefahren uns fast eingeholt. Eine einseitige Fortschrittsgläubigkeit und die immer schnellere Entwicklung der Technisierung drängen uns beinahe an den Abgrund. Aber gerade deshalb brauchen wir ein »besseres« Denken, eine ganzheitliche Sicht des Menschen und seiner Umwelt.

Übungen

Versuchen Sie noch einmal eine Rückreise in die Vergangenheit.

- *Nehmen Sie sich eine Stunde Zeit. Dies mag, wie die vielen Stunden bei den vorangegangenen Übungen, in unserem rasenden Alltag viel bedeuten, aber es lohnt sich, wenn Sie bedenken, daß Sie mit einer Stunde manchmal Jahre und Jahrzehnte zurückgewinnen können.*
- *Schließen Sie die Augen und entspannen Sie sich. Stellen Sie sich dann vor, Sie würden in einem Ruderboot liegen und das Schaukeln der Wellen genießen, dem Wind zuhören, mit der Hand im Wasser planschen und den Wolken am Himmel zublinzeln. Wenn Sie ganz ruhig sind, lassen Sie das Boot zu kreisen anfangen. Zuerst bewegt es sich langsam gegen den Uhrzeigersinn, schließlich wird es immer schneller und schneller. Sie genießen das Kreiseln wie ein Kind und versinken mit Ihrem Boot in einen lustigen Strudel, der Sie sanft in die Tiefe des Sees oder des Meeres entführt. Am Grunde des Sees oder des Meeres angekommen, steigen Sie aus dem Boot. Blicken Sie um sich, bewundern Sie das üppige Wachstum und die Fische, dann entdecken Sie hinter einem Felsen eine Tür.*
- *Öffnen Sie die Tür mit einem goldenen Schlüssel, auf dem Ihr Vorname steht und der im Türschloß bereits auf Sie gewartet hat. Bevor Sie in das Innere der Höhle treten, erinnern Sie sich daran, daß Sie, solange Sie sich in der Höhle befinden, alle Zeit der Welt zur Verfügung haben. Die Stunde, die Sie sich für Ihre Reise in die Vergangenheit schenkten, mag nach unserer Zeit eine Stunde sein, unter Wasser und in der Höhle gilt eine andere Zeit – die Ihrer Gefühle.*

- *Die Höhle ist klein, aber es ist warm und freundlich darin. Von einer runden Öffnung fällt ein wärmendes goldgelbes Licht auf eine riesige Flasche, die inmitten der Höhle auf einem Podest steht. Setzen Sie sich vor die Flasche, schließen Sie die Augen und stellen Sie sich vor, das riesige Glasgefäß vor Ihnen wäre eine Art Zauberschachtel, in die Sie hineinzaubern können, was Sie wollen.*
- *Zuerst entschließen Sie sich für eine Reise in die Vergangenheit. Sehen Sie sich in der Flasche jünger werden, immer jünger ... Halten Sie an, wenn Sie fünfzehn Jahre sind. Sprechen Sie mit dem fünfzehnjährigen Jugendlichen, fragen Sie ihn nach seinen Gefühlen, nach seinen Vorstellungen von der Zukunft. Dann spulen Sie den Film in Gedanken langsam weiter zurück. Jetzt sitzen das zwölfjährige Mädchen oder der zwölfjährige Junge in der Flasche, später des zehnjährige, achtjährige, sechsjährige Kind, schließlich das Kleinkind. Beobachten Sie, wie das Kleinkind sich um seine ersten Schritte bemüht, sehen Sie den Säugling im Kinderwagen. Dann fällt ein weißgold glänzender Strahl auf die Flasche, und wie in einem Bergkristall können Sie darin das neugeborene Baby sehen, das Sie einmal waren. Der Strahl bewegt sich unruhig, und wie hinter einem weißen Nebelschleier sehen Sie nun auch den Embryo, der Sie einmal waren. Schauen Sie dem Fötus zu, wie er sich vergnüglich im Mutterleib bewegt, und beginnen Sie dann den Film langsam wieder in die andere Richtung laufen zu lassen.*
- *Wenn jetzt aus dem Säugling wieder ein Kleinkind wird, spielen Sie für das in der Flasche heranwachsende Kind Mutter oder Vater. Sie wissen jetzt, daß manche Fehler in Ihrer Kindheit notwendig waren, daß niemand Schuld daran hat, daß niemanden Vorwürfe treffen. Mit einem anderen Wissen von der Kindheit und den Eigenheiten*

kindlichen Denkens vermögen Sie das Kind in der Flasche zu trösten, es aufzumuntern, sich besser mit ihm zu unterhalten. Beobachten Sie seinen Spaß am eigenen Körper, seine ausgelassenen Spiele. Wenn das Kind langsam zum Jugendlichen heranwächst, lassen Sie sich von ihm versprechen, daß sie oder er Ihnen in Zukunft auch ein wenig beim Denken helfen wird – mit der offeneren, unbeschwerteren Sichtweise, die manche Fünfzehnjährigen haben.

- *Wachsen Sie nun in der Flasche bis zu Ihrem tatsächlichen Alter heran. Wieder in der Gegenwart angekommen, stellen Sie sich vor, die Flasche würde in tausend kleine Stücke zerspringen und Sie würden dem Glassturz wie neugeboren entkommen. Atmen Sie einige Male tief ein und aus, und begeben Sie sich dann auf den Weg zurück in die Zukunft. Schließen Sie die Tür mit Ihrem goldenen Schlüssel sorgsam zu, lassen Sie ihn aber für den Fall stekken, daß Sie irgendwann zurückkommen und sich einen Zeitpunkt Ihrer Entwicklung nochmals genau betrachten wollen. Dann steigen Sie in das wartende Boot und schließen die Augen.*
- *Langsam fängt das Boot an, sich im Uhrzeigersinn zu drehen, bis es immer schneller und von einem Strudel zurück an die Oberfläche des Sees oder des Meeres gezogen wird. Dort betrachten Sie die Wolken noch eine Zeitlang und hören dem leisen Plätschern der Wellen zu. Dann kehren Sie von Ihrer langen und doch so kurzen Reise in die Vergangenheit in die Gegenwart zurück.*

Wie alle vorangegangenen Imaginationsübungen dient uns auch diese letzte Phantasiereise nur als spielerische Möglichkeit, die Vergangenheit im nachhinein neu zu interpretieren und ein wenig umzuformen, als eine Art Wegweiser, nicht als feste Richtschnur.

Das Sieben-Punkte-Programm für Ihre Zukunft

1. Die Reise in die Kindheit geht nie zu Ende. Mit dieser Methode können Sie verhindern, daß Ihre Vergangenheit zu Ihrer Zukunft wird. Gleichzeitig kann sie Ihnen die ungenützten Möglichkeiten der Vergangenheit zurückgeben.
2. Denken Sie daran, daß das Ziel eines jeden Menschen Glück ist, daß Glücklichsein aber nur gelingt, wenn man sich als ganzheitliche Persönlichkeit – mit einem Körper, mit Gefühlen, Gedanken und vor allem mit tiefen Wurzeln in der Vergangenheit – versteht.
3. Der Mittelpunkt dieser Persönlichkeit ist das Kind in Ihnen, das, was Sie einmal waren, jenseits der nicht entsprechenden Vorstellungen, die Sie sich im Laufe der Zeit angewöhnt haben. Dieses Kind, der Ursprung Ihres »inneren Selbst«, tragen Sie noch in sich. Sie sollten es sich zur Aufgabe machen, es besser zu verstehen. Verwenden Sie all Ihre Vorstellungskraft darauf, dieses Kind jeden Tag mehr von den negativen Erfahrungen zu befreien und ihm die einstige Selbstsicherheit, Freiheit und Offenheit neu zu schenken.
4. Berücksichtigen Sie dabei das Gesetz der Intentionalität, das besagt, daß wir um so mehr zurückbekommen, je mehr wir wahrnehmen.
5. Der fünfte Punkt in diesem Programm vereinigt Vergangenheit und Zukunft: Er lautet »loslassen«

und »vergeben«. Sosehr Sie sich zuerst bemühten, Ihre Kindheit zu verstehen – bald ist es an der Zeit, sich liebevoll von ihr zu verabschieden. Das Kind in Ihnen, das sich im Laufe Ihrer Reise in die Kindheit ebenso geändert hat wie Sie, wird Ihnen dabei helfen. Üben Sie sich in verständnisvoller Distanz, die Ihnen auch hilft, denen zu vergeben, die Ihnen einmal Schmerz zufügten.

6. In einem nächsten Schritt nehmen Sie Ihre Vergangenheit so an, wie sie war. Nun sind Sie dazu in der Lage. Denn Sie fühlen sich nicht mehr unsicher, zweifelnd, ängstlich oder wankelmütig. Der Mensch, der Sie vor Ihrer Reise in die Kindheit waren, ist erwachsen geworden und kann auch sich selbst ganz akzeptieren.
7. Als wahrer Erwachsener, als Mensch mit einem völlig neuen Bewußtsein von sich selbst, können Sie in Zukunft auch die volle Verantwortung für sich übernehmen. Sie sind von äußeren Einflüssen unabhängig und können Ihre Art und Weise zu leben neu definieren. Vergessen Sie dabei aber nicht, daß zum Glücklichsein nicht nur Wissen, sondern vor allem auch Handeln gehört. Wenn etwas Sie überzeugt, handeln Sie sofort. Sie haben gelernt, auf Ihren Körper und auf Ihre Gefühle zu hören. Wenn Sie während Ihrer zukünftigen magischen Reise zu sich selbst etwas ändern wollen, setzen Sie es unmittelbar in die Tat um, verschieben Sie es nicht. Glücklich können Sie nur im Hier und Jetzt sein – das Kind in Ihnen hat diese alte Erfahrung nicht vergessen.

Anhang

Meditationstechniken

Meditation ist nicht nur ein vertieftes Nachdenken, Nachsinnen oder Betrachten, sondern ein noch tieferes Eintauchen in Bewußtseinsebenen und -zustände, die jenseits unseres rationalen Tagesbewußtseins liegen. Dort entfaltet sich die Meditation im vorrational Bildhaften. Deshalb ist das Visualisieren ein wichtiges Moment der Meditationstechnik.

Meditation als beabsichtigte vorübergehende Abkehr von der Außenwelt und als ein Sichversenken in sich selbst bedarf einiger Mühe und Geduld und gewisser Techniken, um Erlebnisse und Begegnungen zu erschließen, die auf dem reinen Gedankenweg nicht erreichbar sind. Auf das In-sich-Hineinlauschen und -schauen kommt es an, ebenso auf den Einsatz der kreativen Phantasie beim Visualisieren.

Das Meditieren hat eine lange abendländische und fernöstliche Tradition, und in der modernen Psychotherapie spielt es als methodische Entspannungsübung, beispielsweise beim autogenen Training, eine wichtige Rolle.

So bietet sich die Meditation auch als Weg zum inneren Kind an, zu dem wir nicht lediglich durch gezieltes rationales Nachdenken, durch Rückerinnern äußerer Geschehnisse gelangen, sondern durch das Visualisieren und das emotionale Aktivieren der Empfindungsqualitäten von Schlüsselerlebnissen.

Die Begegnung mit dem inneren Kind, mit dem Kind, das wir selbst waren und tief in uns immer noch sind, mit dem Kind, mit und an dem wir als äußerlich scheinbar Erwachsene immer noch leiden, – diese Begegnung in der Meditation bietet uns die Möglichkeit, in Liebe und Verständnis nachzuholen, gutzumachen und neuzugestalten, was einst versäumt, beschädigt und verhindert wurde, als das Kind noch Kind war. Dadurch kann die Vergangenheit neu geschaffen werden – als Voraussetzung für echtes, auch spirituelles Wachsen und Reifen.

Sie werden in der Meditation Ihrem inneren Kind in den unterschiedlichsten Lebensaltern – als Säugling, als Kleinkind, als pubertierendes Schulkind – begegnen, denn es kommt auf die emotional relevanten Momente an, die Sie aufsuchen müssen, um mit Ihrem inneren Kind zu arbeiten.

Wenn Sie sich einsam, unglücklich, verlassen, leer oder verletzt fühlen, wenn schmerzhafte Gefühle oder Gedanken Sie in Fluchten oder Ersatzbefriedigungen treiben, dann suchen Sie in der Meditation Ihr inneres Kind auf und identifizieren mit ihm die Herkunft der schmerzenden Symptome. Die negativen Gefühle, die Ihnen immer wieder zu schaffen machen, können Sie sozusagen an Ort und Stelle und mit Hilfe der »Hauptperson«, des inneren Kindes, bearbeiten und bewältigen.

Sofern Sie bereits über erste Erfahrungen mit autogenem Training oder Meditationsübungen verfügen, wissen Sie, daß Zeit und Ort, wo Sie sich ungestört fühlen können, wichtige Voraussetzungen sind. Alles, was Sie ablenkt oder belastet (denken Sie auch an die Ernährung!), sollte beiseite bleiben. Musik, die die Meditation unaufdringlich begleitet, wird von vielen Menschen als hilfreich empfunden. Jeder muß für sich herausfinden, welche Art von Musik am besten hilft, um in einen tiefen meditativen Zustand zu gelangen.

Die Meditation – als einfach anzuwendende therapeutische Methode zur raschen Symptombehandlung und zur langfristigen Lebensveränderung – erfolgt in drei Phasen:

1. Ruhe breitet sich aus

- Sie finden Zeit und Ort, wo Sie körperlich und geistig unbeschwert meditieren können, vielleicht unterstützt durch eine Ihnen entsprechende Musik.
- Regelmäßiges, tiefes, konzentriertes Atmen, tiefes, entspannendes Ausatmen versetzt Sie nach und nach in einen meditativen Zustand. Sprechen Sie Suggestionsformeln der Ruhe, wie Sie sie vom autogenen Training kennen.
- Identifizieren Sie Ihre Emotionen. Während Sie konzentriert atmen, spüren Sie nach, welche Emotionen zumeist Ihr Denken und Fühlen besonders stark beeinflussen: Trauer? Angst? Ärger? Aufregung? Finden Sie das heraus!

2. Begegnung mit dem inneren Kind

- Visualisieren Sie das innere Kind. Sehen Sie sich vor sich? Als Kleinkind? Egal, wie alt Sie da gerade sind – ob Säugling oder Schüler. Ja, das sind Sie! Die kleine ... / der kleine ... (setzen Sie Ihren Vornamen ein!). Tasten Sie Ihren Körper ab: Wo werden die

Spannungen, in denen sich Ihre Emotionen manifestieren, am stärksten greifbar, spürbar?

- Sie sehen nicht nur das innere Kind, das Sie selbst sind, vor sich; als dieses spüren Sie nun auch die Emotionen, die Spannungen, die Schmerzen, die Sie soeben identifiziert haben. Betrachten Sie die Mimik des inneren Kindes! Was hat sich abgespielt in dieser Situation? Erinnern Sie sich! Und nun berühren Sie das innere Kind!
- Geben Sie nun dem inneren Kind, was es damals schmerzlich und sehnlich vermissen mußte. Nehmen Sie es liebevoll in die Arme, geben Sie ihm Zuwendung, Aufmerksamkeit, Trost, Ermutigung, Schutz. Lächeln Sie es an, streicheln Sie es. Atmen Sie mit ihm den Atem der Liebe, der durch Ihren und seinen Körper fließt.
- Dieses innere Kind, das Sie selbst sind (die kleine . . . / der kleine . . .) und mit dem Sie ganz engen Kontakt halten, überträgt seine Emotionen auf Sie. Sie widmen ihm Aufmerksamkeit, Liebe und Verständnis. Sie sehen sich selbst als Kind vor sich – in Situationen, die aus den Tiefen Ihrer Erinnerung auftauchen. Und Sie akzeptieren, was immer an Gefühlen mit hochkommt: Wut, Enttäuschung, Ärger, Angst, Verlassensein. Haben Sie Geduld.

3. Eine neue Vergangenheit für das innere Kind

- Nehmen Sie das Kind an – so, wie es ist. Nehmen Sie seine Emotionen an. Geben Sie ihm das Gefühl, mit Ihnen vereint zu sein. Wenn es nicht durch die Nöte, sich anpassen und gefallen zu müssen, an seiner natürlichen Entwicklung gehindert wird, beginnt der Heilungsprozeß.

- Wir sind in der Entwicklung steckengebliebene Kinder. Der genetische Wachstumsplan ist durch fremde Erwartungen und Verbote in der Kindheit gestört worden. Lösen Sie nun den Bann bestimmter emotionaler Erlebnisse der Kindheit, indem Sie liebevoll eine Neubewertung ermöglichen.
- Sehen und erleben Sie sich als Kind, da Sie zum ersten Mal ein bestimmtes körperliches Gefühl, eine bestimmte Emotion verspürten. Welche Kleidung trugen Sie? Wie war der Ort beschaffen? Welche Menschen waren dabei? Welche Gegenstände, Möbel, Farben, Lichtverhältnisse bestimmten das Bild? Gerüche? Klänge? War es warm oder kalt? Welche Atmosphäre herrschte? Was ereignete sich in dieser Situation? Warum fühlten Sie sich so und nicht anders?
- Setzen Sie jetzt die kreative Kraft Ihrer Phantasie ein und verändern Sie die Situation und das Verhalten der Menschen so, wie Sie es damals als Kind hätten haben wollen und müssen. Visualisieren Sie Ihre Eltern oder andere für Sie wichtige Personen und lassen Sie sie liebevoll zu Ihnen als Kind sein. Stellen Sie sich alles so vor, wie es für Sie als Kind ideal gewesen wäre. Schaffen Sie damit eine neue, bessere Wirklichkeit und durchleben Sie die Schlüsselszene nun bis zu ihrem jetzt glücklichen Abschluß.
- Sehen Sie, wie das innere Kind Sie glücklich anlächelt! Es hat jetzt sein wahres Selbst gefunden und kann sich so akzeptiert und geliebt fühlen. Die falschen Befehle der Kindheit, die viel Energie für die Erhaltung eines falschen Selbstbildes verzehrten, sind aufgehoben. Die positive Energie des inneren Kindes kommt nun Ihrer persönlichen – auch spirituellen – Entwicklung und Reifung zugute. Fühlen Sie die Freude!

Kehren Sie nun langsam in Ihr Hier und Jetzt zurück. Spüren Sie Ihren Atem. Nehmen Sie Ihre gegenwärtige Umgebung wieder wahr. Freuen Sie sich, denn jetzt können Sie bewußt im Heute leben und es gestalten.

Wiederholen Sie diese Meditationen regelmäßig – spüren Sie immer neue auslösende Situationen Ihrer Kindheit auf, identifizieren Sie jeweils aus aktuellem Anlaß die Emotionen, die Ihnen Ihr Erwachsenenleben erschweren!

Das Kind prägt unser Unbewußtes – und unser Unbewußtes prägt uns. Doch auch jeder Gedanke, den wir – verbunden mit einer gewissen Gefühlsintensität – denken, wirkt ebenso auf unser Unterbewußtsein und beeinflußt so letztlich jede Zelle in unserem Körper: positiv oder negativ. Deshalb ist es so wichtig, regelmäßig mit dem inneren Kind zu arbeiten.

Die Harmonie mit Ihrem inneren Kind schenkt Ihnen körperliches und geistiges Wohlbefinden – ein Glückserleben, das Sie mit unbegrenzter Liebesfähigkeit und der Chance persönlichen Wachstums ausstattet.

Täglich können Sie mit der folgenden *Meditationsübung* arbeiten, um dieses Ziel zu erreichen:

- Machen Sie die bisher beschriebene Meditation mit dem inneren Kind.
- Führen Sie die Meditation so weit durch, bis Ihr inneres Kind erkennbar glücklich ist.
- Vermitteln Sie ihm, wie sehr Sie sich freuen, es glücklich zu sehen.
- Die Liebe, die Sie als Erwachsenen mit Ihnen als Ihrem inneren Kind verbindet, kann nach außen an Ihre Umgebung weitergegeben werden. Visualisieren Sie dies:

- Erfüllen Sie andere Lebewesen – Menschen, Haustiere, Pflanzen – mit dieser Liebe!
- Verschenken Sie diese Liebe auch an Ihre weitere Umgebung, sogar an Menschen, die Sie nicht sonderlich schätzen. Stellen Sie sich das vor!
- Wenn Sie sich zu lieben vermögen, indem Sie sich als inneres Kind vorbehaltlos akzeptieren, werden Sie die Kraft der Liebe auch auf Ihre Umgebung und Ihre Umwelt verwenden und verantwortungsbewußt an der Heilung Ihrer natürlichen Umgebung mitwirken können. Visualisieren Sie dies! – Denn die zerstörte Natur ist nichts als das Abbild eines gestörten Menschen.

Kritiker des »therapeutischen Kults« mit dem »inneren Kind« beanstanden, daß diese Methode zu einer verstärkten eigensüchtigen Bauchnabelschau verführe, zu einem unbefriedigten Anspruchsdenken, das nur um die eigenen – echten oder eingebildeten – Bedürfnisse kreise. Das Gegenteil ist jedoch der Fall. Wer mit Hilfe seines inneren Kindes Lebensprobleme gelöst hat, wird dadurch liebesfähig und frei für die Hinwendung zu seinen Mitmenschen und seiner Umwelt.

Literaturhinweise

ARIÈS, PHILIPPE: *Geschichte der Kindheit.* Deutscher Taschenbuch Verlag, München 1978

BATESON, GREGORY: *Geist und Natur. Eine notwendige Einheit.* Suhrkamp Verlag, Frankfurt am Main 1982.

–: *Ökologie des Geistes. Anthropologische, psychologische, biologische und epistemologische Perspektiven.* Suhrkamp Verlag, Frankfurt am Main 1985.

BERNE, ERIC: *Transaktionsanalyse der Intuition. Ein Beitrag zur Ich-Psychologie.* Junfermann Verlag, Paderborn 1989.

BETTELHEIM, BRUNO: *Erziehung zum Überleben. Zur Psychologie der Extremsituation.* Deutscher Taschenbuch Verlag, München 1992.

–: *Gespräche mit Müttern.* R. Piper Verlag, München 1989.

–: *Ein Leben für Kinder. Erziehung in unserer Zeit.* Deutscher Taschenbuch Verlag, München 1990.

BIERACH, ALFRED: *Alarmsignale der Seele. Krankheit als Lebenshilfe.* Ariston Verlag, Genf/München 1992.

BLOCH, ERNST: *Das Prinzip Hoffnung.* Suhrkamp Verlag, Frankfurt am Main 1985.

BUSCAGLIA, LEO F.: *Einander lieben. Die Kunst menschliche Beziehungen zu vertiefen.* Goldmann Verlag, München 1989.

FELDENKRAIS, MOSHÉ: *Bewußtheit durch Bewegung. Verhaltensphysiologie oder Erfahrungen am eigenen Leibe.* Suhrkamp Verlag, Frankfurt am Main 1978.

–: *Die Entdeckung des Selbstverständlichen.* Insel Verlag, Frankfurt am Main 1985.

–: *Das starke Selbst. Anleitung zur Spontaneität.* Insel Verlag, Frankfurt am Main 1987.

FREUD, SIGMUND: *Gesammelte Werke in Einzelbänden.* S. Fischer Verlag, Frankfurt am Main.

FROMM, ERICH: *Haben oder Sein. Die seelischen Grundlagen einer neuen Gesellschaft.* Deutscher Taschenbuch Verlag, München 1979.

–: *Die Kunst des Liebens.* Ullstein Verlag, Berlin 1989.

GLOGGER, HELMUT-MARIA: *Denken Sie sich frei! Leben ohne Angst und Zwänge.* Ariston Verlag, Genf/München 1993.

GURDJIEFF, GEORG I.: *Beelzebubs Erzählungen für seinen Enkel. Eine objektiv unparteiische Kritik des Lebens des Menschen.* Sphinx Verlag, 4. Auflage, Basel 1991.

HOUSTON, JEAN: *Lebenskraft. Geschichte als Spiegel persönlicher Entwicklung.* Sphinx Verlag, Basel 1989.

JUNG, CARL GUSTAV: *Gesammelte Werke.* Walter Verlag, Olten.

KEEN, SAM: *Die Lust an der Liebe.* Heyne Verlag, München 1992.

LEARY, TIMOTHY: *Info-Psychologie.* Sphinx Verlag, Basel 1991.

LEBOYER, FRÉDÉRICK: *Geburt ohne Gewalt.* Kösel Verlag, 7. Auflage, München 1992.

–: *Das Fest der Geburt.* Kösel Verlag, 3. Auflage, München 1991.

LORENZ, KONRAD: *Die Rückseite des Spiegels. Versuch einer Naturgeschichte menschlichen Erkennens.* Deutscher Taschenbuch Verlag, München 1977.

–: *Das sogenannte Böse. Zur Naturgeschichte der Aggression.* Deutscher Taschenbuch Verlag, München 1974.

–: *Über tierisches und menschliches Verhalten. Aus dem Werdegang der Verhaltenslehre.* R. Piper Verlag, 3. Auflage, München 1992.

MASTERS, ROBERT und HOUSTON, JEAN: *Bewußtseinser-*

weiterung über Körper und Geist. Ein praktisches Übungsbuch. Kösel Verlag, 2. Auflage, München 1986.

MASTERS WILLIAM und JOHNSON, VIRGINIA: *Die sexuelle Reaktion.* Rowohlt Verlag, Reinbek 1984.

–: *Liebe und Sexualität.* Ullstein Verlag, Berlin 1990.

MILLER, ALICE: *Das Drama des begabten Kindes und die Suche nach dem wahren Selbst.* Suhrkamp Verlag, Frankfurt am Main 1979.

MONTESSORI, MARIA: *Die Entdeckung des Kindes.* Herder Verlag, 10. Auflage, Freiburg 1991.

–: *Kinder sind anders.* Deutscher Taschenbuch Verlag, München 1992.

MURPHY, JOSEPH: *Die Macht Ihres Unterbewußtseins. Das große Buch innerer und äußerer Entfaltung.* 50. Auflage, Ariston Verlag, Genf/München 1993.

ODENT, MICHEL: *Die sanfte Geburt.* Kösel Verlag, 6. Auflage, München 1986.

ORR, LEONARD und HALBIG, KONRAD: *Bewußtes Atmen. Rebirthing.* Goldmann Verlag, München 1992.

OSTRANDER, SHEILA und SCHROEDER, LYNN: *Leichter lernen ohne Streß – Superlearning. Die revolutionäre Lusanow-Methode zur erfolgreichen Steigerung von Wissen, Konzentration und Gedächtnis durch müheloses Lernen.* Scherz Verlag, Bern/München 1981.

PEARCE, JOSEPH CHILTON: *Die heilende Kraft. Östliche Meditation in westlicher Deutung.* Wunderlich Verlag, Reinbek 1983.

PERLS, FREDERICK: *Grundlagen der Gestalt-Therapie. Einführung und Sitzungsprotokolle.* Pfeiffer Verlag, 8. Auflage, München 1992.

–: *Gestalt, Wachstum, Integration.* Junfermann Verlag, Paderborn 1980.

PESTALOZZI, JOHANN HEINRICH: *Sämtliche Werke.* De Gruyter Verlag, Berlin.

PIAGET, JEAN: *Gesammelte Werke.* Klett-Cotta Verlag, Stuttgart.

POSTMAN, NEIL: *Das Verschwinden der Kindheit.* S. Fischer Verlag, Frankfurt am Main 1986.

REICH, WILHELM: *Die Charakteranalyse.* Kiepenheuer & Witsch, Köln 1989.

–: *Die sexuelle Revolution.* S. Fischer Verlag, 4. Auflage, Frankfurt am Main 1990.

SCHEIDT, JÜRGEN VOM: *Der Weg ist das Ziel – Selbsterfahrung.* Droemer Knaur Verlag, München 1989.

SELYE, HANS: *Streß. Bewältigung und Lebensgewinn.* R. Piper Verlag, München 1988.

TAYLOR, GORDON R.: *Das Selbstmordprogramm. Zukunft oder Untergang der Menschheit.* S. Fischer Verlag, Frankfurt am Main 1988.

THOREAU, HENRY D.: *Walden. Oder Hüttenleben im Walde.* Manesse Verlag, 3. Auflage, Zürich 1992.

–: *Leben ohne Grundsätze.* Klett-Cotta Verlag, Stuttgart 1979.

TIETZE, HENRY G.: *Botschaften aus dem Mutterleib. Pränatale Eindrücke und deren Folgen.* Ariston Verlag, 2. Auflage, Genf/München 1984.

WILSON ROBERT A.: *Der neue Prometheus. Die Evolution unserer Intelligenz.* Rowohlt Verlag, Reinbek 1984.